lonely planet

NEW YORK

Harmony Difo, John Garry, Dana Givens, Deepa Lakshmin

Sommaire

AOUNPHOTO/SHUTTERSTOCK ©

Brooklyn Bridge Park (p. 164)

PAGE PRÉCÉDENTE :
WOJTEK ZAGORSKI/GETTY IMAGES ©

OBSERVATION DES OISEAUX

Spots d'initiés :

Central Park (p. 38)

Pelham Bay Park, Bronx

Prospect Park (p. 162)

MoMA Sculpture Garden (p. 68)

PROFUSION D'ESPACES VERTS

Quand on pense à New York, on pense gratte-ciel, béton, métro et asphalte. Pourtant, outre Central Park, vedette incontestée des espaces verts de la ville, New York compte quelque 1 700 parcs bien aménagés, qui se prêtent aux balades, joggings, pique-niques et réunions entre amis.

Page de gauche Cardinal rouge à Central Park **À droite** Bain d'oiseaux au Conservatory Garden, Central Park **Ci-dessous** Hudson River Park

→ JARDINS SECRETS

Faites le plein de verdure en explorant les jardins communautaires de quartier dissimulés aux quatre coins de New York.

JARDINS URBAINS

Les superbes espaces verts urbains que sont Little Island (p. 91) ou la High Line (p. 92), par exemple, illustrent les efforts de la ville pour promouvoir une architecture durable.

↑ EN BORD DE FLEUVE

Baladez-vous au fil de l'eau dans l'un des parcs bordant les rives de Manhattan, comme l'Hudson River Park (p. 90), dans West Village.

Le top des espaces verts

- **Explorez Central Park, le plus vaste espace vert de la ville entre 59th St et 110th St.** (p. 36)
- **Admirez le panorama sur Manhattan depuis le Brooklyn Bridge Park.** (p. 64)
- **Passez sous la célèbre arche du Washington Square Park.** (p. 87)
- **Assistez à un concert impromptu au Tompkins Square Park.** (p. 191)

PRENEZ DE LA **HAUTEUR !**

Les endroits ne manquent pas pour contempler New York de haut. Admirez le Brooklyn Bridge depuis Lower Manhattan ou embrassez la ville du regard depuis le sommet de l'Empire State Building ou le One World Observatory du One World Trade Center. Dans tous les cas, vous en aurez plein les yeux !

Page de gauche One World Observatory **À droite** Vue depuis l'Empire State Building **Ci-dessous** Vue depuis le Whitney Museum of Art

→ NEW YORK À 360°

Pour une vue imprenable sur New York, cap vers l'observatoire de l'Empire State Building (p. 72), où vous attend un panorama sur Central Park, Midtown et Downtown.

JETÉES DE DOWNTOWN

Le Pier 17 (p. 121), dans le Financial District, offre l'une des plus belles vues sur le Brooklyn Bridge depuis Manhattan.

↑ WEST SIDE

Les parties les plus centrales de West Side offrent de beaux panoramas, notamment depuis le Standard Hotel et le Whitney Museum of American Art (p. 92).

New York sous tous les angles

- **Faites une promenade au fil de l'eau au Hudson River Park, dans West Side.** (p. 90)
- **Admirez le panorama sur New York au Brooklyn Bridge Park.** (p. 164)
- **Saluez la statue de la Liberté depuis le Pier A, à Tribeca.** (p. 121)
- **Quelle plate-forme d'observation allez-vous choisir pour admirer la ville ?** (p. 126)

GASTRONOMIE **NEW-YORKAISE**

Presque tous les pays du monde sont représentés dans la gastronomie new-yorkaise, avec des cuisines de tous les genres, régions et profils de saveurs. Un menu dégustation gastronomique, un hot dog sur le pouce, une glace à l'italienne ou le meilleur bagel de votre vie... New York a ça en stock.

→ LE CHINATOWN DU QUEENS

Flushing, dans le Queens, recèle l'un des plus fantastiques Chinatowns (p. 257) au monde, où des délices de presque toutes les régions de Chine vous attendent.

SILVIO SILVA/SHUTTERSTOCK ©

Page de gauche Katz's Delicatessen (p. 204) **À droite** Étal de marché, Chinatown, Flushing, Queens
Ci-dessous Le fameux Manhattan

BAGELS À GOGO

New York est célèbre pour ses délicieux bagels ; ne manquez pas ceux de Zabar's (p. 52) et Black Seed Bagels (p. 204).

À DROITE : BHOFACK2/GETTY IMAGES ©
À GAUCHE : MNAPHOTOGRAPHY/SHUTTERSTOCK ©

↑ MARTINIS ET MANHATTANS

Manhattan a un cocktail à son nom, et ce n'est pas un hasard. Les cocktails haut de gamme de ce *borough* ravissent les connaisseurs du monde entier.

Le top des délices de New York

- **Découvrez dans le Queens, le quartier le plus multiculturel du monde, des saveurs des quatre coins de la planète.** (p. 256)
- **Pour des bagels d'exception, cap sur Lower East Side et East Village.** (p. 198)
- **L'élégance règne dans les restaurants et bars à vins en bord de fleuve, dans Greenwich Village.** (p. 112)
- **Pour un apéro classe, cap sur les bars à vins et à tapas de Tribeca.** (p. 131)

PALAIS EN ACCÈS LIBRE

À New York, architecture de rêve et intérieurs somptueux ne sont pas toujours réservés à l'élite – certaines merveilles se cachent sous votre nez, et sont ouvertes à tous. De l'emblématique plafond de la gare de Grand Central aux salles de marbre de la New York Public Library, ces trésors d'architecture vous en mettront plein la vue.

Page de gauche New York Public Library **À droite** Grand Central Terminal **Ci-dessous** Trinity Church

→ GRAND CENTRAL TERMINAL

Outre sa place centrale dans le réseau de transports local, la gare de Grand Central est une merveille d'architecture moderne.

PISAPHOTOGRAPHY/SHUTTERSTOCK ©

BIBLIOTHÈQUES D'EXCEPTION

Les amateurs de livres (et de musées) ne manqueront pas la New York Public Library et la Morgan Library and Museum (p. 73).

À DROITE : LUNAMARINA/SHUTTERSTOCK ©, À GAUCHE : SASCHA KILMER/GETTY IMAGES ©

↑ ÉGLISES MAGIQUES

Les églises de New York sont absolument divines – notamment St Patrick's Cathedral (p. 75), Trinity Church (p. 123) et Plymouth Church (p. 170).

Intérieurs grandioses

- **Le Guggenheim Museum est l'une des plus belles œuvres architecturales de Frank Lloyd Wright.** (p. 212)
- **On passerait des heures dans les salles lumineuses du Metropolitan Museum of Art.** (p. 212)
- **Velours duveteux et intérieurs en brocart vous attendent à la Morgan Library and Museum.** (p. 73)
- **Une atmosphère invitant au recueillement règne dans la somptueuse St Patrick's Cathedral.** (p. 75)

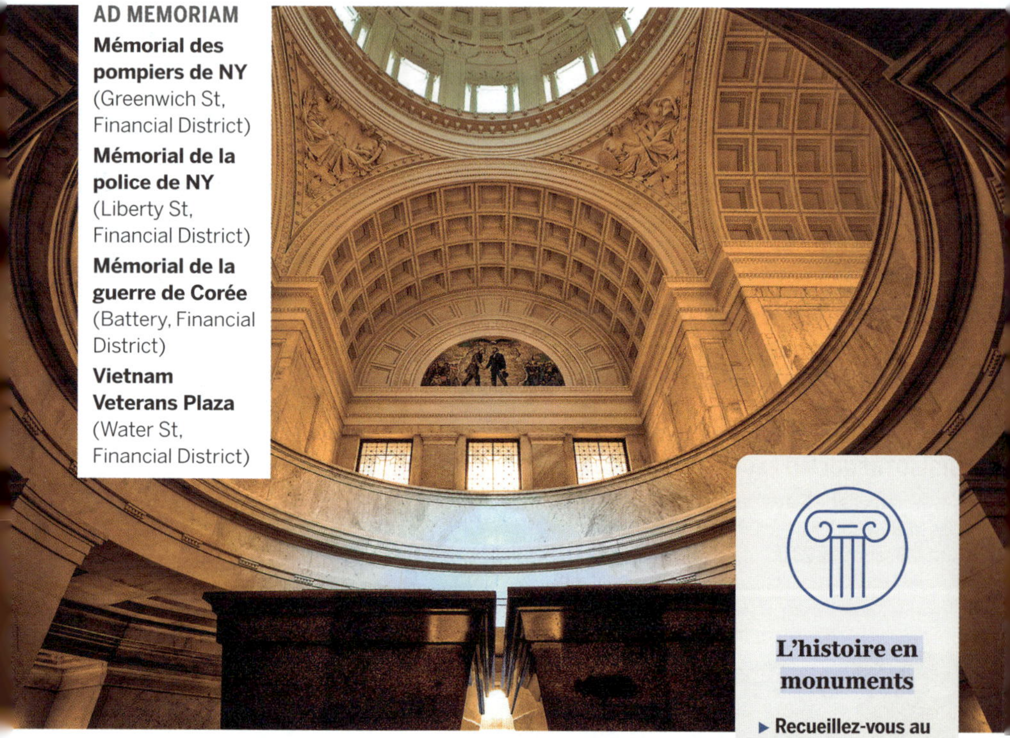

AD MEMORIAM

Mémorial des pompiers de NY (Greenwich St, Financial District)

Mémorial de la police de NY (Liberty St, Financial District)

Mémorial de la guerre de Corée (Battery, Financial District)

Vietnam Veterans Plaza (Water St, Financial District)

MÉMORIALS **ÉMOUVANTS**

Les moments forts en émotion ne manquent pas dans l'histoire de New York : l'édification de la statue de la Liberté offerte par la France, l'arrivée en masse des immigrés irlandais, les attentats du 11 septembre 2001 et le sacrifice admirable des pompiers de la ville... Des dizaines de mémoriaux émouvants commémorent ces événements à travers la ville.

L'histoire en monuments

- **Recueillez-vous au National September 11 Memorial & Museum.** (p. 122)
- **Découvrez l'histoire de Harlem au Schomburg Center of Black Research.** (p. 239)
- **Replongez-vous dans la guerre de Sécession au tombeau de Grant, dans l'Upper West Side.** (p. 47 ; ci-dessus)

RBLFMR/SHUTTERSTOCK ©

↘ HAUTS LIEUX DE LA MODE

Madison Avenue Dans Upper East Side.

Fifth Avenue Entre 50th St et 59th St, Midtown.

SoHo Entre 14th St et Canal St, East Side et West Side.

Ne manquez pas le **Museum at FIT** (p. 107).

LE PARADIS DU **SHOPPING**

Fan de lèche-vitrine ? New York, c'est l'expérience shopping ultime. Dans l'une des capitales mondiales de la mode, chaque rue est un podium où chacun peut défiler. Quel que soit votre style, vous trouverez votre bonheur à Manhattan, qu'il vous attende à Uptown, Midtown ou Downtown.

Le meilleur du shopping

- **Laissez-vous émerveiller par les bijoux anciens de la Pippin Vintage Jewelry.** (p. 100)
- **Dénichez la pièce vintage que tout le monde voudrait avoir chez Beacon's Closet.** (p. 183)
- **Incontournable, Bloomingsale's est *le* grand magasin de NYC.** (p. 81)
- **Pour une élégance classique à l'américaine, comptez sur Ralph Lauren.** (p. 225)

NYC À VÉLO ET EN FERRY

Avec la multiplication des pistes cyclables et un système de vélos en libre-service efficace, de nombreux secteurs de New York se découvrent aisément à vélo. Quant au ferry, utilisé par nombre d'habitants au quotidien, il offre aux beaux jours une minicroisière à peu de frais, avec vue unique sur la *skyline*.

★ COUCHER DU SOLEIL SUR L'EAU

Faites la traversée entre Brooklyn et Manhattan à bord de l'East River Ferry en soirée et admirez les gratte-ciel s'illuminer sous les feux du soleil couchant.

Oubliez le métro !

- **Ralliez Brooklyn depuis Manhattan à vélo en empruntant le Williamsburg Bridge.** (p. 168)
- **De jour ou de nuit, admirez la *skyline* depuis un ferry sur l'East River.** (p. 196)
- **Explorez Central Park à vélo et enchaînez avec un pique-nique.** (p. 36 et 40)

← MANHATTAN À VÉLO

Le réseau de pistes cyclables est dense, en particulier dans le sud de Manhattan. Les petites rues de Chelsea, de SoHo et de l'East Village, ainsi que Lower Manhattan, se prêtent facilement à une exploration à deux-roues.

En haut De nombreux New-Yorkais utilisent quotidiennement le vélo **En bas** En ferry avec Manhattan en toile de fond

UN VERRE DANS **UN TROQUET ?**

Non, New York, ce n'est pas que glamour, strass et paillettes. La ville compte également son lot de petits bars au charme incomparable. Les habitants s'y retrouvent en sortant du travail ou lors de soirées “bière et shot”, en glissant de temps en temps une pièce dans un juke-box vintage. Découvrez les meilleurs troquets de la ville qui ne dort jamais.

★ BARS À COCKTAILS

Manhattan recèle de fabuleux bars à cocktails. À Downtown, Little Branch (p. 112) est le must, tandis que 67 Orange (p. 246), à Harlem, propose d'excellentes concoctions maison." Pour la vodka, cap sur Russian Vodka Room (p. 80).

Petits bars à l'ancienne

- **Ryan's Daughter, dans l'Upper East Side, sert ses clients depuis 1979.** (p. 223)
- **Une ambiance relax vous attend au Biddy's Pub.** (p. 223)
- **Il y a toujours foule chez Lucky, bar de l'East Village.** (p. 191)
- **Prenez une bière et postez-vous sur le balcon de Five Mile Stone pour regarder défiler les gens.** (p. 223)

← LES BIÈRES DE WILLIAMSBURG

Williamsburg, à Brooklyn, est un quartier connu pour ses excellentes bières artisanales (p. 174). Essayez les arômes fruités de Talea ou les saveurs amères expérimentales des Grimm Artisanal Ales.

En haut Strong Rope Brewery, Williamsburg **En bas** Cocktails

Tribeca Film Festival

Les célébrités sont souvent au rendez-vous lors des projections de films indépendants de ce célèbre festival.

Tribeca ; p. 114

▶ tribecafilm.com

Central Park

Dans Central Park, assistez aux concerts gratuits de SummerStage (programmation complète sur le site Web) ou à une pièce de théâtre du Shakespeare in the Park.

▶ cityparksfoundation.org/summerstage

4 juillet

Les bars et *lounges* des toits de New York sont un bon endroit pour célébrer l'Indépendance devant les feux d'artifice de l'East River. Réservez une ou deux semaines à l'avance.

JUIN

Température maximale moyenne en journée : 27°C
Nombre de jours de pluie : 8

JUILLET

Les étés new-yorkais sont humides et chauds. Portez des tenues légères, et faites des haltes dans les boutiques climatisées.

New York en ÉTÉ

Les rooftops sont très appréciés à cette saison, notamment ceux des hôtels du centre de Manhattan et de Brooklyn.

↗ Plages

Pour un bain de soleil les pieds dans le sable, cap sur les plages de Rockaway Beach dans le Queens, ou sur Coney Island et Manhattan Beach à Brooklyn. Sinon, passez une journée dans les Hamptons.

↓ Afropunk

Afropunk, c'est à Brooklyn au mois d'août. Des fêtes de rue sont également organisées à Midtown et Chelsea. Il y a aussi le Queens Night Market, dans le Chinatown de Flushing.

AOÛT

Température maximale moyenne en journée : 29°C
Nombre de jours de pluie : 8

Température maximale moyenne en journée : 29°C
Nombre de jours de pluie : 7

C'est la saison haute, et il y a souvent de l'attente aux sites les plus touristiques. Les tarifs des hôtels sont plus élevés.

Dans la valise

Parapluie au cas où, crème solaire, lunettes de soleil et chaussures confortables.

→ Week-end de Labor Day

C'est un week-end de fête, entre le carnaval antillais West Indian Day à Brooklyn et les dernières journées de soleil à la plage.

↙ Fashion Week

En septembre, la Fashion Week s'installe, avec son lot d'embouteillages autour des sites les plus prisés de Manhattan, notamment de début à mi-septembre.

▸ nyfw.com

← San Gennaro Festival

Dans Little Italy, les vendeurs du San Gennaro Festival proposent douceurs et en-cas italiens, boissons alcoolisées et jeux de foire.

Little Italy ; p. 150

▸ sangennaronyc.org

Photographiez les superbes couleurs d'automne dont se parent les parcs de la ville, comme Central Park à Manhattan ou Prospect Park à Brooklyn.

SEPTEMBRE

Température maximale moyenne en journée : 24°C
Nombre de jours de pluie : 7

OCTOBRE

New York en AUTOMNE

ALFIO FINOCCHIARO/SHUTTERSTOCK ©, A KATZ/SHUTTERSTOCK ©, GORDON DONOVAN/SHUTTERSTOCK ©, SAM ARONOV/ SHUTTERSTOCK ©, SONGQUAN DENG/SHUTTERSTOCK ©, STEVE SANCHEZ PHOTOS/SHUTTERSTOCK ©

↑ Halloween et Thanksgiving

Participez à la grande parade d'Halloween de Dowtown Manhattan avant de faire la fête quelque part – les endroits ne manquent pas ce soir-là.

↙ Réveillon de Thanksgiving

Une poignée de restaurants restent ouverts pour Thanksgiving afin d'accueillir les familles souhaitant sortir pour fêter l'occasion. Ne manquez pas les fêtes de réveillon de Thanksgiving organisées dans différents hauts lieux de la vie nocturne, notamment le Meatpacking District.

NOVEMBRE

Température maximale moyenne en journée : 18°C
Jours de pluie : 6

Température maximale moyenne en journée : 13°C
Nombre de jours de pluie : 7

Dans la valise

Un bon manteau de mi-saison, des chaussures confortables et de quoi prendre des photos des belles couleurs d'automne dans les parcs.

↓ Vitrines de Noël

Cap sur Midtown pour admirer les vitrines de Noël des grands magasins comme Saks, Macy's ou Bloomingdales.

↓ Marchés de Noël

L'esprit de Noël s'empare de la ville, et l'on se fait plaisir. Des marchés de Noël apparaissent à Bryant Park (près de Times Square), à Union Square et à Columbus Circle.

↓ Prévoir sa Saint-Sylvestre

Pour un réveillon réussi, réservez vos billets au moins un mois à l'avance pour ne pas payer trop cher pour les soirées les plus prisées. Les tarifs des taxis augmentent cette nuit-là.

DÉCEMBRE

JANVIER

Température maximale moyenne en journée : 7°C
Nombre de jours de pluie : 8

New York en HIVER

← La boule de Times Square

Pour assister à la descente de la boule de Times Square à minuit, arrivez tôt et bien couvert, et préparez vous à attendre debout plusieurs heures.

↙ Patinoires

Admirez le célèbre sapin de Noël de Rockefeller Center avant de vous lancer sur la glace. Il y a aussi des patinoires à Bryant Park et Brookfield Place, près du World Trade Center.

Janvier est généralement le mois le plus froid, mais si vous n'aimez pas la foule c'est aussi le meilleur moment pour visiter la ville, les touristes étant bien moins nombreux.

Les tempêtes de neige ne sont pas rares, et les trottoirs peuvent rester glissants plusieurs semaines. Prévoyez des chaussures adaptées.

Température maximale moyenne en journée : 4°C
Nombre de jours de pluie : 8

FÉVRIER

Température maximale moyenne en journée : 6°C
Nombre de jours de pluie : 7

Dans la valise

Manteau, bonnets, gants, et chaussures adaptées à la neige.

Il pleut beaucoup à cette saison, surtout en avril et début mai.

↖ Jardins en fleurs

La floraison commence dans les jardins de la ville. Début avril, ne manquez pas les cerisiers en fleur du Brooklyn Botanical Garden.

Prévoyez plusieurs couches de vêtements légers, car les températures peuvent varier beaucoup au cours de la journée. Il peut faire chaud l'après-midi et frais le soir.

MARS

AVRIL

Température maximale moyenne en journée : 11°C
Nombre de jours de pluie : 8

New York au PRINTEMPS

↓ La saison du base-ball

Au printemps, le base-ball reprend ! Consultez dates et horaires, achetez vos billets et cap sur le Yankee Stadium, dans le Bronx.

Le Bronx

▶ mlb.com/yankees

↘ Memorial Day

Le week-end de trois jours du Memorial Day correspond au début de l'été. Les plages de New York ouvrent, et des fêtes sont organisées partout.

En mai, les allergies au pollen sont fréquentes, notamment à proximité des parcs. Des traitements sans ordonnance sont disponibles dans les pharmacies.

MAI

Température maximale moyenne en journée : 18°C
Nombre de jours de pluie : 8

Température maximale moyenne en journée : 22°C
Nombre de jours de pluie : 9

Dans la valise

Blouson de pluie léger, parapluie, médicaments contre les allergies au pollen.

MA JOURNÉE IDÉALE À NEW YORK

Dana Givens
@danawritesalot

CULTURE, DIVERTISSEMENT ET ART

J'aime commencer une journée ensoleillée par un petit-déjeuner ou un brunch chez Sarabeth's, dans l'Upper West Side, avant de me promener dans Central Park pour rejoindre le Metropolitan Art Museum, où m'attendent mes expositions préférées, comme celle des costumes. Le soir, cap sur East Village, Downtown, pour traîner autour de St Mark's Place et manger un morceau dans l'un des petits restos japonais, Kenka par exemple. Après dîner, je pousse vers W 4th St pour un spectacle d'humour et un verre au Fat Black Pussycat.

EXPÉRIENCES ET MUSÉES INSOLITES

Cap sur Chelsea pour le Museum of Sex (p. 108), puis sur West Village pour le Museum of Ice Cream (p. 152). Prenez vous pour James Bond à Spyscape, dans Midtown.

DAN HERRICK/LONELY PLANET ©

DPA PICTURE ALLIANCE/ALAMY STOCK PHOTO ©

À gauche Museum of Sex **À droite** Museum of Ice Cream **Page de droite** La High Line

ARCHITECTURE, ART ET GASTRONOMIE

Promenez-vous entre les beaux immeubles en grès rouge de Brooklyn Heights en grignotant une galette aux œufs de chez Poppy's. Arrivé à la Brooklyn Heights Promenade (p. 172), admirez Manhattan sur la rive d'en face, puis traversez le Brooklyn Bridge à vélo en contemplant l'East River. Faites une halte dans le Meatpacking District pour jeter un coup d'œil à la collection permanente d'art moderne du Whitney (p. 92) avant une balade sur la High Line (p. 92), bordée d'élégants édifices d'architectes de renom. Pour dîner et faire la fête, optez pour la branchitude de Williamsburg.

John Garry
@garryjohnfrancis

POURQUOI J'AIME NEW YORK

Fidèle à son nom, New York se renouvelle sans cesse. À chaque fois que je pense en avoir fait le tour, la ville me surprend à nouveau.

MASSIMO SALESI/SHUTTERSTOCK ©

BEAUX-ARTS, GASTRONOMIE ET PANORAMAS

Harmony Difo
harmonydifo.com

Commencez par regarder le soleil se lever sur Manhattan depuis un gratte-ciel avant d'aller bruncher dans Midtown. Marchez vers Downtown pour visiter le Whitney Museum of American Art (p. 92) et les galeries de Chelsea (p. 94), puis promenez-vous sur la High Line (p. 92). Admirez le couchant à l'Hudson River Park (p. 90), dînez dans West Village et allez chanter en chœur chez Marie's Crisis (p. 96). Ensuite, cap sur East Village pour tenter un bar punk, un club ou un tripot à l'ancienne. Terminez par un dernier verre dans le luxe du Bowery Hotel.

POURQUOI J'AIME NEW YORK

New York, c'est un merveilleux mariage des contraires : créativité et excentricité se mêlent à un grand professionnalisme.

7 Choses à savoir sur NEW YORK

CONSEILS D'INITIÉS POUR PARTIR DU BON PIED

1 Circuler l'esprit libre

Se déplacer en voiture revient cher et prend du temps, en particulier dans Manhattan. Le plus rapide consiste à prendre le métro. Plutôt que de recourir à Uber ou Lyft, utilisez l'application Curbed pour commander un taxi jaune ou vert. Aux beaux jours, n'hésitez pas à monter sur un vélo ou à prendre l'un des nombreux ferries inter-quartiers.

▶ Voir aussi *Conseils pour circuler* p. 286

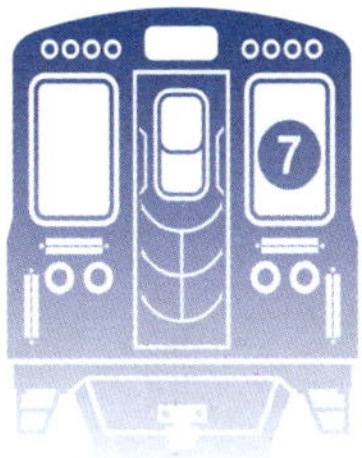

3 L'art d'être piéton à NY

Les New-Yorkais marchent d'un pas rapide et les piétons ont leurs propres règles. Gardez votre droite et évitez les arrêts brusques !

4 Usez vos semelles !

Même si vous utilisez les transports, attendez-vous à beaucoup marcher. D'où l'importance de porter des chaussures confortables. Tenez compte dans votre planning des travaux qui perturbent régulièrement le trafic du métro, en particulier le week-end.

2 Bien choisir son quartier

Installez-vous dans un quartier qui correspond à votre style de vie et à vos envies. Si vous prévoyez de beaucoup sortir le soir, choisissez Downtown afin d'être près des bars et des clubs en vue. Pour un séjour plus calme, préférez Uptown, dans l'Upper East Side, non loin des musées et boutiques haut de gamme. Envie de restaurants à la mode et de petits bars ? Posez vos valises dans l'Upper West Side.

5 Depuis/vers l'aéroport à petit prix

Si vous ne voulez pas utiliser les services d'Uber ou de Lyft, empruntez le LIRR jusqu'à la station Jamaica, puis l'AirTrain jusqu'à l'aéroport JFK. En métro, prenez la ligne E, J ou Z jusqu'à la station Sutphin Blvd-Archer Ave-JFK Airport et suivez les panneaux jusqu'à la station Jamaica, d'où l'AirTrain vous conduira à l'aéroport JFK. Pour l'aéroport LaGuardia : ligne 6 du métro jusqu'à 125th St, puis bus M60.

▶ Voir aussi *Arriver* p. 284

6 Vive le métro !

De nombreuses lignes de métro relient Manhattan, Brooklyn, le Queens et le Bronx. La seule destination en dehors du réseau est Staten Island, accessible en ferry. Bien qu'un peu déroutant au départ, le métro est le moyen de transport le plus pratique. Téléchargez l'application MyMTA pour les horaires, les itinéraires et les alertes concernant le trafic. Les retards et autres informations ponctuelles sont consultables en ligne (new.mta.info).

Les lignes 4/5/6 couvrent essentiellement l'est de Manhattan, la 4 et la 5 avec des rames express, la 6 avec des omnibus. Les lignes 1 (omnibus), 2 et 3 (express) desservent l'ouest de Manhattan. Les lignes A/C/E et B/D/F sillonnent le côté ouest et la majeure partie du sud de Manhattan.

7 Times Square sans la foule

Inutile de s'attarder dans le secteur de Times Square, qui n'abrite que de grandes enseignes et des restaurants de chaînes. Le quartier n'a guère à offrir hormis le shopping et les spectacles de Broadway à proximité. Arrivez après 22h pour éviter la bousculade et profiter du cadre.

Lire, écouter, voir et s'informer

À LIRE

Manhattan Transfer
(John Dos Passos, 1925). Une galerie de portraits saisissante dans le New York des années 1920.

Gatsby le Magnifique
(F. Scott Fitzgerald, 1925). Un roman phare de la première moitié du XXe siècle, avec New-York en toile de fond.

The Big Sea
(Langston Hughes, 1940). L'autobiographie du poète noir américain, méconnu en France. Un voyage littéraire de Paris à Harlem.

New York Trilogie
(Will Eisner, 1981-1986). Une chronique de New York et de ses habitants par un vétéran du roman graphique.

Jazz
(Toni Morrison, 1992). Plongée troublante dans le Harlem des Années folles, par l'auteure du magistral *Beloved*.

C'était Broadway
(Jérôme Charyn, 2003). L'histoire d'une avenue légendaire, à travers des personnages hors du commun.

Les Bâtisseurs de l'Empire
(Thomas Kelly, 2005). Le récit extraordinaire de la construction de l'Empire State Building.

Les Jours enfuis
(Jay McInerney, 2016). Portrait d'un couple – et d'une ville – pris d'une forme de nostalgie pour son passé.

À ÉCOUTER

The Blueprint (2001), Jay-Z. Album de hip-hop très new-yorkais d'un des meilleurs artistes du genre.

Get Rich or Die Tryin' (2003), 50 Cent. Album emblématique qui a changé la face du rap à New York.

Sound of Silver (2007), Beastie Boys. L'un des meilleurs albums du groupe new-yorkais, à écouter notamment pour le titre *New York I love you, but you're bringing me down*, déclaration d'amour douce-amère du chanteur James Murphy à sa ville.

The Bowery Boys (2007), Thomas Meyers et Greg Young. Podcast en anglais consacré aux événements historiques et figures de New York.

West Side Story (1957). Célèbre comédie musicale de Broadway mettant en scène deux bandes de jeunes issus de communautés différentes. Steven Spielberg en a réalisé un remake en 2021.

À VOIR

Diamants sur canapé (1961), de Black Edwards. Une jeune femme en quête d'un beau mariage tombe amoureuse d'un écrivain en panne d'inspiration.

Do the Right Thing (1989), de Spike Lee. Tensions raciales à Brooklyn le jour le plus chaud de l'année.

Annie (2014), de Will Gluck. Ce remake d'une comédie musicale de Broadway raconte l'histoire d'une orpheline adoptée par un richissime homme d'affaires de New York.

Le Diable s'habille en Prada (2006), de David Frankel. Le monde impitoyable de la mode new-yorkaise.

Two Lovers (2008), de James Gray. Un mélo intense aux airs de thriller ténébreux par l'un des plus grands cinéastes new-yorkais actuels.

RALF LIEBHOLD/SHUTTERSTOCK ©

ANTHONY BARBOZA/GETTY IMAGES ©

S'INFORMER

@humansofny
Portraits de rue et interviews recueillis par Humans of New York.

@lovelettertonewyorkcity
Sélection de clichés de NYC par l'influenceuse Nastasia Yakoub

@dancalders
Photos de la ville par Dan Calderwood.

Alfred Pommer
(nycwalk.com)
Circuits historiques dans Manhattan.

Spoiled
(spoilednyc.com)
Les tendances et nouveaux lieux à la mode. En anglais.

UPPER WEST SIDE ET CENTRAL PARK

HISTOIRE | CULTURE | VERDURE

UPPER WEST SIDE ET CENTRAL PARK
à la carte

INCONTOURNABLES ET TRÉSORS CACHÉS

Cultivant son élégance à l'ancienne entre Central Park et l'Hudson, l'Upper West Side est synonyme de beaux immeubles centenaires, de sites culturels à l'image du Lincoln Center, de délices typiques de New York et de paisibles espaces verts, dont Central Park est le point d'orgue.

Le quartier en bref

Sur place Parcs paysagers, arts de la scène, restaurants décontractés et architecture.

S'y rendre De nombreuses stations de métro bordent l'ouest de Central Park. Sur les lignes 1/2/3, B/C, descendez à n'importe quel arrêt entre Columbus Circle (sud-ouest du parc) et 103th St (nord-ouest du parc). Sur les lignes A/C et B/D, descendez entre 59th St-Columbus Circle (sud-ouest du parc) et Cathedral Pkwy (nord-ouest du parc). Attention, les rames des lignes A et D ne s'arrêtent pas entre Columbus Circle et Harlem.

Circuler Le quartier s'explore à pied (et à vélo dans Central Park).

À savoir Préférez les jolies boutiques et restaurants locaux d'Amsterdam et de Columbus aux grandes enseignes de Broadway.

Faites-vous mousser avec une bière à **Ellington in the Park** (p. 47) devant l'Hudson et le soleil couchant.
7 min de la station 103rd St

Arpentez la large promenade arborée de **Riverside Park** (p. 46).
10 min de la station 86th St

Flânez dans les rues numérotées de **70 à 90**, pour admirer une architecture centenaire culminant avec le célèbre Dakota Building.
1 min de la station 72nd St

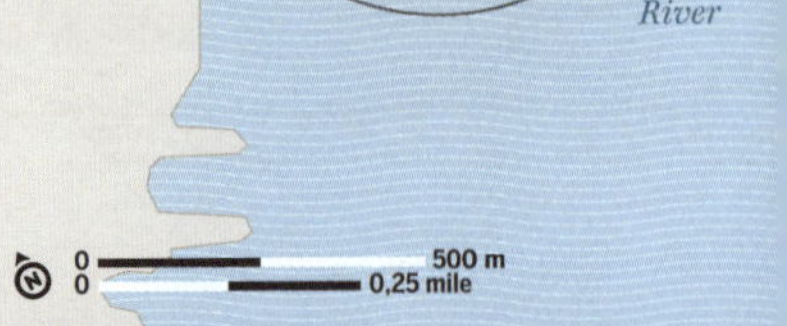

Savourez les célèbres délices à emporter de **Mama's Too!** (p. 53)
3 min de la station 103rd St
Faites le tour du **Jacqueline Kennedy Onassis Reservoir** (p. 37) et admirez le panorama.
6 min de la station 86th St
Révisez vos pentamètres iambiques à **Shakespeare in the Park** (p. 39).
5 min de la station 81st St-Museum of Natural History
Zigzaguez entre les imposants dinosaures de l'**American Museum of Natural History** (p. 43).
1 min de la station 81st St-Museum of Natural History
Chinez fringues vintage et antiquités insolites au **Grand Bazaar** (p. 52).
8 min de la station 72nd St
Profitez de l'exceptionnelle programmation du **Lincoln Center** (p. 34).
7 min de la station Columbus Circle
W 108th St
W 106th St (Duke Ellington Blvd)
W 104th St
103rd St
W 100th St
96th St
W 96th St
96th St
86th St
W 86th St
86th St
81st St-Museum of Natural History
W 81st St
79th St
W 79th St
W 77th St
72nd St
W 72nd St
72nd St
W 66th St
66th St-Lincoln Center
W 62nd St
Harlem Meer
Central Park
UPPER WEST SIDE
The Lake
The Pond
Henry Hudson Pkwy
Riverside Dr
West End Ave
Broadway
Amsterdam Ave
Columbus Ave
Central Park West
West Dr
East Dr
Fifth Ave
West Side Hwy

Les grands classiques

Pour les infos pratiques de chaque site, reportez-vous au Carnet d'adresses p. 50.

Central Park

L'un des parcs urbains les plus célèbres au monde, Central Park offre plus de 340 ha d'espaces verts aménagés, d'affleurements rocheux, d'allées bordées d'ormes et de jardins à l'européenne, mais aussi un lac et un réservoir qui ont servi de décor à d'innombrables films. Sans oublier un théâtre en plein air, un mémorial dédié à John Lennon, un restaurant idyllique au bord de l'eau (The Loeb Boathouse) et une célèbre statue d'Alice au pays des merveilles. Votre défi ? Décider par où commencer.

CARLOSODS/ADOBESTOCK ©

ALBERT PEGO/SHUTTERSTOCK ©

Riverside Park

Conçu par les créateurs de Central Park, Frederick Law Olmsted et Calvert Vaux, Riverside Park est un ruban de verdure qui s'étend le long de l'Hudson entre les 59th St et 155th St. Pistes cyclables et jeux pour enfants en font le rendez-vous des familles. On y profite d'une jolie vue sur le New Jersey, de l'autre côté du fleuve.

Lincoln Center

Ce vaste complexe de 6,5 ha abrite certaines des salles de spectacle les plus importantes de Manhattan, où se produisent notamment le New York Philharmonic et le New York City Ballet. Les fresques du foyer du légendaire Metropolitan Opera ont été réalisées par Marc Chagall. Le Lincoln Center réunit encore deux théâtres, deux cinémathèques et une célèbre école du spectacle, la Juilliard School.

EILEEN_10/SHUTTERSTOCK ©

Nicholas Roerich Museum

Aménagé dans une *townhouse* de 3 étages datant de 1898, cet envoûtant petit musée renferme 150 peintures du poète, philosophe et peintre d'origine russe Nicholas Roerich (1874-1947). Ses œuvres les plus remarquables sont ses peintures de l'Himalaya, où il s'installa avec sa famille en 1928.

PHOTO12/ALAMY/JEFFREY ISAAC ©

American Museum of Natural History

Fondé en 1869, ce grand classique des musées new-yorkais abrite une collection de plus de 34 millions de pièces, dont de nombreux squelettes de dinosaures, ainsi qu'un planétarium ultramoderne. Chaque année, d'octobre à mai, des centaines de papillons du monde entier envahissent le Butterfly Conservatory.

DIGNITY 100/SHUTTERSTOCK ©

PHOTO12/ALAMY/MSHIELDSPHOTOS ©

New York Historical Society

Fondé en 1804 pour conserver les objets historiques et culturels de la ville, le musée le plus ancien de New York abrite une collection de plus de 60 000 pièces décalées et originales, comme la chaise d'investiture de George Washington. Ne ratez pas le passionnant Center for Women's History, au 4e étage.

01 Explorer CENTRAL PARK

DÉTENTE | NATURE | CONVIVIALITÉ

Central Park est bien plus qu'un espace vert : c'est le vaste jardin particulier d'une ville et de ses habitants. Jardins italien, anglais, français, un zoo et de multiples plans d'eau diversifient le paysage. On se prélasse au soleil à Sheep Meadow, "pré" favori du Tout-New York, on parcourt les allées et les sentiers à pied ou à vélo, et on profite des innombrables activités et événements qu'offre cet immense espace.

INGUSK/ADOBESTOCK ©

Le poumon vert de NY

Central Park compte plus de 24 000 arbres de quelque 150 espèces, 55 ha de bois, 21 terrains de jeux et 7 plans d'eau. Quelque 38 millions de visiteurs le fréquentent chaque année.

En pratique

S'y rendre Prenez la ligne B/C du métro jusqu'à 103rd St. De là, entrez dans le parc dans 100th St ou 103rd St.

Quand y aller Les balades y sont magiques toute l'année.

Se déplacer À pied, à vélo, en roller. Des calèches et des cyclo-pousse proposent leurs services aux entrées du parc. Plans disponibles gratuitement aux kiosques d'information situés aux entrées et dans le parc.

Renseignements www.centralparknyc.org : plan interactif, calendrier des visites et des événements

01 Avec ses 43 ha, le **réservoir Jacqueline Kennedy Onassis** couvre environ un huitième du parc. À l'origine, il fournissait de l'eau potable à la ville. Aujourd'hui, c'est un endroit idéal pour observer les oiseaux aquatiques.

02 Véritable folie dans le goût victorien, le **Belvedere Castle** fut construit en 1869 par l'un des deux architectes de Central Park, Calvert Vaux. Le point de vue sur la ville y est incomparable.

03 Pavillon au bord de l'eau, le **Loeb Boathouse** offre l'un des cadres new-yorkais les plus idylliques pour un repas.

04 Seul jardin classique de Central Park, le **Conservatory Garden** est un havre de paix planté de pommiers, de buis et de de chrysanthèmes.

05 Le **Mall** (ou Literary Walk) promenade en ligne droite dans le goût parisien, est bordée de statues de figures littéraires.

03 La **fontaine Bethesda** (1868), œuvre de la féministe bohème Emma Stebbins, est surmontée par l'ange des eaux soutenu par quatre chérubins.

Naissance d'un parc

LE TOUR DU PARC À VÉLO

Un réseau de pistes cyclables permet d'arpenter les 340 ha du parc. L'idéal est de parcourir la boucle complète (10 km), en sachant que la partie nord est plus bosselée que le sud. Des vélos peuvent être loués à l'un des stands de **BikeRent NYC** (p. 50), installés en saison à deux des entrées du parc. Pour une courte balade, le réseau de vélos en libre-service **CitiBike** (p. 286) est très commode.

À gauche Écureuil gris
Au centre À vélo dans Central Park
À droite Foule attendant un concert

LENNOX WRIGHT/SHUTTERSTOCK ©

Un parc créé sur des marécages

Ce rectangle de verdure est une création du milieu du XIXe siècle. L'aménagement d'un parc public dans la ville visait à améliorer la santé des habitants, entassés dans de minuscules appartements. Commencé en 1855 dans un secteur si excentré que des immigrants y élevaient des porcs, des moutons et des chèvres, Central Park constitua à la fois une première réalisation écologique et une aubaine pour la spéculation immobilière.

Il fallut 20 ans et le travail de 20 000 ouvriers pour que prenne forme ce patchwork de pelouses, de petits lacs, de mares et de bois dessinés par Frederick Law Olmsted et Calvert Vaux. Aujourd'hui, 93 km de sentiers et un réseau de pistes cyclables permettent d'en arpenter les 340 ha.

La faune de Central Park

Avec sa diversité de milieux et sa superficie, le parc est devenu en 150 ans le refuge de nombreuses espèces animales. Les oiseaux sont les habitants les plus communs. Parmi ceux les plus fréquemment observés figurent le beau cardinal rouge, des mésanges, des pics, des faucons, des hiboux et beaucoup de canards. Les meilleurs endroits pour voir les oiseaux sont **The Ramble** (p. 52), zone densément boisée du sud du parc, le **Belvedere Castle** (p. 43), et le **réservoir Jacqueline Kennedy Onassis** (p. 52) pour les oiseaux aquatiques.

Le printemps et l'automne sont des périodes propices à l'observation d'espèces plus rares, lorsqu'y font halte les oiseaux qui migrent le long de la côte. En une seule

KEEP SMILING PHOTOGRAPHY/SHUTTERSTOCK ©

PM10/ISTOCK ©

journée, les *birders* – comme se nomment eux-mêmes les adeptes de l'observation des oiseaux de Central Park – ont pu dénombrer jusqu'à 30 espèces différentes de parulines, un passereau qui peut parcourir jusqu'à 20 000 km lors de sa migration hivernale.

Parmi les mammifères, les écureuils gris sont incontournables : et pour cause, ils étaient 2 300 lors d'un dénombrement réalisé 2019. Il n'est pas rare de croiser des familles de ratons laveurs, peu farouches (voire agressifs à force d'être nourris par les visiteurs). Quelques oppossums ont aussi trouvé refuge dans les secteurs les plus sauvages et l'on peut aussi observer, avec un peu de chance, le timide tamia (proche de l'écureuil).

> 93 km de sentier et un réseau de pistes cyclables permettent d'arpenter les 340 ha du parc.

Balades avec un naturaliste

Plusieurs associations organisent des visites naturalistes du parc, comme **New York City Audubon** (☎212-691-7483 ; www.nycaudubon.org), qui propose des balades à la découverte des oiseaux. **Wildman Steve Brill** (☎914-835-2153 ; www. facebook.com/wildman.brill), le plus connu des naturalistes new-yorkais, organise des expéditions dans les parcs de la ville depuis plus de trente ans. Il propose des visites à Central Park, entre autres.

Spectacles d'été à Central Park

Aux beaux jours, Central Park devient le théâtre d'une longue série d'événements culturels, pour la plupart gratuits. **Shakespeare in the Park**, programmation gratuite et en plein air de pièces shakespeariennes, organisée par le Public Theater (publictheater.org), et les concerts gratuits de SummerStage (cityparksfoundation.org/summerstage), sont les plus populaires.

Les billets pour Shakespeare in the Park sont distribués à partir de 12h pour la représentation du soir même.Les sites des concerts de SummerStage ouvrent généralement 1 heure 30 avant le début du spectacle.

02 Un pique-nique à CENTRAL PARK

NATURE | DÉTENTE | REPAS

Les 341 ha de prairies, jardins, forêts et plans d'eau de Central Park pourraient être l'antidote à la frénésie de la jungle urbaine. Mais dénicher un coin tranquille n'est pas simple si l'on se cantonne aux allées très fréquentées, en dessous de 72nd St. Pour un peu de quiétude le temps d'un pique-nique, installez-vous à l'ombre des saules pleureurs du lac appelé sobrement The Pool.

WINSTON TAN/SHUTTERSTOCK ©

En pratique

S'y rendre Prenez la ligne B/C du métro jusqu'à 103rd St. De là, entrez dans le parc dans 100th St ou 103rd St.

Quand y aller De mai à octobre pour manger dehors au soleil. Les allées aux abords du lac sont plaisantes toute l'année.

Toilettes publiques Sur la Great Hill, près de 105th St.

Audioguide Gratuit via l'application Bloomberg Connects.

LENNOX WRIGHT/SHUTTERSTOCK ©

Acheter des provisions **Perfect Picnic** (p. 53), à Central Park West, vend tout ce qu'il faut pour pique-niquer (plaids, paniers, nourriture...). Le vendredi, faites le plein de fruits et légumes des environs, de fromages et de pains artisanaux au **97th Street Greenmarket** (p. 53). L'enseigne bio Whole Foods est une valeur sûre, de même que les restaurants de quartier sans chichis comme **Roti Roll** (p. 53), qui propose des en-cas indiens.

Trouver le bon emplacement Les pique-niqueurs s'installent généralement sur les pelouses ensoleillées bordant **The Pool**, un plan d'eau buccolique. Pour un peu d'intimité, gagnez le surplomb rocheux le long de la berge nord. Si vous avez besoin d'un siège, restez du côté sud et emparez-vous du banc en bois flanqué de cyprès chauves. Autre spots appréciés, les étendues herbeuses de **Great Lawn** et de **Sheep Meadow**, prises d'assaut aux beaux jours. Enfin, **Great Hill**, dans la partie nord très boisée du parc, est une zone généralement calme. On y trouve des tables de pique-nique sous les ormes.

Se dégourdir les jambes Une fois rassasié, suivez l'allée est du Pool, à l'endroit où l'eau forme une cascade de 6 m de haut et coule sous les pierres du rustique **Glen Span Arch**. Le ruisseau appelé **The Loch** serpente à travers les **North Woods**, une forêt de 16 ha. Il alimente le **Harlem Meer**, un charmant lac près de 110th St.

En haut à gauche Central Park
En bas à gauche ; The pool, à Central Park

Paysage aquatique

Les architectes-paysagistes Calvert Vaux et Frederick Law Olmsted ont créé The Pool et son réseau de voies d'eau à partir du Montayne's Rivulet, un ruisseau prenant sa source au niveau des actuelles Columbus Ave et 95th St. Ils ont toutefois donné un coup de pouce à la nature en dissimulant dans la grotte du sud du plan d'eau une canalisation de plus de 1,20 m de diamètre qui déverse dans le lac de l'eau du réseau urbain.

03 Somptueuse ARCHITECTURE

HISTOIRE | ÉLÉGANCE | BALADE À PIED

Entre la fin des années 1860 et la Grande Dépression, les fermes et les champs qui couvraient l'Upper West Side ont été progressivement remplacés par des immeubles d'habitation aux airs de palais. Leurs imposantes façades dominent toujours les avenues du quartier, leur cachet historique attirant les New-Yorkais les plus fortunés. Les acheter coûte des millions, mais admirer leur architecture est gratuit.

RAVENASH/SHUTTERSTOCK ©

En pratique

S'y rendre Lignes 1/2/3 jusqu'à la station 72nd St, puis à pied.

Quand Quand le soleil est de sortie, pour admirer les édifices dans toute leur splendeur.

Levez la tête Les New-Yorkais reprochent souvent aux visiteurs de ne pas regarder où ils marchent, mais ici, il faut bien lever la tête pour contempler la fabuleuse architecture du quartier.

Prenez du recul Pour admirer les corniches, tourelles et autres détails haut placés, prenez du recul en traversant la rue.

SAMARO/GETTY IMAGES ©

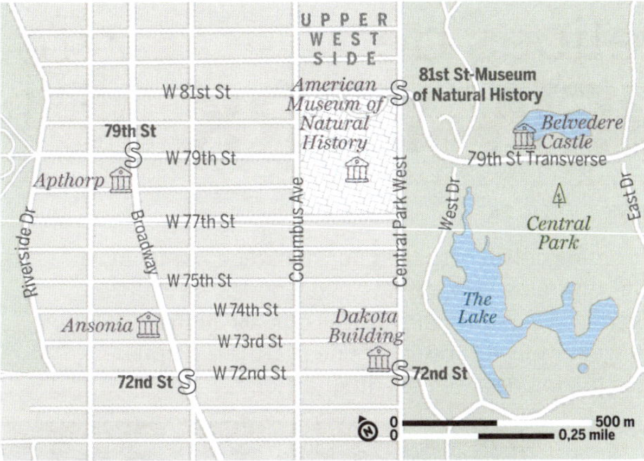

Page de gauche, en haut American Museum of Natural History **En bas** The Ansonia

Opulence Beaux-Arts Commencez par l'extravagance ornementale de l'**Ansonia** (p. 51 ; 1904). Son sous-sol abritait jadis les Continental Baths, hammam et cabaret gay où Bette Midler aimait pousser la chansonnette dans les années 1970.

Un amour d'immeuble Il faut lire l'article *Moving On, A Love Story* (2006 ; accessible sur le site du *New Yorker*) de la scénariste Nora Ephron pour comprendre l'euphorie que ressentent ceux qui peuvent emménager à l'**Apthorp** (p. 51 ; 1908). Jetez un coup d'œil par la grille en fer forgé pour contempler l'édifice néo-Renaissance.

Du classique au contemporain Poursuivez vers Theodore Roosevelt Park pour admirer l'édifice de l'**American Museum of Natural History** (p. 50), puis faites-en le tour pour découvrir un méli-mélo d'architectures datant des années 1870 à nos jours. Dans le musée vous attendent des collections allant de fossiles de dinosaures aux découvertes astronomiques les plus récentes.

Conte de fées dans le parc En plein Central Park, le **Belvedere Castle** (p. 51 ; 1872) est une extravagance victorienne dotée de plateformes d'observation panoramiques, d'où l'on aperçoit direction sud-ouest le San Remo (1931), chef-d'œuvre Art déco aux imposantes tours jumelles en pierre.

Si les murs pouvaient parler Sortez du parc au niveau de 72nd St pour voir le **Dakota** (p. 51 ; 1884), copropriété très sélect. Nombre de célébrités s'y sont succédé depuis un siècle, mais c'est surtout à John Lennon que cet immeuble d'inspiration gothique restera éternellement associé : c'est devant son entrée que le Beatles fut assassiné en 1980.

L'Europe au bord de l'Hudson

Violoncelliste formée à la Juilliard School, j'ai grandi dans l'Upper West Side, qui me fascine par la splendeur de ses immeubles d'avant-guerre. Ils m'évoquent une architecture que je n'avais vue qu'en Europe. Je connais leurs noms par cœur. Ne manquez pas la coupole de l'Ansonia, dont un puits de lumière fut noirci pendant la Seconde Guerre mondiale afin de protéger l'édifice des raids aériens.

Michelle Young, *fondatrice de l'agence de voyages Untapped New York et professeure d'architecture à la Columbia University, @untappedmich*

04 Délices de NEW YORK

AUTHENTICITÉ | À L'ANCIENNE | DÉLICES

À Manhattan, nul besoin de cuisine étoilée pour manger comme un roi. Un adage qui prend tout son sens dans l'Upper West Side, où les spécialités les plus délicieuses se mangent sur le pouce. Suivez les conseils de Brian Lindo, influenceur de Chelsea, et régalez-vous de spécialités de la Grosse Pomme en paradant tel un monarque le long des avenues du quartier.

ANGELA HOOSON/GETTY IMAGES

En pratique

S'y rendre Prenez les lignes 1/2/3 et descendez n'importe où entre les stations 72nd St et 103rd St.

Quand La patience est de mise aux heures des repas. Pour éviter la foule, arrivez dès l'ouverture ou décalez un peu vos horaires.

Pique-nique Emportez vos emplettes pour un festin à Riverside Park ou Central Park, où vous attendent des bancs et tables de pique-nique.

Cuisines du monde

Nulle part ailleurs dans le monde il n'existe une telle variété de cuisines du monde à portée de papilles. Rien que la semaine dernière, j'ai mangé jamaïcain, thaïlandais, italien, coréen et américain. Et les saveurs étaient toutes terriblement authentiques.

Brian Lindo, *influenceur lifestyle et gastronomie, @Briancantstopeating*

01 À New York, le bagel est une religion, et **Absolute Bagels** (p. 53) la Terre promise. Joignez-vous aux fidèles et prosternez-vous devant le saint *cream cheese*.

02 Achetez une part de pizza chez **Mama's Too!** (p. 52), adresse originale réputée pour son épaisse pizza au pepperoni coupé en dés.

03 Dégustez le poisson blanc fumé de **Barney Greengrass** (p. 53), *deli* juif ouvert en 1908 et méritant son titre de “Roi de l'esturgeon”.

04 Laissez-vous tenter par les cookies de **Levain** (p. 53) : 200 g pièce de bonheur coupable.

05 Ne manquez pas les hot dogs à la new-yorkaise de **Gray's Papaya** (p. 53 ; photo page de gauche), une institution d'Uptown ouverte 24 h/24 depuis 1973.

05 Balade au fil du RIVERSIDE PARK

MONUMENTS | JARDINS | PANORAMAS

Cette belle esplanade au bord de l'Hudson permet d'échapper un instant à l'agitation constante de Manhattan. Bien que concurrencé par Central Park, son célèbre voisin, Riverside Park tire son épingle du jeu grâce à ses panoramas sur le fleuve, ses équipements de loisirs et ses monuments d'inspiration antique. Ses allées arborées se parent d'une lumière magique au coucher du soleil.

JAMES ANDREWS1/SHUTTERSTOCK ©

En pratique

S'y rendre Prenez la ligne 1 jusqu'à la station 86th St et marchez vers l'ouest.

Quand Le parc et ses équipements sont particulièrement agréables d'avril à octobre.

Sentiers De nombreux sentiers sillonnent le parc entre 59th et 155th St, mais les plus beaux sites se trouvent sur la promenade supérieure, entre 89t St et 105th St.

À vélo La piste bordant le fleuve est l'un des meilleurs endroits pour faire du vélo à Manhattan. Louez un Citi Bike à l'une des stations de Riverside Dr.

FELIX LIPOV/SHUTTERSTOCK ©

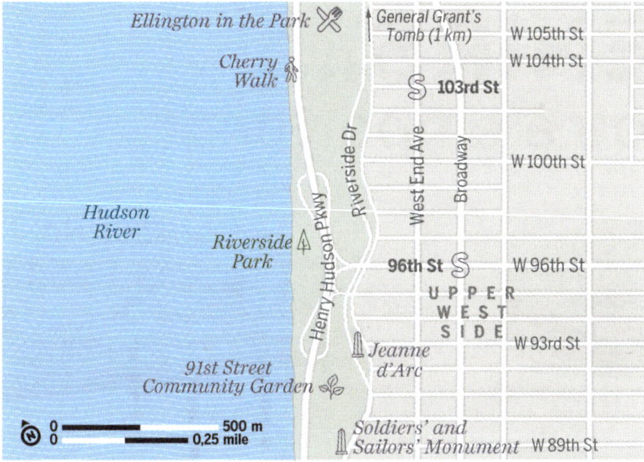

Inspiration grecque Admirez les 12 colonnes corinthiennes entourant le **Soldiers' and Sailors' Monument** (p. 52 ; 1902). Le site, qui s'inspire du monument de Lysicrate, à Athènes, honore les combattants de l'Union de la guerre de Sécession et fait écho au **tombeau de Grant**, 3 km plus au nord, où repose la dépouille du célèbre général et 18e président des États-Unis.

Fleurs et romance Du printemps à l'automne, de sympathiques bénévoles (qui se sont baptisés les Garden People) s'occupent du **jardin communautaire de 91st Street** (p. 52), un éden immortalisé dans *Vous avez un message*, comédie romantique de Nora Ephron (1998). Prenez le temps d'admirer les parterres de fleurs.

Arbres en fleurs En avril et mai, les cerisiers de la **Cherry Walk** (p. 52), entre 100th St et 125th St, se parent d'une explosion de pétales roses. L'endroit est alors envahi de New-Yorkais venus se détendre en famille.

Dîner avec vue Trouvez une table de pique-nique sur la promenade supérieure pour un festin des spécialités d'**Ellington in the Park** (p. 54), pub saisonnier en plein air sans prétention dominant le fleuve. Arrivez à temps pour regarder le coucher du soleil sur l'Hudson.

Page de gauche, en haut Allée au bord du fleuve, Riverside Park
En bas Statue de Jeanne d'Arc

Jeanne d'Arc à Riverside Park

La statue de Jeanne d'Arc, fièrement dressée dans 93rd St, est historique à double titre. D'abord, il y a Jeanne elle-même, une des saintes patronnes de la France. Et il y a la statue, inaugurée en 1915, première sculpture de New York à honorer une femme non fictionnelle. C'est également une femme, Anna Hyatt Huntington, sculptrice américaine primée, qui en est l'auteure. Son piédestal de granit, signé John van Pelt, incorpore des blocs de pierre de la tour rouennaise où Jeanne fut emprisonnée avant son exécution. En passant devant la statue, ayez une pensée pour Jeanne d'Arc et pour l'artiste qui l'a ainsi représentée.

Lucie Levine, *historienne, écrivain et fondatrice de la société d'événementiel et de visites historiques Archive on Parade, @archiveonparade*

SOUVENIRS...
sur place ou à emporter

01

06

02

03

04

05

01 Cookies noir et blanc
Les fameux "*black-and-white cookies*" sont indissociables de New York.

02 Gobelet "We Are Happy to Serve You"
L'Anthora – un gobelet en carton au design d'influence grecque– est le réceptacle de choix des cafés à emporter des New-Yorkais.

03 Tote bag du *New Yorker*
Ce sac en tissu est l'accessoire par excellence des intellectuels de la ville.

04 Pudding à la banane de Magnolia
Sex and the City a mis les cupcakes de la pâtisserie Magnolia (p. 111) à l'honneur, mais ici, la vraie star, c'est le pudding à la banane.

05 T-shirt vintage de Beacon's Closet
Cette friperie pleine de bonnes affaires est incontournable (p. 183).

06 Taco de Los Tacos No. 1
Direction ce stand du Chelsea Market (p. 108) pour un authentique taco mexicain.

07 Parapluies hors service
Tout New-Yorkais qui se respecte se doit de posséder un stock

10

11

08

09

12

07

13

de parapluies noirs déglingués.

08 Burger végan de Superiority Burger

Le succès de ces burgers végans a été un tel succès qu'un restaurant va succéder à l'enseigne de poche.

09 Accessoire institutionnel

Une casquette des Yankees, un blouson Broadway Dance Center…

10 Cheesecake de Junior's

Commandez une part de cheesecake dans l'établissement mère de Junior's (p. 181), ouvert en 1950 à Brooklyn.

11 Selfie avec le Manhattan Bridge

Cap sur le quartier de Dumbo pour un selfie hautement instagrammable à l'intersection de Water et Washington.

12 Pierogi de Veselka

Les *pierogi* ukrainiens de Veselka (p. 204) nourrissent les habitants de St Mark's Place depuis 1954.

13 Affiche de Broadway

Le spectacle s'achève à la tombée du rideau, mais les emblématiques affiches noir et jaune durent toujours.

Carnet d'adresses

Les grands classiques

Central Park

Voir p. 36 et 40. (www.centralparknyc.org ; délimité par 59th, 110th St, Central Park West et 5th Ave ; 6h-1h ; S A/C, B/D n'importe quel station entre 59th St Columbus Circle et Cathedral Pkwy). Pour louer un vélo, **BikeRent NYC**, au niveau de l'entrée Grand Army Plaza (917-283-2453 ; 5th Ave et 60th St) ou Merchants Gate Plaza (917-283-2453).

Lincoln Center

Voir p. 34. Les départs des visites guidées se font au David Rubenstein Atrium, entre 62nd St et 63th St. (212-875-5456, visites guidées 212-875-5350 ; www.linfcolncenter.org ; Lincoln Center Plaza ; visites tarif plein/réduit 25/20 $; visites guidées 11h30 et 13h30 lun-sam, 15h dim, durée 75 min ; ; S 1, 2, 3 jusqu'à 66th St-Lincoln Center, A/C ou B/D jusqu'à 59th St-Columbus Circle)

American Museum of Natural History

Voir p. 35. (212-769-5100 ; www.amnh.org ; 200 Central Park West, à hauteur de W 79th St ; tarif plein/réduit/enfant 23/18/13 $; 10h-17h30 mer-dim ; S C station 81st St-Museum of Natural History, 1 station 79th St)

Nicholas Roerich Museum

Voir p. 35. (212-864-7752 ; www.roerich.org ; 319 W 107th St, entre Riverside Dr et Broadway ; don libre ; 12h-16h mar-dim ; S 1 station Cathedral Pkwy 110 St)

New-York Historical Society

Voir p. 35. (212-873-3400 ; www.nyhistory.org ; 170 Central Park West, à hauteur de W 77th St ; adulte/enfant 22/6 $, don libre 18h-20h ven, bibliothèque en accès libre ; 11h-17h mer-jeu et sam-dim, 11h-20h ven ; ; S B, C station 81st St-Museum of Natural History)

Riverside Park

Voir p. 46. (212-870-3070 ; riversideparknyc.org ; Riverside Dr, entre W 59th St et 155th St ; 6h-1h ; ; S 1/2/3 n'importe quel station entre 72nd St et 125th St)

Arts et culture

American Folk Art Museum

À travers sa collection d'art populaire américain, du XVIIIe siècle à nos jours, ce petit musée présente la diversité culturelle et religieuse des peuples qui ont fondé les États-Unis. (212-595-9533 ; www.folkartmuseum.org ; 2 Lincoln Sq, Columbus Ave, entre W 65th St et 66th St ; don libre ; 11h30-18h mer-dim ; S 1 station 66th St-Lincoln Center)

Shakespeare in the Park

Voir p. 39. (publictheater.org/programs/free-shakespeare-in-the-park ; juin-août ; S A/B/C station 81st St-Museum of Natural History)

Banksy's Hammer Boy

En 2013, les propriétaires de l'épicerie proche Zabar's ont couvert de Plexiglass ce pochoir de l'artiste britannique Banksy pour le

VACANT/ADOBESTOCK ©

Lincoln Center

protéger des dégradations. (derrière la boutique DSW, à l'angle de 79th St et Broadway ; S 1 station 79th St)

Beacon Theater

Des grands noms tels que Jerry Seinfeld, Radiohead (et même le dalaï-lama il y a quelques années !) attirent les foules dans la salle tout en dorures de cet ancien théâtre de boulevard de 1929. (☎212-465-6000, 212-465-6225 ; www.msg.com/beacon-theatre ; 2124 Broadway, entre W 74th St et 75th St ; ⏲billetterie 11h-19h lun-sam ; S 1/2/3 station 72nd St)

Metropolitan Opera House

Résidence de la principale troupe d'opéra de New York, le Metropolitan Opera est une référence internationale pour le répertoire lyrique classique. La saison s'étend de septembre à avril. (☎billetterie 212-362-6000 ; www.metopera.org ; Lincoln Center, Columbus Ave, à hauteur de W 64th St ; billets 32-500 $; ⏲billetterie 10h-22h lun-sam, 12h-18h dim ; S 1 station 66th St-Lincoln Center)

New York Philharmonic

Le plus ancien orchestre professionnel des États-Unis (1842) se produit en saison au David Geffen Hall, tout juste rénové. Dirigé par Jaap van Zweden, l'orchestre joue des œuvres classiques et contemporaines. (☎212-875-5656 ; www.nyphil.org ; Lincoln Center, Columbus Ave au niveau de W 65th St ; billets 29-125 $; 👪 ; S 1 station 66 St-Lincoln Center)

American Ballet Theatre

Fondée en 1937, cette compagnie itinérante donne chaque année (au printemps, souvent en mai) des spectacles du répertoire classique au Metropolitan Opera House. Quelques représentations ont lieu à l'automne sur la scène du David H. Koch Theater. (☎212-477-3030 ; www.abt.org ; Lincoln Center, David H. Koch Theater, W 64th St, à hauteur de Columbus Ave ; S 1 station 66th St Lincoln Center)

PIO3/SHUTTERSTOCK ©

American Folk Art Museum

New York City Ballet

Cette prestigieuse compagnie, qui se produit sur la scène du David H. Koch Theater, fut dirigée dans les années 1940 par le célèbre chorégraphe d'origine russe George Balanchine. C'est aujourd'hui la plus grande formation permanente de danse du pays. (☎212-496-0600 ; www.nycballet.com ; Lincoln Center, Columbus Ave et W 63rd St ; billets 38-205 $; ⏲billetterie 10h-19h30 lun, 10h-20h30 mar-sam, 11h30-19h30 dim ; 👪 ; S 1 station 66th St-Lincoln Center)

Architecture et patrimoine

The Ansonia

Voir p. 43. (2109 Broadway, entre W 73th St et 74th St ; S 1/2/3 station 72nd St)

The Apthorp

Voir p. 43. (block entre Broadway, West End Ave, W 78th St et 79th St ; S 1/2 station 79th St)

Belvedere Castle

Voir p. 40. (www.centralparknyc.org/locations/belvedere-castle ; Central Park, à hauteur de 79th St ; S A,B, C station 81st St-Museum of Natural History)

Dakota Building

Voir p. 43. (angle W 72nd St et Central Park West ; S B, C station 72nd St)

Soldiers' and Sailors' Monument

Voir p. 47. (angle W 89th St et Riverside Drive ; S 1/2 station 86th St)

Puces et marchés alimentaires

Grand Bazaar NYC

Voir p. 33. Une sélection d'artisans, chefs et antiquaires locaux envahissent chaque dimanche un terrain de jeu en plein air de Columbus Ave. Idéal pour des souvenirs insolites. (212-239-3025 ; www.grandbazaarnyc.org ; 100 W 77th St Columbus Ave ; 10h-17h dim ; S B, C station 81st St-Museum of Natural History, 1 station 79th St)

The Turnstyle Underground Market

La station de métro de Columbus Circle est une destination en soi, véritable centre commercial souterrain avec 39 boutiques et restaurants. Mangez sur le pouce en regardant défiler les usagers. (www.turn-style.com ; sous la 8th Ave entre les W 57th et 58th St, S accès via 59th St-Columbus Circle, A,C,B,D,1 ; pas de ticket de métro requis pour accéder aux boutiques)

Zabar's

Bastion gourmet casher, ce magasin fait partie intégrante de la vie du quartier depuis les années 1930. Parcourez les allées étroites et bondées et laissez-vous tenter par les divins produits, les bagels et plats préparés, parfaits pour un pique-nique au Riverside Park voisin. (212-787-2000 ; www.zabars.com ; 2245 Broadway, à hauteur de W 80th St ; 8h-19h30 lun-sam, 9h-18h dim, café 8h-17h lun-sam, 9h-17h dim ; S 1 station 79th St)

Espaces verts

Cherry Walk

Voir p. 47. (www.nycgovparks.org ; Riverside Park entre W 72nd St et 158th St ; S 1 stations de 72nd St à 157th St)

Jacqueline Kennedy Onassis Reservoir

Voir p. 37. (Central Park, entre 86th St et 96th St ; S A,B,C station 86th St ou 96th St)

The Ramble

Voir p. 38. (Central Park, entre 73rd St et 78th St ; S B,C station 81st St-Museum of Natural History)

Sheep Meadow

Au cœur de Central Park, ce bel espace champêtre de 6 ha est idéal pour pique-niquer ou faire bronzette, et la foule est au rendez-vous. (Central Park, entre 65th et 69th St ; S A,B,C station 72nd St)

The Garden People - 91st Street

Voir p. 47. (www.thegardenpeople.org ; Riverside Park, entre W 90th St et 91st St ; S 1 station 86th St ; 1,2,3 station 96th St)

Zoo de Central Park

Voir p. 38. (212-439-6500 ; www.centralparkzoo.com ; 64th St, à hauteur de 5th Ave ; adulte/enfant 20/15 $, sans cinéma 4-D 14/9 $; 10h-17h lun-ven, 10h-17h30 sam-dim avr-oct, 10h-16h30 nov-mars ; ; S N/R station 5th Ave-59th St),

Straus Park

Ce petit square triangulaire porte le nom d'Isidor et Ida Straus, un couple de notables du quartier qui périrent sur le *Titanic*. (www.nycgovparks.org ; Broadway, entre W 106th St et 107th St ; 6h-1h ; S 1 station 103rd St ou 110th St)

Zabar's

Pour pique-niquer

Roti Roll $

Voir p. 41. (fr-fr.facebook.com/RotiRollBombayFrankie ; 994 Amsterdam Ave ; 11h-15 mar-mer, 11-16h jeu-sam, 11-14h dim-lun ; S 1 station Cathedral Parkway 110th St)

Mama's Too! $

Voir p. 45. (www.mamastoo.com ; 2750 Broadway, entre W 105th St et 106th St ; part env. 4 $, pizza entière 27,50-37 $; 12h-23h tlj ; S 1 station Cathedral Parkway 110th St)

Barney Greengrass $

Voir p. 45. (212-724-4707 ; www.barneygreengrass.com ; 541 Amsterdam Ave, à hauteur de W 86th St ; sandwichs 5,25-25 $, plats 11-28 $, assiettes de poisson fumé 37-59 $; traiteur 8h-18h mar-dim, café 8h30-16h mar-ven, 8h30-17h sam-dim ; S 1 station 86th St)

Absolute Bagels $

Voir p. 45. (212-932-2052 ; 2788 Broadway, entre W 107th St et 108th St ; bagels 1-8 $; 6h-19h sam-lun, 6h-22h mar-ven ; S 1 station Cathedral Parkway 110th St)

Gray's Papaya $

Voir p. 45. (212-799-0243 ; www.facebook.com/grayspapayanyc ; 2090 Broadway, à hauteur de W 72nd St, entrée par Amsterdam Ave ; hot dog 2,95 $; 24h/24 ; S 1/2/3, B, C station 72nd St)

97th Street Greenmarket $

Voir p. 41. (www.grownyc.org/greenmarket/manhattan/west-97 ; W 97th St entre Colombus Ave et Amsterdam Ave ; 8h-14h ven ; S 1,2,3, B, C station 96th St)

Levain $

Voir p. 45. (917-464-3769 ; levainbakery.com ; 167 W 74th St, à hauteur d'Amsterdam Ave ; cookies 4 $; 8h-20h tlj ; S 1,2,3 station 72th St).

ULLI BIRD/SHUTTERSTOCK ©

Gray's Papaya

Perfect Picnic $$

Voir p. 41. (212-228-2884 ; www.perfectpicnicnyc.com ; 405 Central Park West à hauteur de W 100nd St, pique-nique à emporter à partir de 19 $; 10h-18h mar-dim ; S A, B, C station 103rd St)

Daily Provisions $

Le café ouvert toute la journée de Danny Meyer est réputé pour ses club sandwichs et ses pâtisseries, notamment le *cruller*, une variation du donut très demandée – arrivez tôt pour avoir une chance d'y goûter ! (646-747-8612 ; www.dailyprovisionsnyc.com ; 375 Amsterdam Ave, à hauteur de W 78th St ; sandwichs et plats 8,50-15 $ environ ; 7h-20h tlj ; S 1 station 79th St)

Cuisine chic ou décontractée

Báhn Vietnamese Shop House $$

Dans une ambiance lumineuse et gaie, on déguste des spécialités vietnamiennes maison si authentiques qu'on se croirait à Hanoï. Les habitués conseillent les rouleaux de printemps, les galettes de riz gluant et l'assortiment de *banh mi*. (www.banhny.com ; 942 Amsterdam Ave, entre W 106th St et 107th St ; plats 10-19 $; 16h-21h mar-jeu, 12h-21h ven-dim ; S 1 station 103 rd St)

Chick Chick $$

Les sandwichs aux saveurs de la Corée ou du Tennessee sont les stars de ce temple du poulet au décor sobre, aux côtés de délices d'Asie comme les bols de ramen et de riz frit au kimchi. Idéal pour un repas rapide ou à emporter. (☎212-799-1026 ; www.chickchicknyc.com ; 618 Amsterdam Ave, à hauteur de W 90th St ; plats 14-22 $ environ ; ⊙ven midi, tlj soir; S 1 station 86th St)

Jacob's Pickles $$

Très animé au brunch comme au dîner, ce bistro sert une cuisine créative du sud des États-Unis. Essayez une assiette de pickles avec du bacon. Choix de 20 bières artisanales à la pression. (☎212-470-5566 ; jacobs.picklehospitality.com ; 509 Amsterdam Ave, entre W 84th St et 85th St ; plats 12-24 $; ⊙10h-2h lun-jeu, 10h-4h ven, 9h-4h sam, 9h-2h dim ; S 1 station 86th St)

Peacefood Cafe $$

Une cuisine végane excellente et variée, notamment des jus de fruits, des bols de graines, des burgers et des pâtisseries. Voir (☎212-362-2266, 212-979-2288 ; www.peacefoodnyc.com ; 460 Amsterdam Ave, à hauteur de W 82nd St ; plats 10-18 $; ⊙11h30-21h ; ; S 1 station 79th St)

El Mitote $$

Une cuisine des rues de Guadalajara et des classiques mexicains garnissent les plateaux colorés qui vont et viennent dans cet agréable restaurant. Googlez "Los 41 Maricones" pour comprendre les peintures murales LGBTQI+ ornant la salle. (☎212-874-2929 ; www.elmitoteny.com ; 208 Colombus Ave, entre W 69th St et 70th St ; plats 14-19 $ environ ; ⊙10h-22h tlj ; S 1 station 66th St-Lincoln Center)

Old John's Diner $$

Ce snack-bar près du Lincoln Center a conservé un charme années 1950. Installez-vous au comptoir et commandez une crème aux œufs (un classique) pour les enfants pendant que vous sirotez un Manhattan. (☎212-874-2700 ; iloveoldjohns.com ; 148 W 67th St, à hauteur d'Amsterdam Ave ; plats 12-30 $; ⊙7h-22h tlj ; S 1 station 66th St-Lincoln Center)

Cafe Luxembourg $$$

Des gens très chics viennent déguster les cocktails de ce bistrot français proche du Lincoln Center depuis les années 1980. Glissez-vous sur une banquette en cuir rouge et imprégnez-vous de l'atmosphère en savourant un steak-frites. (☎212-873-7411 ; cafeluxembourg.com ; 200 W 70th St, entre Amsterdam Ave et West End Ave ; plats 14-36 $; ⊙11h-15h30 et 17h-23h, brunch 10h-15h30 sam-dim ; S 1/2/3 station 72nd St)

Cafés et cocktails

Ellington in the Park $

Voir p. 47. (Riverside Park ; ☎917-280-4533 ; ellingtoninthepark.com ; Riverside Dr, à hauteur de W 105th St ; plats 13-18 $ environ ; ⊙11h-23h tlj avr-oct ; S 1 station 103rd St)

Pier i Cafe $

Le café saisonnier de Riverside Park South. (☎212- 362-4450 ; piericafe.com ; ⊙8h-22h en saison ; S 1 station 66th St-Lincoln Center)

LYA_CATTEL/ISTOCK ©

Café dans Central Park

Plowshares Coffee $

Dans ce petit paradis des amateurs d'expresso, le breuvage est fait avec le nec plus ultra des machines à café : une Slayer rare, fabriquée à la main. Un bonheur pour les fanas de caféine. (www.plowsharescoffee.com ; 2730 Broadway, entre W 104th St et 105th St ; 8h-15h tlj ; 1 station 103rd St)

The Dead Poet $

Un pub étroit, lambrissé d'acajou et apprécié des habitants du quartier. Servir la Guinness y est une affaire sérieuse, et les cocktails portent des noms d'anciens maîtres de la rime, comme le Walt Whitman et la sangria de rhum aux épices Pablo Neruda. (212-595-5670 ; thedeadpoet.com ; 450 Amsterdam Ave, entre W 81st St et 82nd St ; 14h-4h lun-jeu, 13h-4h ven, 12h-4h sam-dim ; ; 1 station 79th St)

Nobody Told Me $$

Un bar à cocktails branché fréquenté par une clientèle plutôt jeune, qui sert des mix inventifs et une cuisine de pub haut de gamme. Idéal pour une soirée détente en couple ou entre amis. (nobodytoldme.nyc ; 951 Amsterdam Ave, à hauteur de W 107th St ; plats 12-20 $ environ ; 12h-2h tlj ; 1 station 103rd St)

Empire Rooftop $$

Aménagé sur le toit-terrasse de l'Empire Hotel, ce bar raffiné est l'un des lieux les plus vastes (750 m^2) de New York pour prendre un verre en tutoyant le ciel. En hiver, vous pourrez profiter de l'endroit depuis l'aile coiffée d'un toit en verre, agrémentée de palmiers et de canapés. (212-265-2600 ; www.theempirerooftop.com ; 44 W 63 St, à hauteur de Broadway ; 14h-23h lun-mar, 14h-1h mer-ven, 12h-1h sam, 12h-23h dim ; ; 1 station 66th St-Lincoln Center)

Boutiques

Magpie

Des articles de papeterie, cadeaux et objets pour la maison, la plupart fabriqués localement avec des matériaux durables ou issus du commerce équitable. (579-3003 ; magpienewyork.com ; 488 Amsterdam Ave, entre W 83rd St et 84th St ; 11h-19h lun-sam, 11h-18h dim ; 1 station 86th St)

Shakespeare and Co

Les intellectuels d'Uptown se pressent dans ce café-librairie (annexe d'une adresse emblématique de l'autre côté de Central Park) pour dévorer les derniers succès littéraires en sirotant des expressos. (212-738-0001 ; shop.shakeandco.com ; 2020 Broadway, entre W 60th St et 70th St ; café 8h-18h lun-sam, 9h-17h dim ; boutique 9h-20h lun-sam, 10h-20h dim ; 1,2,3 station 72nd St)

Westsider Records

Avec plus de 30 000 vinyles, cette boutique couvre tous les courants musicaux du funk au jazz et au classique, mais aussi l'opéra, les comédies musicales, les BO de films et autres curiosités. Un bon endroit pour perdre la notion du temps. (212-874-1588 ; www.westsiderbooks.com ; 233 W 72nd St, entre Broadway et West End Ave ; 11h-19h lun-jeu, 11h-21h ven-sam, 12h-18h dim ; 1/2/3 station 72nd St)

Icon Style

Cette fabuleuse petite boutique vintage est spécialisée dans les bijoux anciens et fantaisie des années 1800 à 1970. Également : des robes, gants, sacs et chapeaux sélectionnés avec le plus grand soin. (212-799-0029 ; iconstyle.net ; 104 W 70th St, près de Columbus Ave ; 11h-18h mar-dim ; 1/2/3 jusqu'à 72nd St)

MIDTOWN

CULTURE | MUSIQUE | THÉÂTRE

2 Av

MIDTOWN
à la carte

INCONTOURNABLES ET TRÉSORS CACHÉS

Midtown a tout pour plaire : distractions 24h/24 à Times Square, le majestueux Empire State Building, les comédies musicales réjouissantes de Broadway, des restaurants incroyables, une atmosphère effervescente... En un mot, le quartier incarne ce que New York a de plus vivant et dynamique. Lisez la suite pour connaître les lieux phares et les expériences uniques qui vous attendent.

Le quartier en bref

Sur place Vie nocturne, vues panoramiques, bonnes tables.

S'y rendre Lignes de métro A/C/E, N/Q/R/W, S, 1/2/3 et 7.

Circuler De préférence à pied. 7th Av et 8th Ave autour de Times Square peuvent être bondées. Vous irez plus vite en prenant 6th Ave ou 9th Ave.

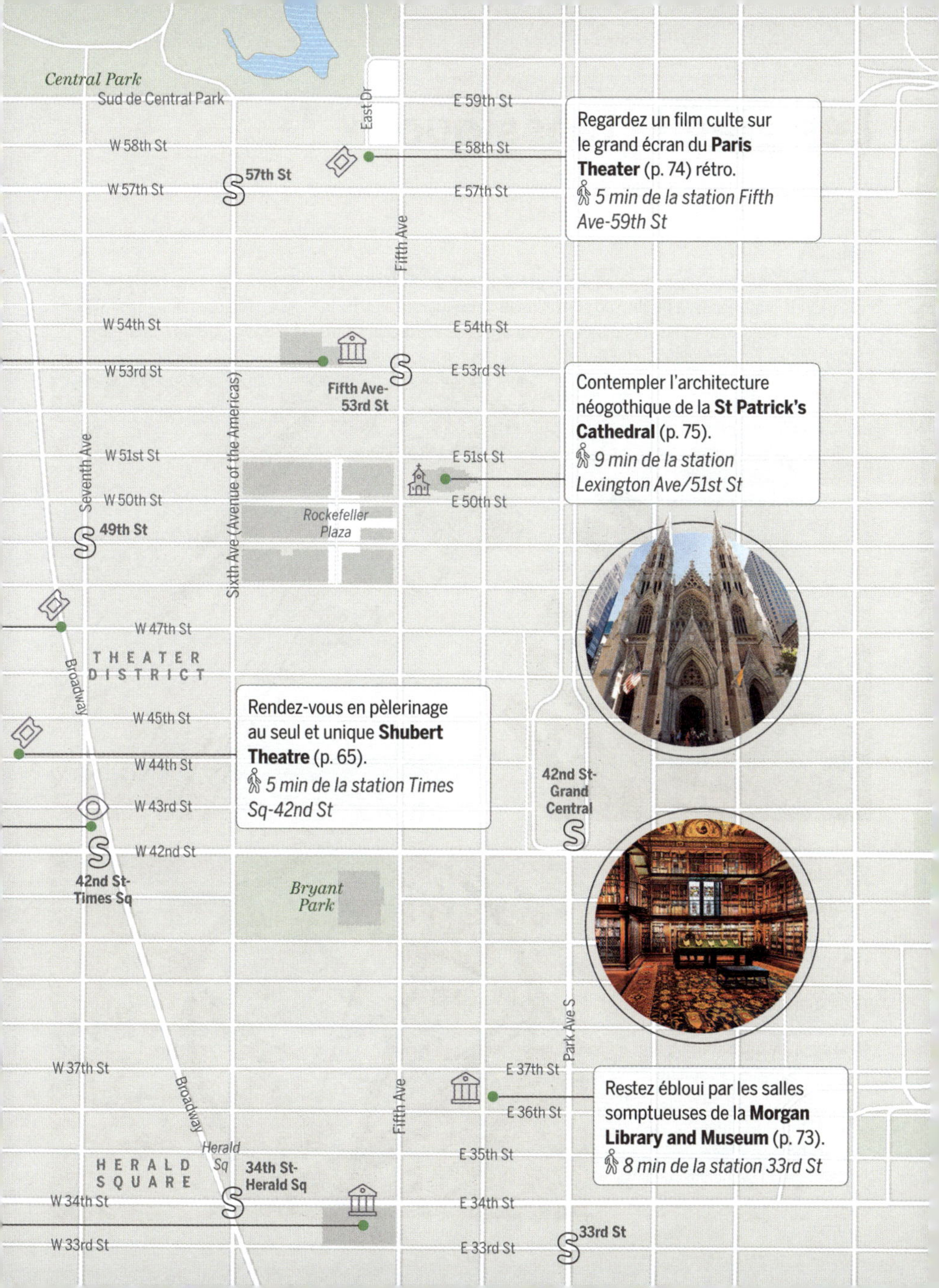

Regardez un film culte sur le grand écran du **Paris Theater** (p. 74) rétro.

5 min de la station Fifth Ave-59th St

Contempler l'architecture néogothique de la **St Patrick's Cathedral** (p. 75).

9 min de la station Lexington Ave/51st St

Rendez-vous en pèlerinage au seul et unique **Shubert Theatre** (p. 65).

5 min de la station Times Sq-42nd St

Restez ébloui par les salles somptueuses de la **Morgan Library and Museum** (p. 73).

8 min de la station 33rd St

Les grands classiques

Pour les infos pratiques de chaque site, reportez-vous au Carnet d'adresses p. 76.

MoMA

Superstar de la scène artistique moderne, le Museum of Modern Art renferme de nombreuses œuvres de grands maîtres, de la fin du XIXe siècle jusqu'à nos jours. En 2019, le MoMA a été réaménagé par Diller Scofidio + Renfro, avec au final plus de 3 700 m² d'espace d'exposition. Un paradis pour les amateurs d'art, et une passionnante formation accélérée pour les non-initiés.

ROSSELLA DE BERTI/ISTOCK ©

Rockefeller Center

Édifiée durant la Grande Dépression, cette "ville dans la ville" de 9 ha fut le premier complexe du pays associant commerces, espaces de loisirs et bureaux. Déclaré monument national en 1987, le "Rock Center" abrite notamment les studios de la NBC et le Top of the Rock, plateforme d'observation située au 70e étage du Comcast Building.

KAMIRA/SHUTTERSTOCK ©

Empire State Building

Inaugurée en 1931, cette tour Art déco reste la star des gratte-ciel de New York, figurante de prestige d'une centaine de films, de *King Kong* à *Independence Day*. Grimper jusqu'à la plateforme du 102e étage reste une expérience incontournable.

Chrysler Building

Conçu par William Van Alen pour abriter le siège de l'empire automobile de Walter P. Chrysler et achevé en 1930, ce gratte-ciel de 77 étages incarne l'architecture Art déco sous sa forme la plus pure à New York. Aux angles du 61e étage, quatre paires d'aigles en acier étincelant donnent à l'édifice un air quasi gothique.

EDI CHEN /ADOBESTOCK ©

FRANKVANDENBERGH/ISTOCK ©

GEORGIJEVIC/ISTOCK ©

Times Square

Torrent incessant et hypnotique de lumières scintillantes, de panneaux d'affichage gigantesques et d'énergie urbaine à l'état brut, l'intersection de Broadway et de 7th Ave, plus connue sous le nom de Times Square (du nom de l'ancien siège du *New York Times*), constitue le cœur de Manhattan.

Bryant Park

Oasis de verdure au milieu des buildings, niché derrière le spectaculaire bâtiment Beaux-Arts de la New York Public Library, Bryant Park offre un cadre original pour oublier un temps la frénésie de Midtown. Le parc accueille en été le Bryant Park Summer Film Festival et se mue en fin d'année en paradis hivernal, avec son marché de Noël et sa populaire patinoire.

MEINZAHN/ISTOCK ©

Grand Central Terminal

Cette énorme gare achevée en 1913 est l'un des multiples trésors Beaux-Arts de New York. Son tourbillon de lustres, de marbre, de bars et de restaurants historiques est une fenêtre sur une époque où voyages en train et romantisme allaient de pair. Dans le hall principal, le plafond voûté représente les constellations à l'envers.

FOCUSSTOCK/ISTOCK ©

AGSAZ/SHUTTERSTOCK ©

Roosevelt Island

Prenez le téléphérique et envolez-vous au milieu des buildings vers cette mince langue de terre de 3 km s'étirant au milieu de l'East River, entre Manhattan et le Queens. Depuis son vaste parc, l'île offre une vue originale sur la *skyline*.

HJ/ADOBESTOCK ©

Morgan Library & Museum

Ce somptueux centre culturel et musée renferme une extraordinaire collection de manuscrits, de tapisseries et de livres (dont trois bibles de Gutenberg). L'ancien bureau du magnat de l'acier J. P. Morgan, orné d'œuvres d'art de la Renaissance italienne et hollandaise, n'est surpassé que par sa bibliothèque personnelle.

CRISTIANL/ISTOCK ©

Siège des Nations unies

Situé au bord de l'East River, le siège de l'ONU occupe depuis 1951 un ensemble de bâtiments conçus par une équipe d'architectes de renom, parmi lesquels Oscar Niemeyer, Le Corbusier et Wallace Harrison. Des visites guidées d'une heure permettent de pénétrer dans divers salles, dont celles de l'Assemblée générale et du Conseil de sécurité,

06 Un spectacle en matinée à BROADWAY

CULTURE | THÉÂTRE | MUSIQUE

Rien de plus typiquement new-yorkais qu'un spectacle de Broadway, une expérience à ne manquer sous aucun prétexte. Outre leur programmation du soir, les théâtres proposent des représentations en fin de matinée ou début d'après-midi certains jours de la semaine. Comme elles ne font pas toujours salle comble, les phobiques de la foule apprécieront.

MURAT CAN KIRMIZIGUL/SHUTTERSTOCK ©

En pratique

Quand Les théâtres de Broadway restent ouverts toute l'année, sauf les jours fériés et en cas de force majeure.

S'y rendre Lignes de métro A/C/E, N/Q/R/W, S, 1/2/3 et 7, station Times Sq-42nd St.

Comment s'habiller
Pas de laisser-aller ! Les matinées sont certes un peu plus décontractées, mais une certaine élégance s'impose.

À savoir Les matinées ont lieu les mercredis et samedis (10h-14h) ainsi que les dimanches (11h-15h).

RICHARD LEVINE/ALAMY STOCK PHOTO ©

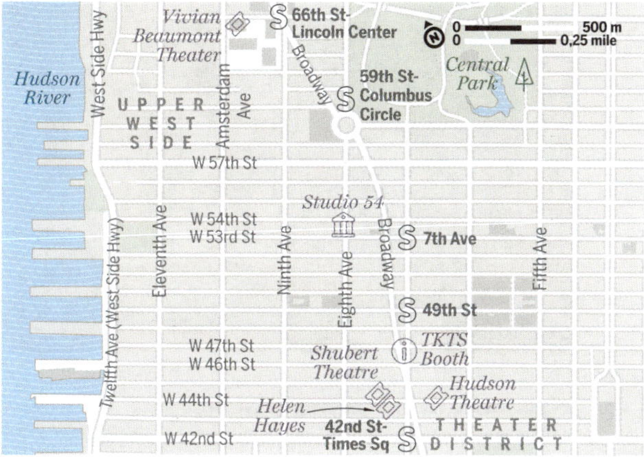

En haut à gauche Panneaux publicitaires, Times Square
En bas à gauche Hudson Theatre

Le top 5 des théâtres

Shubert Theatre Si le Lyceum Theater est le doyen des théâtres encore en activité dans le quartier, le Shubert a l'architecture la plus classique du genre. Sa marquise éclairée par des ampoules électrique constitue l'emblème de Broadway et de sa riche histoire. (p. 77)

Hudson Theatre Rouvert en 2017 après rénovation, il comporte des sièges modernes (et des toilettes pour femmes agrandies, ce qui évite les files d'attente à l'entracte comme dans la plupart des vieux théâtres du coin). Le bar sert des boissons dans de vrais verres que l'on peut apporter à l'intérieur de la salle. (p. 77)

Helen Hayes Theatre Difficile d'être mal placé quand on vient voir une pièce ou une comédie musicale du plus petit théâtre de Broadway, un lieu intimiste d'une capacité de 600 spectateurs. (p. 77)

Studio 54 La salle de la Roundabout Theatre Company occupe les anciens locaux du mythique night-club éponyme de la période disco au passé mémorable. (p. 77)

Vivian Beaumont Theater Le seul théâtre de Broadway situé à Uptown, dans le Lincoln Center, un magnifique écrin pour les arts dont l'esplanade accueille des spectacles vivants et des événements. Le public entoure la scène sur trois côtés, ce qui ajoute à l'intensité du moment. (p. 77)

Conseils d'initiés

La **billetterie TKTS** de Times Square (autres antennes au Lincoln Center et au South Street Seaport) vend des places à prix réduit pour des spectacles de Broadway et Off-Broadway ayant lieu le jour même. Grimpez ensuite les escaliers rouges du bâtiment pour avoir une vue d'ensemble des centaines de panneaux publicitaires et d'enseignes lumineuses. La zone centrale de Times Square abrite les fameux studios de MTV et le plus grand panneau d'affichage à LED du monde. Si vous en avez assez de la cohue et des individus costumés, cap à l'est sur le Rockefeller ou à l'ouest sur Hell's Kitchen, qui regorgent de boutiques et de restaurants.

Recommandé par Gregory Jacobs-Roseman, *auteur-compositeur et producteur de comédies musicales (@GJRoseman, gregjr.com)*

Broadway, toute une histoire

DERRIÈRE LA PORTE DE CHAQUE THÉÂTRE SE CACHE UN PASSÉ SINGULIER

L'histoire du théâtre à New York se révèle aussi épique qu'on peut s'y attendre. Des pièces de Shakespeare jouées au XVIIIe siècle jusqu'aux lumières glamour de Times Square, la scène locale est toujours à la pointe de la mode.

À gauche 42nd St **Au centre** Tony Award **À droite** New York City Center

SEAN PAVONE/SHUTTERSTOCK ©

Naissance de Broadway District

Si le théâtre fait partie de l'ADN de la ville depuis les origines, le "Broadway" aujourd'hui connu du monde entier a mis du temps à prendre son essor. L'activité n'a jamais cessé, ralentissant seulement lors de graves événements comme la guerre d'Indépendance des États-Unis (1775-1783), la Grande Dépression des années 1930 ou la récente pandémie de Covid-19.

Le premier grand théâtre de la ville fut fondé en 1750 par Walter Murray et Thomas Kean. Il accueillait essentiellement des œuvres lyriques et des pièces shakespeariennes. La forme de spectacle la plus populaire était alors le *ballad opera* anglais, né au XVIIIe siècle, alternant dialogues satiriques et chansons. *The Beggar's Opera* (1728), de John Gay, fut le précurseur du genre, considéré comme l'ancêtre de la comédie musicale.

À l'issue de la guerre d'Indépendance, le Park Theatre (2 000 places) vit le jour et connut un immense succès, suivi par le Bowery Theater ouvert en 1826. Situé à Broadway près de Prince St, le Niblo's Garden devint un lieu prisé et le quartier alentour synonyme de théâtre. Initialement, "Broadway" se concentrait uniquement à Downtown Manhattan. Il faudra attendre le début du XXe siècle pour que l'activité théâtrale se déplace à Times Square, où elle réside depuis. Le Broadway District, comme on l'appelle de nos jours, s'étend de W 41st St à W 53rd St entre 6th Ave et 9th Ave. Pour qu'un spectacle puisse bénéficier du label Broadway, il doit impérativement être à l'affiche d'un des 41 théâtres professionnels de 500 places et plus que compte cette zone.

LEV RADIN/SHUTTERSTOCK ©

PATTI MCCONVILLE/ALAMY STOCK PHOTO ©

Théâtre et comédies musicales

Les années 1920 inaugurèrent un nouveau type de pièce américaine. Eugene O'Neill (1888-1953) fut le premier à démontrer que le théâtre réaliste et dramatique sans musique avait sa place sur les planches de Broadway. Ses œuvres, dont le célèbre *Derrière l'horizon* (1920), préparèrent la voie à d'autres dramaturges de renom tels que Tennessee Williams et Arthur Miller. La grande crise économique de la décennie suivante impacta sérieusement la production théâtrale, mais Broadway ne tarda pas à rebondir de plus bel. Le répertoire de comédies musicales se constitua entre 1950 et 1970, avec des créations incomparables comme *Guys and Dolls* (1950) et *My Fair Lady* (1956)

> Initialement, "Broadway" se concentrait uniquement à Downtown Manhattan. Il faudra attendre le début du XXe siècle pour que l'activité théâtrale se déplace à Times Square, où elle réside depuis.

Dans le célèbre *Little Johnny Jones* (1904), la chanson *Give my regards to Broadway* ("Salue Broadway de ma part") rend hommage à juste titre à une industrie qui revêt une importance majeure dans le paysage économique et artistique new-yorkais. En 2012, la vente de billets a généré 1 milliard de dollars, et plus de 12 millions de spectateurs ont fréquenté les salles. Les Tony Awards, équivalents des Oscars pour le théâtre, ont été lancés en 1947 avec 11 catégories de prix. Ils sont célébrés chaque année dans le Radio City Music Hall à Midtown, tout près du Theater District.

Off-Broadway

Le Theater District est loin de se résumer à Broadway. Des petites salles et compagnies théâtrales autour de Times Square, comme New World Stages, Theater Row, Playwright's Horizons, New York City Center, programment en effet des spectacles Off-Broadway de qualité auxquels participent des acteurs, musiciens, metteurs en scène et producteurs de renommée internationale. Des lauréats des Oscars et des Tony Awards montent souvent sur ces scènes des projets qui leur tiennent secrètement à cœur en marge de leur carrière. À ne pas rater !

07 Le jardin de sculptures du MOMA

ART | CULTURE | MUSÉES

Le Museum of Modern Art de New York est reconnu comme l'un des plus importants musées du genre dans le monde. Aux salles qui présentent ses vastes collections s'ajoute un pittoresque espace en plein air parsemé de sculptures qui n'a pas son pareil en ville.

KUMAR SRISKANDAN/ALAMY STOCK PHOTO ©

En pratique

Quand Le printemps, l'été et l'automne sont les saisons les plus propices. Le jardin ferme parfois en hiver.

S'y rendre Ligne F du métro, station 57th St ou B/D/E station 7th Ave.

Comment s'habiller
Vu la superficie du musée, mieux vaut le visiter en baskets. En revanche n'hésitez pas à mettre vos escarpins pour les événements spéciaux.

Tarifs Adulte/senior et handicapé/étudiant/enfant 25/18/14 $/gratuit.

ELIZABETH WAKE/ALAMY STOCK PHOTO ©

CHOONGKY/SHUTTERSTOCK ©

Un jardin secret

Le Abby Aldrich Rockefeller Sculpture Garden – c'est son nom officiel – est un ravissant espace vert inauguré en 1939 et qui fait partie des lieux de prédilection de beaucoup de New-Yorkais. Son atmosphère d'une douceur inattendue participe de son charme. Il a été réaménagé en 1953 par Philip Johnson, qui le décrivait comme une sorte de "pièce sans toit" destinée à être aussi confortable qu'un chez-soi. Le jardin au sol dallé de marbre se divise en quatre secteurs agrémentés de plates-bandes, de fontaines, de bassins et d'espèces d'arbres variées. Des tables, chaises et bancs permettent d'échanger entre amis ou de s'accorder une pause contemplative. Il se veut un coin favorisant la relaxation et l'expression de soi, où se tiennent des événements créatifs sortant généralement de

Observation des oiseaux

La végétation et les fontaines du jardin de sculptures attirent de nombreux oiseaux. Si vous venez au printemps, renseignez-vous auprès des employés sur les espèces présentes.

Photos ci-dessus et page précédente
MoMA Sculpture Garden

l'ordinaire et des manifestations. C'est ici que se déroula par exemple le tout premier concert de synthétiseur, en 1969, qui donna à l'instrument ses lettres de noblesse et changea ainsi l'histoire de la musique.

Les sculptures constituent, bien sûr, la pièce de résistance. Exposées en alternance afin que l'endroit reste vivant et aéré, elles ont été réalisées par de grands maîtres de l'art moderne du calibre de Henri Matisse, Pablo Picasso, Rachel Whiteread, Barnett Newman ou Hector Guimard. Au-dessus d'un bassin se trouve l'une des plus remarquables : *La Rivière*, d'Aristide Maillol (1938-1943). Représentant une femme au ras du sol, tout à la fois en déséquilibre et en torsion, elle est la personnification de l'eau en mouvement.

Les collections du MoMA

Depuis les travaux menés en 2019, les œuvres sont présentées chronologiquement plutôt que par discipline, mélangeant ainsi peintures,

Autour du MoMA

Du musée, dirigez-vous vers Uptown pour une agréable promenade dans Central Park, dont l'entrée dans 59th St est vraiment toute proche. À Downtown, le plaisant **Bryant Park** (p. 76) accueille des séances de cinéma en plein air.

Le **Del Frisco's** (p. 78), une institution de la nouvelle cuisine américaine, vous attend dans le Rockefeller Center et a vue sur la patinoire. Sinon, le **Havana Central** (p. 78) sert une cuisine remarquable dans une ambiance animée sans prétention. Goûtez ses mojitos !

Recommandé par Nadia Salim, *artiste et employée du MoMA Design Store (@astro_knowme)*

LET GO MEDIA/SHUTTERSTOCK ©

Page précédente Del Frisco's
Ci-dessus Bryant Park
Ci-dessous MoMA Design Store

photographies et autres médias comme jamais auparavant et augmentant la diversité des œuvres dans chaque salle. Un espace scénique de pointe a aussi été aménagé afin de présenter plus d'art expérimental .

L'un des points forts de la collection du MoMA est l'expressionnisme abstrait, un mouvement radical né à New York dans les années 1940 qui connut son apogée une décennie plus tard. Définie par son penchant pour l'individualisme irrévérencieux et les œuvres monumentales, l'"école de New York" a contribué à faire de la métropole l'épicentre de l'art contemporain. Parmi les œuvres qui l'incarnent figurent *No. 10* de Mark Rothko, *One* (Number 31, 1950) de Jackson Pollock, *Jacob's Ladder* (1957) d'Helen Frankenthaler et *Sans titre* (1949) de Willem De Kooning.

FAR LEFT: RICHARD LEVINE/ALAMY STOCK PHOTO ©; LEFT: CHOONGKY/SHUTTERSTOCKT ©

Shopping chic au musée

Le **MoMA Design Store** (p. 81) propose des meubles, vêtements, accessoires (lunettes, parapluies, montres…) et appareils électroniques (appareils photo, casques audio…) inspirés des collections du musée. Elle dispose d'une seconde adresse dans Spring St, à SoHo.

08 L'EMPIRE STATE BUILDING au lever du soleil

CULTURE | ARCHITECTURE | PANORAMA

L'Empire State Building résume à lui seul tout ce qu'incarne New York : la culture, la classe, l'ambition et l'idée que cette ville peut réaliser vos rêves les plus fous. Quel que soit le pays d'où l'on vient, voir l'astre du jour s'élever au-dessus des gratte-ciel étincelants de Manhattan depuis le 86e étage provoque une émotion inoubliable.

ANGELA WEISS/AFP/GETTY IMAGES ©

En pratique

Quand Ce bâtiment iconique reste ouvert toute l'année.

S'y rendre Lignes de métro B/D/F/M et N/Q/R/W, station 34th St-Herald Sq.

Comment s'habiller Vêtements décontractés et baskets.

Notre conseil Si vous disposez d'un smartphone, utilisez la fonction panoramique pour immortaliser la vue à 360°.

JOAQUIN OSSORIO CASTILLO/SHUTTERSTOCK ©

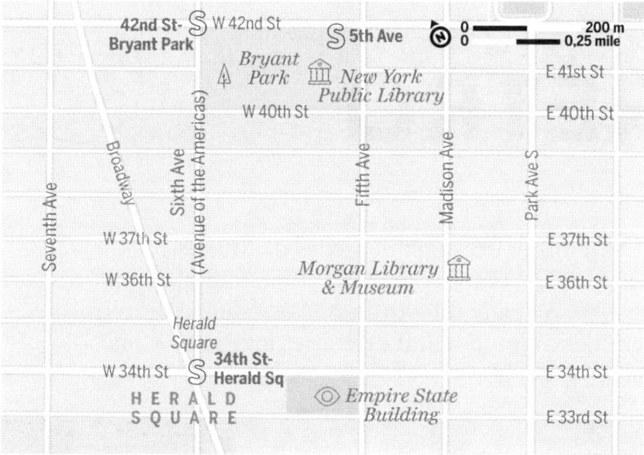

Une icône architecturale

Symbole de New York par excellence, l'Empire State Building (1930-1931) est l'un des édifices les plus reconnaissables de la planète, tant par sa silhouette typiquement Art déco que sa façon de refléter la lumière. Ce gratte-ciel de 102 étages conçu par Shreve, Lamb & Harmon s'élève dans 5th Ave, entre 33rd St et 34th St. Il fallut 10 millions de briques, 60 000 tonnes d'acier, 6 400 fenêtres et 30 472 m² de marbre pour élever ce gratte-ciel de 381 m de hauteur – et, ce, en un temps record de 410 jours !

New York vue d'en haut

La plupart des visiteurs montent en journée jusqu'à la principale plateforme d'observation au 86e étage, mais l'expérience la plus inoubliable consiste à contempler le lever du soleil sur la ville. L'accès est limité à 40 personnes, ce qui permet de siroter une tasse de café, prendre quelques photos et méditer sans affronter la cohue. Au nord, on aperçoit le reste de Midtown jusqu'à Central Park et au-delà. À l'ouest, le cours de l'Hudson rappelle que Manhattan est un territoire insulaire. Au sud, l'architecture plus ancienne de Downtown offre un contraste saisissant avec la tour vertigineuse du One World Trade Center, qui marque le bout de l'île au South Street Seaport. Bref, New York dans toute sa splendeur.

En haut à gauche Vue sur Manhattan depuis l'Empire State Building
En bas à gauche Détail du hall de l'Empire State Building

Morgan Library & Museum

L'ex-bibliothèque personnelle du financier et magnat de l'industrie J. P. Morgan (1837-1913), devenue une bibliothèque publique et un musée, mérite vraiment une visite. Elle renferme des manuscrits et livres rares, ainsi qu'une collection de peintures, dessins et gravures de maîtres anciens. Elle se trouve à 15 minutes à pied de la **New York Public Library**, au décor tout aussi opulent derrière sa façade principale en marbre blanc flanquée de deux lions en pierre. La grande salle de lecture, avec son plafond à caissons doré, ses longues tables en bois alignées et ses petites lampes à la lumière tamisée, dégage une atmosphère grandiose.

09 Cinéma RÉTRO

CULTURE | ART | CINÉMA

Le Paris Theater est l'un des petits plaisirs cachés de Midtown. Mal aux pieds à force d'arpenter la ville ? Calez-vous dans un fauteuil du plus vieux cinéma de New York, élevé au rang d'institution. Véritable bijou rétro, il ne possède qu'un seul écran et un petit stand de choses à grignoter mais a du charme à revendre.

PATTI MCCONVILLE/ALAMY STOCK PHOTO ©

En pratique

Quand Le Paris Theater fonctionne toute l'année.

S'y rendre Lignes de métro N/R/W jusqu'à la station Fifth Ave/59th St.

Comment s'habiller Le cinéma est un lieu décontracté et la découverte des alentours peut impliquer pas mal de marche : portez des baskets !

Notre conseil Consultez le site Internet avant de venir. Il y a souvent des rencontres avec des réalisateurs et des acteurs.

GABRIELPEVIDE/GETTY IMAGES ©

En haut à gauche Paris Theater
En bas à gauche St Patrick's Cathedral

Paris à New York

Construit par le distributeur français Pathé, le Paris Theater fut inauguré le 13 septembre 1948. Il s'agit d'une salle unique de 571 places, très bien aménagée, aux fauteuils confortablement rembourrés. Son style et son emplacement central en firent rapidement un cinéma couru projetant des grands films américains et étrangers. Après avoir connu son lot de difficultés financières, il a été racheté fin 2019 par Netflix, qui s'occupe désormais de la programmation. Celle-ci comprend des exclusivités, des avant-premières, des rétrospectives et autres événements d'excellente qualité. Des réalisateurs et des acteurs de premier plan sont souvent invités pour parler de leurs œuvres.

Northern Midtown

Le cinéma est situé à une courte marche des fleurons du nord de Midtown : Central Park, le Plaza Hotel, le Museum of Modern Art (MoMA), la St Patrick's Cathedral, le Rockefeller Center, la New York Public Library et le Radio City Music Hall. C'est l'endroit parfait pour s'accorder une pause détente avant de poursuivre la visite du quartier.

St Patrick's Cathedral

Tout près du Paris Theater se dresse l'imposante cathédrale Saint-Patrick (1858-1879) de style néogothique, l'un des monuments phares de Midtown, qui semble presque incongru au milieu des gratte-ciel modernes. Rempli de touristes parlant à voix basse, impressionnés par les immenses voûtes en pierre calcaire et les autels dorés, l'intérieur dégage une atmosphère solennelle. Ne manquez pas la chapelle de la Vierge, au fond, ni la pietà en marbre à droite de son entrée.

Carnet d'adresses

Les grands classiques

Rockefeller Center

Voir p. 60. (www.rockefellercenter.com ; de 5th Ave à 6th Ave, entre W 48th St et 51st St ; Top of the Rock 9h-23h, dernier ascenseur 22h10 ; S B/D/F/M station 47th St-50th St-Rockefeller Center)

MoMA et Abby Aldrich Rockefeller Sculpture Garden

Voir p. 60 et 68. (212-708-9400 ; www.moma.org ; 11 W 53rd St, entre 5th Ave et 6th Ave ; tarif plein/réduit 25/14-18 $, -16 ans gratuit ; 13h-17h30 lun, 10h30-17h30 mar-dim, jusqu'à 19h sam, dernière entrée 1 heure avant la fermeture ; ; S E, M station 5th Ave-53rd St, F station 57th St)

Empire State Building

Voir p. 61 et 72. (212-736-3100 ; www.esbnyc.com ; 20 W 34th St, entre 5th Ave et 6th Ave ; plateforme du 86e ét. Plein/senior/enfant 42/40/36 $, avec plateforme du 102e ét. 77/75/71 $; 11h-23h lun-jeu, 9h-minuit ven-dim ; S 6 station 33rd St, B/D/F/M, N/Q/R/W station 34th St-Herald Sq)

Chrysler Building

Voir p. 61. (405 Lexington Ave, au niveau de E 42nd St ; hall d'entrée 8h-18h lun-ven ; S S, 4/5/6, 7 jusqu'à Grand Central-42nd St)

Times Square

Voir p. 61 et 65. (212-768-1560 ; www.timessquarenyc.org ; Broadway, à hauteur de 7th Ave ; S N/Q/R/W, S, 1/2/3, 7 station Times Sq-42nd St)

Bryant Park

Voir p. 62. (212-768-4242 ; bryantpark.org ; 42nd St, entre 5th Ave et 6th Ave, Midtown West ; 7h-22h sept-avril, 7h-23h mai-août ; ; S B/D/F/M station 42nd St-Bryant Park, 7 station 5th Ave)

Roosevelt Island

Voir p. 63. (RIHS 212-688-4836 ; www.rihs.us ; téléphérique 2,75 $/trajet MetroCard ; S F station Roosevelt Island ; téléphérique Roosevelt Island Aerial Tramway, gare de départ à l'angle de 2nd Ave et E 60th St)

Grand Central Terminal

Voir p. 62. (212-340-2583 ; www.grandcentralterminal.com ; 89 E 42nd St, au niveau de Park Ave ; 5h15-2h ; S S, 4/5/6, 7 jusqu'à Grand Central-42nd St, Metro North jusqu'à Grand Central)

Morgan Library and Museum

Voir p. 63. (212-685-0008 ; www.themorgan.org ; 225 Madison Ave, à hauteur de 36th St, Midtown East ; plein/senior/étudiant/enfant jusqu'à 12 ans 22/14/13 $/gratuit, gratuit ven 17h-19h sur réservation, audioguide gratuit, réservation conseillée ; 10h30-17h mar-jeu et sam-dim, 10h30-19h ven ; S 6 station 33rd St)

Siège des Nations unies

Voir p. 63. (212-963-4475 ; www.un.org/visit ; entrée visiteurs 1st Ave à hauteur de 46th St, Midtown East ; visite guidée adulte/enfant 22/12 $,

S. GREG PANOSIAN/ISTOCK

St Patrick's Cathedral

accès aux jardins gratuit sam et dim mars-déc ; visites 9h-16h45 lun-ven, centre des visiteurs également ouvert 10h-16h45 sam et dim ; S S, 4/5/6, 7 station Grand Central-42nd St)

New York Public Library

Voir p. 73. (Stephen A. Schwarzman Building ; 917-983-4584 ; www.nypl.org ; 476 5th Ave à hauteur de W 42nd St ; 10h-18h lun et jeu-sam, 10h-20h mar-mer, 13h-17h dim, visites guidées 11h et 14h lun-sam/Rose Main Reading Room 10h et 13h30 lun-sam, 15h dim ; ; S B/D/F/M station 42nd St-Bryant Park, 7 station 5th Ave)

St Patrick's Cathedral

Voir p. 75. (212-753-2261 ; www.saintpatrickscathedral.org ; 5th Ave entre E 50th St et 51st St ; 6h30-20h45 ; S B/D/F/M station 47th St-50th St-Rockefeller Center, E/M station 5th Ave-53rd St)

Théâtres et cinéma

Shubert Theatre

Voir p. 65. (212-239-6200 ; shubert.nyc/theatres/shubert ; 225 W 44th St, Broadway ; S N/Q/R/W, S, 1/2/3, 7 station Times Sq-42nd St)

Hudson Theatre

Voir p. 65. (855-801-5876 ; www.thehudsonbroadway.com ; 141 W 44th St, Broadway ; S N/Q/R/W, S, 1/2/3, 7 station Times Sq-42nd St)

Helen Hayes Theatre

Voir p. 65. (212-541-4516 ; 2st.com ; 240 W 44th St, Broadway ; S N/Q/R/W, S, 1/2/3, 7 station Times Sq-42nd St)

Studio 54

Voir p. 65. (212-719-1300 ; www.roundabouttheatre.org ; 254 W 54th St, Broadway ; S N/Q/R/W, S, 1/2/3, 7 station Times Sq-42nd St)

Billetterie TKTS de Broadway

Vivian Beaumont Theater

Voir p. 65. (212-501-3100 ; www.lct.org ; Lincoln Center for the Performing Arts, 150 W 65th St, Broadway ; S N/Q/R/W, S, 1/2/3, 7 station Times Sq-42nd St)

Paris Theater

Voir p. 74. (212-688-3800 ; www.paristheaternyc.com ; 4 W 58th St, à hauteur de 5th Ave ; S F station 57th St, N/R/W station 5th Ave-59th St)

Billetterie TKTS

Voir p. 65. (212-912-9770 ; www.tdf.org/nyc/7/TKTS-ticket-booths ; Broadway, W 47th St, Times Square ; 15h-20h lun-mar et ven, 11h-20h mer-jeu et sam, 11h-19h dim ; S N/Q/R/W, S, 1/2/3, 7 station Times Sq-42nd St)

Cabarets

Feinstein's/54 Below

Le "Broadway's Supper Club" est l'un des premiers cabarets-restaurants de New York. On peut y assister aux spectacles des meilleurs auteurs et interprètes de Broadway et d'ailleurs. (646-476-3551 ; 54below.com ; 254 W 54th St, entre 8th Ave et Broadway ; 17h30-minuit ; S N/Q/R/W, S, 1/2/3, 7 station Times Sq-42nd St)

Don't Tell Mama

Ce célèbre piano-bar et cabaret programme jusqu'au petit matin des artistes et des soirées scène ouverte. (☎212-757-0788 ; www.donttellmamanyc.com ; 343 W 46th St, entre 8th Ave et 9th Ave ; ⏲16h-2h30 dim-jeu, 17h-3h30 ven, 16h-3h30 sam ; S C/E, 1 station 50th St)

Laurie Beechman Theatre

Cabaret, musique, numéros comiques et spectacles variés tous les jours de la semaine. (☎212-695-6909 ; www.westbankcafe.com/laurie-beechman-theatre ; 407 W 42nd St, près de 9th Ave ; ⏲16h-23h mer-sam, 16h-22h dim ; S A/E/N/Q/R/W, S, 1/2/3, 7 station 42nd Street/Port Authority Bus Terminal station)

Restaurants avant/après spectacle

Frisson Espresso $

Bon café, pâtisseries et plats légers dans un cadre lumineux et confortable. (☎646-850-3928 ; 326 W 47th St, entre 9th Ave et 8th Ave ; ⏲7h50-18h lun-mar, 7h50-19h mer-ven, 8h-19h sam-dim ; S C/E station 50th St)

Rex Coffee $

Un as du café et des sandwichs aux œufs depuis 2013. Arrivez avant la fermeture de l'après-midi. (☎212-757-0580 ; www.rexcoffeenyc.com ; 864 10th Ave, entre 56th St et 57th St ; ⏲7h-14h30 lun-ven, 8h-13h sam-dim ; S 1 station Columbus Circle ou x)

Jolly Goat Coffee Bar $

Des expressos corsés, des thés et un choix de bagels et viennoiseries composent l'offre de ce charmant café cosy. (www.thejollygoat.com ; 515 W 47th St, entre 11th Ave et 10th Ave ; ⏲8h-14h lun-ven, 9h-16h sam-dim ; 📶 ; S C/E station 50th St)

Amy's Bread $

Une boulangerie-pâtisserie conseillée aux becs sucrés qui ont besoin d'un dessert après déjeuner. Mention spéciale pour les *layer cakes*. (☎212-977-2670 ; www.amysbread.com ; 672 9th Ave, entre 46th St et 47th St ; ⏲8h-19h lun-ven, 9h-19h sam-dim ; S N/R station 49th St, C/E station 50th St, A station 42nd St)

Del Frisco's $$

Voir p. 70. (☎212-767-0371 ; www.delfriscosgrille.com ; Rockefeller Center, de 5th Ave à 6th Ave, entre W 48th St et 51st St, 50 Rockefeller Plaza ; ⏲11h-21h lun, jusqu'à 22h mar-jeu, jusqu'à 23h ven, 12h-23h sam, 12h-21h dim ; S B/D/F/M station 47th St-50th St-Rockefeller Center)

Havana Central $$

Voir p. 70. (☎212-398-7440 ; www.havanacentral.com ; 151 W 46th St, près de 7th Ave ; ⏲11h30-21h30 lun-jeu, jusqu'à 22h ven-dim ; S B/D/F/M station 47th St-50th St-Rockefeller Center)

West Bank Cafe $$

Pilier de Hell's Kitchen, ce formidable café américain dans 42nd St propose des cocktails et plats excellents sur fond de musique live. Le *mac 'n' cheese* à la truffe se distingue. (☎212-695-6909 ; www.westbankcafe.com ; 407 W 42nd St, à l'angle de 9th Ave ; plats 10-36 $; ⏲16h-23h mer-sam, 16h-22h dim ; S A/E/N/Q/R/W, S, 1/2/3, 7 station 42nd Street/Port Authority Bus Terminal station)

Amy's Bread

Blue Dog Cookhouse & Bar $$

Une super adresse où siroter un cocktail artisanal au bar avant le théâtre ou faire un dîner de premier ordre. Le brunch est à tomber par terre. (☎212-459-0700 ; www.bluedognyc.com ; 308 W 50th St, près de 8th Ave ; plats 15-42 $, brunch 14-29 $; ⏱8h30-16h lun, 8h30-22h mar-jeu et dim, 8h30-23h ven-sam ; S C/E 50 St)

Pure Thai Cookhouse $$

Ne vous fiez pas à l'allure modeste de ce restaurant décontracté sans fioritures, car il a la réputation de préparer la meilleure cuisine thaïe de New York. Le top pour un repas rapide mais savoureux. (☎212-581-0999 ; www.purethaicookhouse.com ; 766 9th Ave, entre 51st St et 52nd St ; snack 9-17 $, wok 16-20 $; ⏱12h-22h lun-jeu, 12h-23h ven-sam ; S C/E 50 St)

Joe Allen $$$

Le restaurant culte des amateurs de théâtre, décoré d'affiches humoristiques des fiascos de Broadway. (☎212-581-6464 ; joeallenrestaurant.com ; 326 W 46th St, entre 9th Ave et 8th Ave ; plats 16-42 $; ⏱12h-23h30 mar et jeu-ven, 11h30-23h30 mer et sam, 11h30-22h30 dim ; S C/E 50 St)

Becco $$$

Situé dans le "Restaurant Row" de W 46th St, Becco compense son côté touristique par sa formule gagnante : le trio de pâtes du jour servi à volonté. (☎212-397-7597 ; becco-nyc.com ; 355 W 46th St, entre 9th Ave et 8th Ave ; plats 12-45 $; ⏱12h-14h30 mer et sam, 16h30-21h30 mar-jeu, 16h30-22h ven, 16h-22h sam, 15h-21h dim ; S C/E station 50 St)

Quality Bistro $$$

Une table française haut de gamme proche des théâtres qui s'impose pour un rendez-vous galant. La carte met l'accent sur les grands classiques. (☎212-433-3330 ; www.qualitybistro.com ; 120 W 55th St, entre 7th Ave et 6th Ave ; plats 18-165 $; ⏱11h30-15h lun-ven,

VLADEE/SHUTTERSTOCK ©

Cocktail Manhattan

12h-15h sam-dim, 17h-23h tlj ; S A/E/B/D 7 Avenue Station)

La Masseria NY $$$

Un incontournable du Theater District où se régaler de copieuses spécialités du sud de l'Italie dans un décor de trattoria faussement rustique. (☎212-582-2111 ; lamasserianyc.com ; 235 W 48th St, près de 8th Ave ; plats 15.50-69,50 $; ⏱12h-15h lun-sam, 16h30-23h lun, 16h30-minuit mardi-sam, 12h-22h30 dim ; S E/N/R/W station 49th St)

Osteria al Doge $$$

Un spécialiste de la cuisine vénitienne à l'atmosphère chaleureuse, idéal pour manger sur le pouce au comptoir ou un repas complet à table. Goûtez absolument un risotto ! (☎212-944-3643 ; www.osteriaaldogenyc.com ; 142 W 44th St, entre 7th Ave et 6th Ave ; plats 12-38 $; S N/Q/R/W, S, 1/2/3, 7 station Times Sq-42nd St)

Bars avant/après spectacle

Hurley's Saloon $

Un pub-restaurant irlandais de quartier à l'ambiance conviviale, doté de plusieurs niveaux et d'un rooftop. Barmen sympathiques et nourriture savoureuse.

(212-765-8981 ; www.hurleysnyc.com ; 232 W 48th St, entre 8th Ave et Broadway ; 11h30-3h lun-sam, 11h30-1h dim ; S E/N/R/W station 49th St)

Glass House Tavern $$

Un bistrot prisé pour dîner avant le théâtre ou prendre un verre après. (212-730-4800 ; glasshousetavern.com ; 252 W 47th St, entre 8th Ave et Broadway ; 15h-minuit mar-mer, 15h-1h jeu-sam, 15h-23h dim ; S E/N/R/W station 49th St)

Lillie's Victorian Establishment $$

Poussez la porte de ce bar-restaurant de 49th St évoquant le Londres de Dickens, dont la carte décline de nombreuses variantes du gin-tonic. (212-957-4530 ; www.lilliesnyc.com ; 249 W 49th St, entre 8th Ave et Broadway ; 16h-1h lun-mer, 16h-2h jeu-ven, 11h30-2h sam, 11h30-1h dim ; S C/E station 50th St)

Rum House (dans l'Hotel Edison) $$

Rien de mieux pour un dernier verre que l'incroyable choix de rhums de cet élégant bar à cocktails aux murs lambrissés. (www.therumhousenyc.com ; 228 W 47th St, entre 8th Ave et Broadway ; 16h-1h dim-jeu, jusqu'à 2h ven-sam, happy hour 16h-18h ; S E/N/R/W station 49th St)

The Campbell $$

Plongez dans les années 1920 en dégustant un cocktail dans l'ancien bureau du financier américain John W. Campbell, dissimulé dans Grand Central Terminal. (917-209-3440 ; www.thecampbellnyc.com ; 15 Vanderbilt Ave, entre 42nd St et 43rd St ; 15h-minuit tlj, jazz live 19h30-22h30 sam ; S S, 4/5/6, 7 jusqu'à Grand Central-42nd St)

Bar Centrale $$$

Un classieux repaire de célébrités dans un hôtel particulier dépourvu d'enseigne. Il faut réserver en ligne au moins une semaine à l'avance. (212-581-3130 ; barcentrale.nyc ; 324 W 46th St, entre 9th Ave et 8th Ave ; à partir de 17h mar-sam ; S N/Q/R/W, S, 1/2/3, 7 station Times Sq-42nd St)

Aldo Sohm Wine Bar $$$

Un bar à vins chic où grignoter des petites assiettes gastronomiques ou des fromages artisanaux, assis dans de confortables canapés. (212-554-1143 ; www.aldosohmwinebar.com ; 151 W 51st St, entre 7th Ave et 6th Ave ; 12h-23h lun-jeu, jusqu'à 23h30 ven, 16h-23h30 sam ; S A/E/B/D 7 Avenue Station)

Russian Vodka Room $$$

Un établissement sans fenêtres dédié à la vodka et à la cuisine russe. Mieux vaut s'y rendre après le spectacle si l'on veut avoir une chance de s'en souvenir ! (212-307-5835 ; 252 W 47th St, près de 8th Ave ; 16h-2h ; S C/E, 1 station 50th St ou A/E/B/D 7 Avenue Station)

Casellula $$$

Ce bar à vins et restaurant de Hell's Kitchen fait la part belle aux fromages. Commandez le Fromagère's Choice, un assortiment élaboré par des experts. (212-247-8137 ; www.casellula.com ; 401 W 52nd St, près de 9th Ave ; 17h-23h lun, jusqu'à minuit mar-jeu, jusqu'à 1h ven-sam, 16h-23h dim ; S C/E, 1 station 50th St)

Shopping

The Drama Book Shop

Cette institution vieille de 104 ans, remplie de recueils de chansons, de livrets et de

ALLEN.G/SHUTTERSTOCK ©

Affiches sur Broadway Avenue

partitions, a failli disparaître avant d'être sauvée par un groupe de fidèles, dont Lin-Manuel Miranda, l'auteur-compositeur de la comédie musicale *Hamilton* (2015). (☎212-944-0595 ; www.dramabookshop.com ; 266 W 39th St, près de 8th Ave ; ⏲10h-19h30 lun-sam, 12h-19h dim ; Ⓢ E/N/Q/R/W, S, 1/2/3, 7 station Times Sq-42nd St)

MoMA Museum & Design Stores

Le magasin très design du MoMA est idéal pour trouver de beaux souvenirs. Il rassemble d'excellents livres (sur l'art, l'architecture ou encore la culture populaire, avec une section pour enfants), des affiches et toutes sortes d'articles originaux. De l'autre côté de la rue, le MoMA Design Store (10h-18h30 tlj) vend meubles, objets pour la maison, bijoux, sacs et souvenirs arty. (☎212-708-9700 ; www.momastore.org ; 11 W 53rd St, entre 5th Ave et 6th Ave ; ⏲10h30-18h dim-ven, jusqu'à 19h sam ; Ⓢ E, M station 5th Ave-53rd St)

B&H Photo Video

Visiter ce magasin très populaire est une expérience en soi. Immense et bondé, il est peuplé de vendeurs juifs hassidiques vêtus de noir et très au fait en matière de technologie. Les articles que vous choisissez sont placés dans des tubes de plastique et hissés au plafond où un tapis roulant les achemine jusqu'aux caisses (où vous ferez à nouveau la queue). (☎212-239-7765, 800-221-5743 ; www.bhphotovideo.com ; 420 9th Ave, entre W 33rd St et 34th St ; ⏲9h-19h lun-jeu, 9h-14h ven, 10h-18h dim, fermé sam ; Ⓢ A/C/E station 34th St-Penn Station)

Macy's

Occupant presque un *block* entier à lui seul, ce grand magasin – le plus vaste des États-Unis – propose des articles de mode, du mobilier, des ustensiles de cuisine, du linge de maison, etc. Plutôt que des produits de luxe, on y trouve surtout des marques grand public et des grands noms de la cosmétique. Le bâtiment abrite également un comptoir d'information du NYC Information Center distribuant des plans gratuits de la ville et des bons de réduction de 10% pour les touristes (prévoyez une carte d'identité valide). (☎212-695-4400 ; www.macys.com ; 151 W 34th St, à hauteur de Broadway, Midtown West ; ⏲11h-22h lun-mer et ven-sam, 11h-21h jeu et dim ; Ⓢ B/D/F/M, N/Q/R/W station 34th St-Herald Sq, A/C/E station Penn Station)

MIZOULA/ISTOCK ©

Bloomingdale's

Bloomingsale's

L'immense "Bloomies" est aux grands magasins ce que le Metropolitan Museum est aux musées : mythique, gigantesque, incontournable... et bondé. Arpentez ses rayons pour découvrir vêtements et chaussures provenant des plus grands couturiers américains et internationaux, ainsi que de jeunes créateurs. Pour recharger vos batteries, vous trouverez notamment une boutique Magnolia Bakery, le paradis du cupcake. (☎212-705-2000 ; www.bloomingdales.com ; 1000 3rd Ave, à hauteur de E 59th St ; ⏲11h-20h lun-sam, 11h-19h dim ; 📶 ; Ⓢ 4/5/6 station 59th St, N/R/W station Lexington Ave-59th St)

CHELSEA ET GREENWICH VILLAGE

ART | CULTURE | MUSIQUE

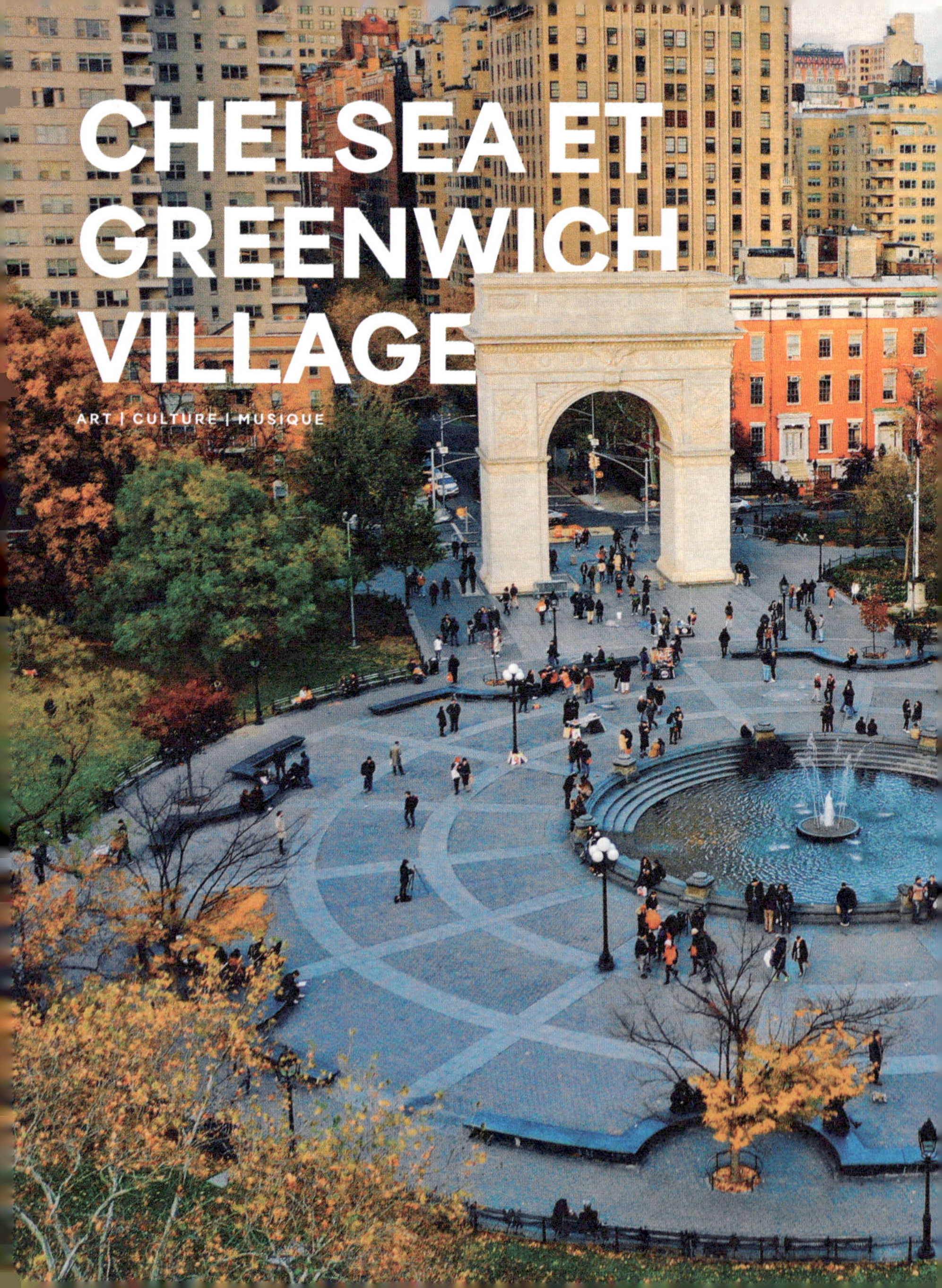

CHELSEA ET GREENWICH VILLAGE
à la carte

INCONTOURNABLES ET TRÉSORS CACHÉS

Chelsea et Greenwich Village comptent parmi les quartiers les plus éclectiques de New York. Fief de John Lennon en son temps, mais aussi de Carrie Bradshaw (alias Sarah Jessica Parker dans *Sex and the City*), le quartier abrite d'innombrables galeries d'art et la plus grande communauté LGBTQI+ de la ville. Comment ne pas craquer ?

Le quartier en bref

Sur place Vie nocturne, gastronomie, espaces verts, art.

S'y rendre A/C/E, L station 14th St/8th Ave, C/E station 23rd St/8th Ave.

Circuler À pied ou à vélo.

À savoir 14th St marque la frontière entre West Village et Chelsea.

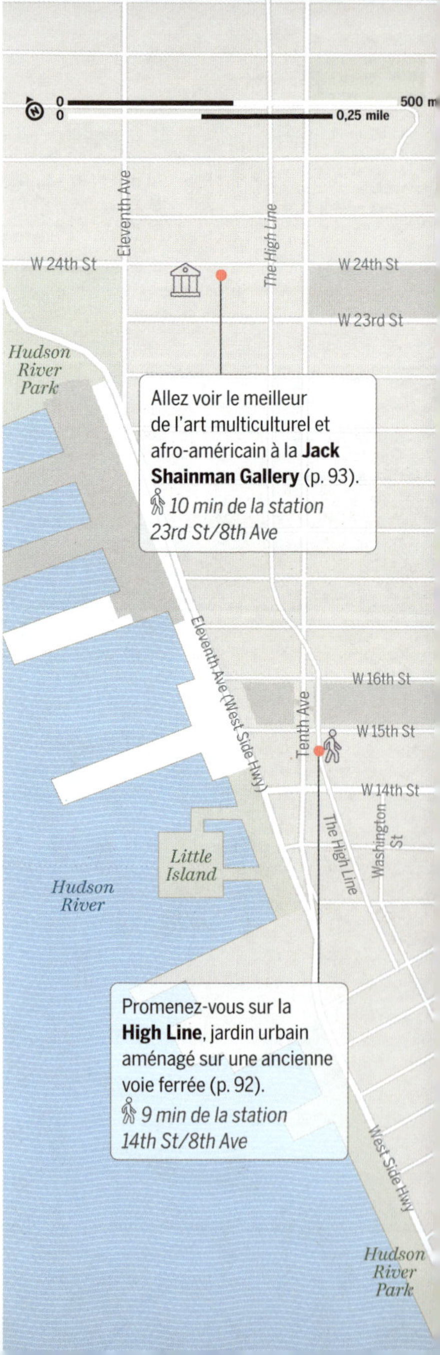

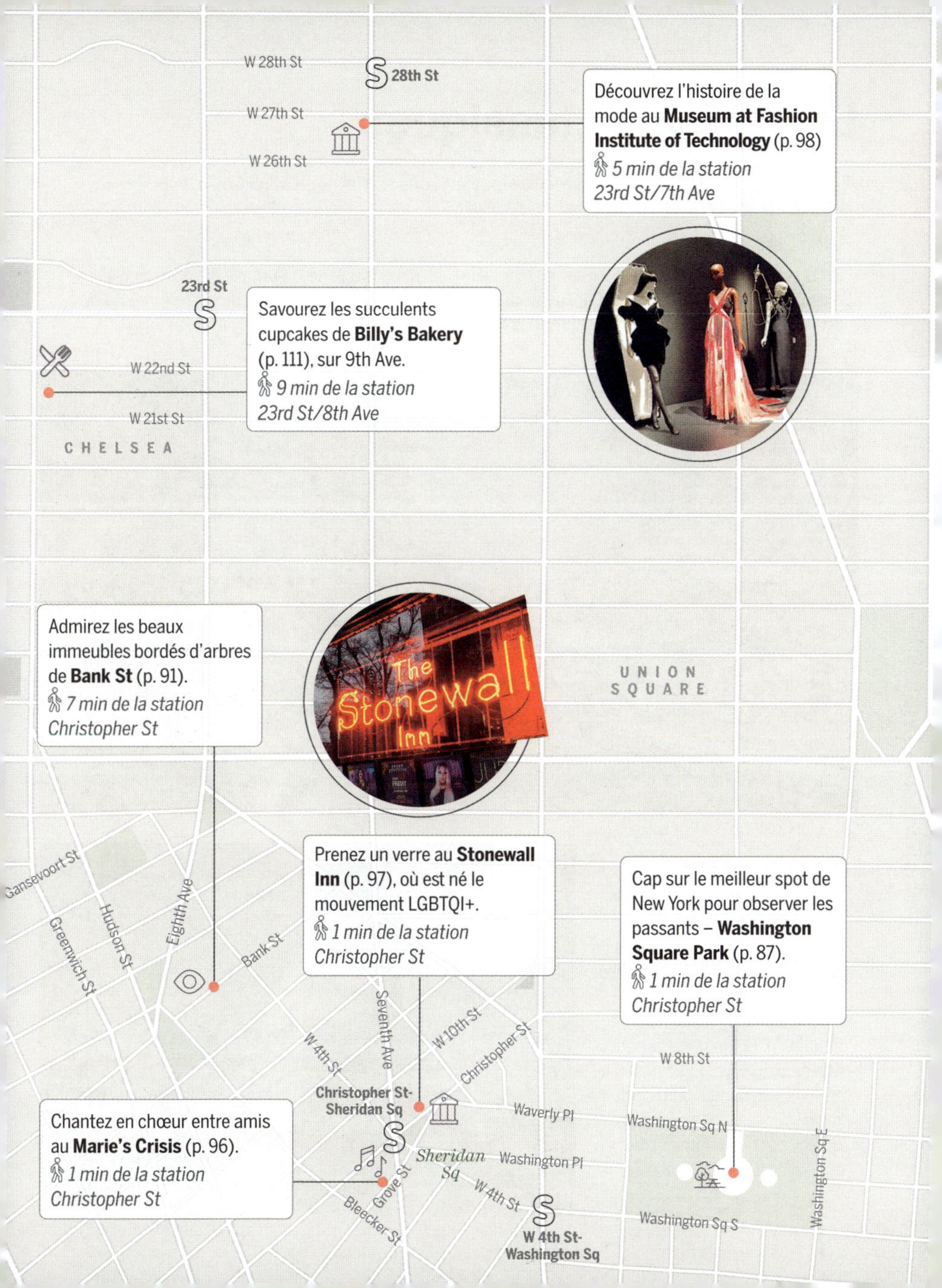

W 28th St
28th St
W 27th St
W 26th St
Découvrez l'histoire de la mode au **Museum at Fashion Institute of Technology** (p. 98)
5 min de la station 23rd St/7th Ave
23rd St
Savourez les succulents cupcakes de **Billy's Bakery** (p. 111), sur 9th Ave.
9 min de la station 23rd St/8th Ave
W 22nd St
W 21st St
CHELSEA
Admirez les beaux immeubles bordés d'arbres de **Bank St** (p. 91).
7 min de la station Christopher St
The Stonewall Inn
UNION SQUARE
Prenez un verre au **Stonewall Inn** (p. 97), où est né le mouvement LGBTQI+.
1 min de la station Christopher St
Cap sur le meilleur spot de New York pour observer les passants – **Washington Square Park** (p. 87).
1 min de la station Christopher St
Gansevoort St
Greenwich St
Hudson St
Eighth Ave
Bank St
Seventh Ave
W 4th St
W 10th St
Christopher St
W 8th St
Christopher St-Sheridan Sq
Waverly Pl
Washington Sq N
Chantez en chœur entre amis au **Marie's Crisis** (p. 96).
1 min de la station Christopher St
Sheridan Sq
Washington Pl
Grove St
Bleecker St
W 4th St
W 4th St-Washington Sq
Washington Sq S
Washington Sq E

Les grands classiques

Pour les infos pratiques de chaque site, reportez-vous au Carnet d'adresses p. 108.

High Line

Cette voie ferrée désaffectée, à 9 m au-dessus de la rue, est un merveilleux exemple de reconversion urbaine. Parsemé d'œuvres d'art, et suspendu au milieu des gratte-ciel, ce ruban de verdure de 2,4 km est l'un des lieux de promenade préférés des New-Yorkais.

ALLARDI/ISTOCK ©

Whitney Museum

Posé aux confins sud de la High Line, cet édifice asymétrique, signé Renzo Piano, fournit plus de 5 800 m² d'espace à la plus belle collection d'art contemporain américain du XXᵉ siècle au monde. À l'intérieur, des espaces lumineux où vous pourrez admirer des œuvres d'Edward Hopper, Jasper Johns, Georgia O'Keeffe et Mark Rothko, mais aussi d'artistes d'aujourd'hui.

ONNES/ISTOCK ©

LITTLENY/ISTOCK ©

Washington Square Park

Autrefois occupé par le cimetière des indigents et théâtre d'exécutions publiques, ce parc urbain toujours animé est le cœur de Greenwich Village, où se retrouvent étudiants, musiciens, joueurs d'échecs, enfants et écureuils téméraires. Le Stanford White Arch, un arc de triomphe, domine le parc du haut de ses 22 m.

PHOTOSBYCATE/ISTOCK

Hudson River Park

Ce ruban de verdure et sa promenade longeant le fleuve s'étendent sur 8 km de la pointe sud de Manhattan jusqu'à 59th St, à Midtown. Idéal pour se balader à vélo, faire un jogging ou simplement flâner.

KRAZEDKAT/ISTOCK ©

Les galeries d'art de Chelsea

Épicentre du New York artistique, le quartier de Chelsea se targue de la plus forte concentration de galeries d'art de New York. Elles sont installées pour la plupart entre 20th St et 30th St, entre 10th Ave et 11th Ave.

Union Square

Ouverte en 1839, cette place est vite devenue un lieu de rencontre pour les habitants des demeures environnantes. Aujourd'hui, c'est un lieu de vie toujours animé, qui accueille aussi l'un des meilleurs marchés fermiers réguliers de la ville.

FERRANTRAITE/ISTOCK ©

Rubin Museum of Art

Le premier musée du monde occidental consacré à l'art de l'Himalaya et des régions environnantes présente une collection impressionnante d'objets d'art et religieux couvrant une période allant du Ve siècle jusqu'à nos jours.

NINA ALIZADA/SHUTTERSTOCK ©

Gramercy Park

En 1831, le terrain marécageux qui s'étendait là fut asséché et divisés en 108 lots ; 42 furent aménagés en jardin à l'anglaise et confiés à perpétuité aux résidents des 66 lots restants. Près de deux siècles plus tard, le parc est toujours à usage privé, réservé aux habitants des élégants immeubles qui le bordent.

Flatiron Building

Conçu par Daniel Burnham, ce bâtiment de 20 étages construit en 1902 a une forme étroite et triangulaire caractéristique, évoquant une étrave. Sa façade ornementée de style Beaux-Arts en calcaire et terre cuite, sur une structure en acier, révèle toute sa complexité à mesure que le regard s'y attarde. Jusqu'en 1909, le Flatiron fut le plus grand immeuble du monde.

10 L'HUDSON RIVER PARK au coucher du soleil

NATURE | PARC | ESPACE VERT

L'Hudson River Park, c'est l'oasis de verdure préféré des New-Yorkais du West Side. S'étirant sur plus de 6 km le long de l'Hudson, c'est un lieu idéal pour pique-niquer, faire un jogging ou admirer le fleuve. Et les bars à vins et à huîtres jalonnant la promenade ne gâchent rien !

LAZYLLAMA/SHUTTERSTOCK ©

En pratique

S'y rendre A/C/E, L station 14th St/8th Ave, puis à pied vers l'ouest jusqu'au fleuve.

Quand Au printemps, en été ou en automne.

Circuler Il y a des pavés et des planches partout ; mettez des baskets.

À savoir Vérifiez l'heure du coucher du soleil pour prévoir où vous installer.

JAMES ANDREWS1/SHUTTERSTOCK ©

Une journée bien remplie

Greenwich Village est l'un des quartiers de New York les plus agréables pour une bonne vieille promenade en ville. Architecture du XIXᵉ siècle, rues pittoresques et arborées, histoire fascinante, tout est réuni pour une expérience des plus paisibles. **Bank St**, où vécurent John Lennon, Yoko Ono ou encore Sid Vicious, est l'une des plus belles rues du quartier, avec ses pavés et ses immeubles bicentenaires. Mais n'oubliez pas le coucher du soleil sur le fleuve et mettez le cap à temps sur les beaux espaces verts de l'Hudson River Park.

Si vous préférez commencer votre journée plus au nord dans les rues de Chelsea (de 15th St à 29th St), filez vers l'ouest pour rejoindre l'Hudson et découvrir les célèbres **Chelsea Piers** (p. 109), où vous attend une promenade riche en équipements de loisirs. Prenez un cours de golf au **Chelsea Piers Driving Range** ou passez un moment en famille à la patinoire **Sky Rink**, ouverte toute l'année. D'excellents restaurants fourniront apéritif, dîner ou de quoi grignoter devant le soleil couchant, comme **Drift In** (p. 112), **Grand Banks** (p. 113), **Hudson Clearwater** (p. 112) ou **City Winery** (p. 113).

Page de gauche, en haut Hudson River Park **En bas** Little Island

Little Island

Cet espace vert, qui fait partie de l'Hudson River Park, ne ressemble à rien d'autre à New York. Le parc est posé sur 132 imposantes "tulipes" de béton sortant des eaux de l'Hudson pour former une île artificielle. Chaque tulipe est conçue pour supporter un poids différent de terre, d'arbres, de pelouses et de parterres de fleurs. Les piliers d'origine du Pier 54 ont été laissés en place afin de perturber le moins possible la vie aquatique.

11 LA HIGH LINE et le Whitney Museum

ART | CULTURE | PARC

La petite enclave glamour du Meatpacking District est coincée entre l'Hudson, Greenwich Village et Chelsea. C'est de là que part la High Line avant de filer vers Chelsea. C'est aussi là que l'on trouve l'excellent Whitney Museum of American Art.

FRANÇOIS ROUX/SHUTTERSTOCK ©

En pratique

Quand Pour la High Line, visez le printemps, l'été ou l'automne. Le Whitney Museum se visite en toutes saisons.

S'y rendre A/C/E, L station 14th St/ Eighth Ave.

À savoir Le Whitney Museum est gratuit le vendredi de 19h à 21h30.

Évitez la foule Visitez la High Line et le Whitney Museum en semaine.

RBLFMR/SHUTTERSTOCK ©

Le meilleur de la High Line

Avec 15 zones de plantation distinctes et quelque 110 000 plantes, ce parc urbain animé de Downtown est un régal pour les yeux. Construit sur une ancienne voie ferrée surélevée, c'est bien plus qu'un simple espace vert. On y trouve des installations et performances d'artistes locaux et de tout le pays, une incroyable diversité culinaire à travers une myriade d'espaces de restauration et une ambiance délicieusement conviviale à toute heure. La municipalité a souhaité réhabiliter cette voie ferrée à l'abandon afin de promouvoir des initiatives durables en rendant aux New-Yorkais un site emblématique de la ville. Cette "avenue dans le ciel", au-dessus des rues du Meatpacking District et de Chelsea, n'attend plus que vous.

EQROY/SHUTTERSTOCK ©

Jack Shainman Gallery

Dotée d'une programmation solide et de deux adresses à Chelsea, cette galerie (p. 110.) travaille avec des artistes de renom comme Kerry James Marshall, Nick Cave, Carrie Mae Weems ou encore Hank Willis Thomas. Elle est réputée pour la diversité culturelle de ses artistes et pour son engagement auprès de talents émergents.

En haut à gauche La High Line **En haut à droite** La High Line vue depuis le Chelsea Market **En bas à gauche** Whitney Museum

En contrebas du nord de la High Line s'alignent les célèbres galeries d'art de Chelsea, qui sont le plus souvent ouvertes en journée et offrent un aperçu de ce qui se fait de mieux en art contemporain et moderne. Partez à leur découverte en vous aidant du site chelseagallerymap.com qui les référence sur une carte interactive. Consultez la programmation des vernissages, ouverts à tous et où l'on sert parfois vin pétillant ou champagne.

Le Whitney, musée des rêves américains

Une visite du Whitney Museum of American Art (p. 108), conçu par l'architecte de renom Renzo Piano et posé dans un écrin formé par l'Hudson et la High Line, est un must pour tout amateur d'art américain. En effet, la collection du Whitney comporte plus de 23 000 œuvres, réalisées par plus de 3 000 artistes américains des XXe

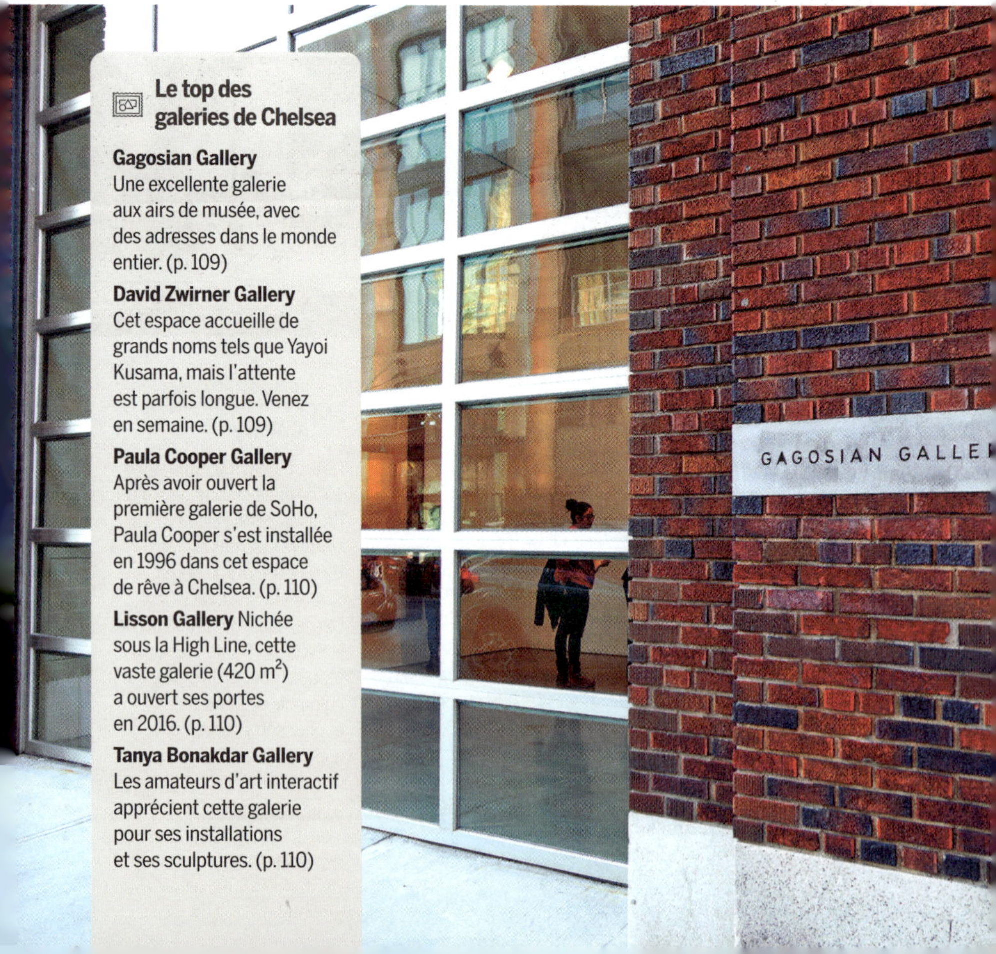

Le top des galeries de Chelsea

Gagosian Gallery Une excellente galerie aux airs de musée, avec des adresses dans le monde entier. (p. 109)

David Zwirner Gallery Cet espace accueille de grands noms tels que Yayoi Kusama, mais l'attente est parfois longue. Venez en semaine. (p. 109)

Paula Cooper Gallery Après avoir ouvert la première galerie de SoHo, Paula Cooper s'est installée en 1996 dans cet espace de rêve à Chelsea. (p. 110)

Lisson Gallery Nichée sous la High Line, cette vaste galerie (420 m^2) a ouvert ses portes en 2016. (p. 110)

Tanya Bonakdar Gallery Les amateurs d'art interactif apprécient cette galerie pour ses installations et ses sculptures. (p. 110)

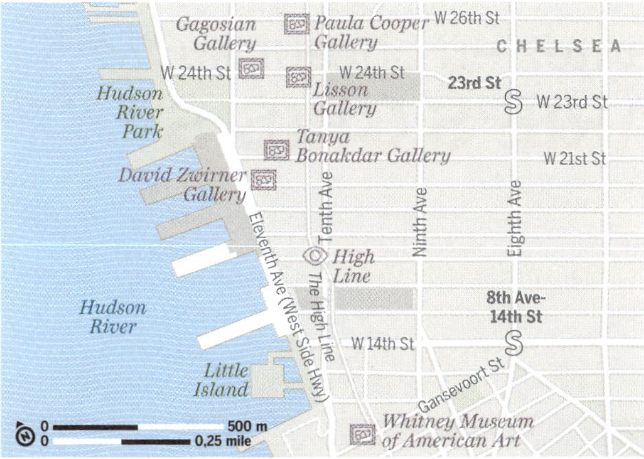

Page de gauche Gagosian Gallery
Ci-dessous Whitney Museum of American Art

et XXIe siècles, dont beaucoup qui pratiquent toujours leur art. Parmi les pièces majeures de la collection, citons les *Five Towers* (1986) de Sol LeWitt, plusieurs portraits sérigraphiés colorés de Mao Tsé-Tung (1972) signés Andy Warhol, l'*Andy Warhol* (1970) d'Alice Neel, les *Three Flags* (1958) de Jasper Johns, ou encore la toile *Painting, Number 5* (1914-1915) du moderniste Marsden Hartley. L'endroit respire la vie et la modernité.

Un autre atout du musée est qu'il mêle espaces intérieurs et extérieurs grâce aux terrasses et rooftops situés à chaque étage. Commencez par contempler Manhattan depuis le sommet, puis visitez les expositions d'étage en étage, sans oublier d'explorer chaque terrasse qui recoivent installations et sculptures. Faites une pause à l'Untitled, le restaurant très réputé du musée.

Tous les deux ans, le musée accueille durant plusieurs mois la Whitney Biennial, vitrine pointue de la création contemporaine américaine (la dernière édition s'est tenue en 2022).

Le vendredi soir, l'accès au musée est gratuit de 19h à 21h30, et l'ambiance très sympathique – idéal pour s'ouvrir l'appétit avant d'aller dîner et prendre des verres dans le quartier.

12 Chantez en chœur au MARIE'S CRISIS

MUSIQUE | CULTURE | VIE NOCTURNE

Marie's Crisis est une institution parmi les bars de West Village, grâce à un concept insolite et génial : on vient y reprendre en chœur des tubes internationaux couvrant tous les genres et toutes les époques, ainsi que des classiques de Broadway. New York, c'est aussi la joie et la convivialité, une expérience à ne pas manquer !

ELIZABETH HOLMES/ALAMY STOCK PHOTO ©

En pratique

S'y rendre 1 station Christopher St.

Quand Vendredi ou samedi soir, quand l'ambiance est à son paroxysme.

Conseil N'oubliez pas le chapeau pour les pianistes et les serveurs-chanteurs !

MASSIMO SALESI/SHUTTERSTOCK ©

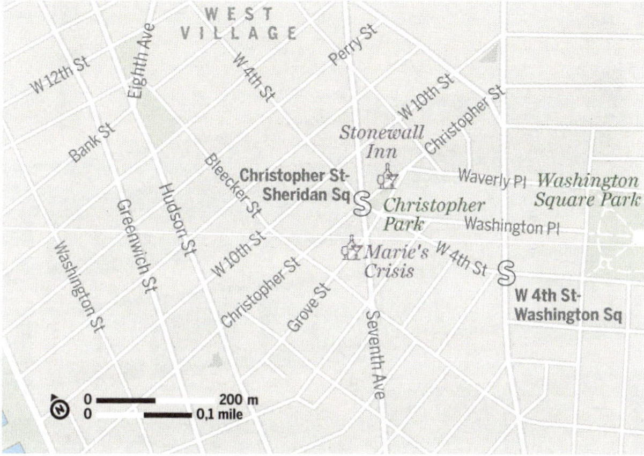

Chanter Broadway

Une soirée au Marie's Crisis (p. 112), dans Grove St à Greenwich Village, c'est l'expérience new-yorkaise ultime. Les comédies musicales de Broadway font la gloire de la ville, et celles se déroulant à New York, comme *Rent*, *Avenue Q* et *West Side Story* ont acquis le statut d'œuvres cultes. Mais peu de gens le savent qu'il n'y a pas qu'à Broadway qu'on peut faire le plein d'émotions musicales. Vous mourez d'envie de grimper sur scène pour chanter et danser lorsque vous assistez à une comédie musicale ? Alors, Marie's Crisis, à quelques minutes de Midtown en métro, est fait pour vous !

Le lieu est en lui-même historique. Dans les années 1850 s'y trouvait une maison close clandestine. Personne ne sait qui est Marie, pourtant son nom et sa mémoire sont bruyamment honorés tous les soirs au Crisis, où la prostitution a laissé place à la chanson. Si vous jouez du piano, que vous soyez professionnel ou amateur, c'est l'endroit parfait pour montrer ce que vous savez faire et contribuer à la fête sous les vivats d'un public déchaîné. L'endroit tient plus du bar de quartier que du *lounge*, et les consommations sont simples et pas chères, Alors trinquez, chantez et profitez de l'ambiance !

Les chansons sont généralement de vieux classiques que tout le monde connaît, mais, s'il y a un tube que vous avez envie de chanter à pleins poumons, apportez votre musique !

Page de gauche, en haut Marie's Crisis **En bas** Stonewall Inn

Cours d'histoire au Stonewall Inn

Le Stonewall Inn (p. 112) est un bar gay classé monument historique national. C'est là qu'est né le mouvement mondial pour les droits de la communauté LGBTQI+. Le soir du 28 juin 1969, la police y fait une descente, pratique discriminatoire mais monnaie courante à l'époque. Sauf que cette fois, les clients résistent, exigeant le respect de leurs droits à se rassembler sans crainte d'arrestation injustifiée. Passez boire un verre dans ce lieu chargé d'histoire en mémoire des sacrifices des héros de la communauté LGBTQI+.

13

Leçon de mode au **FASHION INSTITUTE**

MODE | CULTURE | ART

New York et la mode, c'est une longue histoire d'amour, et l'enthousiasme de ceux qui y participent ne s'essouffle jamais. Le musée du Fashion Institute of Technology offre un aperçu inoubliable sur les modes d'hier et d'aujourd'hui.

EDWARD WESTMACOTT/ALAMY STOCK PHOTO ©

En pratique

Quand Printemps, été et automne sont les meilleures saisons pour explorer le nord de Chelsea. Pour le Museum at FIT, peu importe la saison.

S'y rendre 1 station 28th St/7th Ave, C/E station 23rd St/8th Ave.

Circuler North Chelsea s'explore à pied ou à vélo.

S'orienter Le FIT est à deux pas du Garment District, qui commence à 34th St.

ALEXANDRE TZIRIPOULOF/SHUTTERSTOCK ©

Voyage à travers l'histoire de la mode

Chaque année, le **musée du Fashion Institute of Technology** (p. 110) accueille plus de 100 000 personnes – un succès amplement mérité. Parmi les rares musées au monde exclusivement dédiés à la mode, il possède une fantastique collection permanente de 50 000 vêtements et accessoires, dont des pièces de créateurs célèbres comme Christian Dior, Coco Chanel ou Balenciaga. La salle d'exposition retrace 250 années de mode, et les vêtements exposés sont fréquemment renouvelés afin de ne jamais lasser les visiteurs. Très appréciée, la Textile History Gallery permet de découvrir l'histoire du textile, des métiers à tisser et de la teinture.

PATTI MCCONVILLE/ALAMY STOCK PHOTO ©

Gansevoort Street

Ne manquez pas cette superbe rue pavée du Meatpacking District, dans West Village. On y trouve d'excellentes boutiques haut de gamme à deux pas du Whitney Museum of American Art (p. 94) et du Chelsea Market (p. 108).

Page de gauche Fashion Institute of Technology **Ci-dessus** Gansevoort St **À gauche** Exposition au Museum at FIT

Mode et développement durable

L'industrie de la mode possède une grande part de responsabilité dans les émissions mondiales de carbone. En cause : la *fast fashion*, et le fait que la fabrication de nombreux vêtements requière de grandes quantités de pétrole. L'utilisation de polyester et d'autres matériaux synthétiques à base de pétrole fait de l'industrie de la mode une complice de celle des hydrocarbures, autre contributeur majeur à la pollution atmosphérique et au réchauffement climatique. De plus, seulement 1 % des vêtements usagés sont recyclés, et rien qu'à New York, 90 000 tonnes de vêtements finissent à la décharge chaque année. Plusieurs grands créateurs new-yorkais, comme Heron Preston, tentent d'inverser la tendance. Le Museum at FIT attire l'attention sur l'impact de la mode sur l'environnement à travers l'histoire et encourage les visiteurs à réfléchir sur leurs habitudes, ce qui n'empêche pas d'apprécier la beauté des créations exposées.

Pippin Vintage Jewelry

Tenue par un couple d'évaluateurs de diamants, la Pippin Vintage Jewelry (p. 110.) est l'un des meilleurs endroits de New York pour dénicher des bijoux anciens. Installée dans une ancienne remise à calèches de 17th St, la boutique possède un charme envoûtant. Avec en fond sonore des classiques du jazz d'Ella Fitzgerald ou de Billie Holiday, on s'émerveille du décor années 1920 et des colliers, boucles d'oreille, bagues et autres accessoires brillant de mille feux. Une expérience shopping unique !

Page de gauche Pippin Vintage Jewelry **Ci-dessous** Jeans dans une friperie

Friperies et dépôts-ventes

Peu de gens le savent, mais New York regorge d'excellentes friperies et dépôts-ventes où l'on trouve les plus beaux vêtements d'occasion du monde. Alors que la pression monte pour une mode plus durable, le marché du vêtement d'occasion prend de l'ampleur. Les défilés de mode ne sont bien sûr pas près de s'arrêter, mais l'urgence climatique fait de la fripe un secteur en vogue. Et à New York, friperie et luxe ne sont pas antinomiques – vous pouvez acheter d'occasion même si vous ne jurez que par les marques haut de gamme. **INA** (p. 111) et **From Runway with Love** (p. 111) sont deux des dépôts-ventes les plus réputés de la ville.

Contribuer au changement

Lutter contre la dépendance de l'industrie de la mode à celle du pétrole et des hydrocarbures est la responsabilité de l'industrie elle-même, mais c'est aussi celle du consommateur. Vous êtes venu à New York pour faire des folies ? Ce n'est pas une raison pour bouder les dépôts-ventes. Ces *consignment stores* vendent des objets de particuliers (vêtements, sacs à main, etc.) par l'intermédiaire d'un fournisseur tiers ou d'une friperie. En achetant des articles dans ces établissements, vous contribuerez à leur succès et encouragerez ainsi l'industrie de la mode à se tourner vers des pratiques plus durables.

Le style new-yorkais

UNE BRÈVE HISTOIRE DE LA MODE NEW-YORKAISE

New York est une ville en évolution constante. Décennie après décennie, sa créativité, son économie et son atmosphère s'adaptent à l'époque. Et rien n'évolue plus vite que la mode new-yorkaise, qui fait preuve d'une fluidité sidérante. Pour tout savoir sur le "style New York", c'est ici !

VICTORIA LIPOV/SHUTTERSTOCK ©

Ci-dessus Vitrine Prada, Fifth Avenue **Page de droite, à gauche** Fashion Week de New York **À droite** Museum at FIT

À chacun son style

À New York, la mode exprime l'essence même de la ville. Chacun peut s'affirmer avec un style propre, unique. Curieusement, l'importance de la mode à New York est peut-être liée au fait qu'ici, avoir une voiture ne sert à rien. Dans d'autres villes, on exprime sa personnalité, son style, à travers sa voiture. Mais à New York, où la marche est le premier moyen de locomotion, ce sont les vêtements qui remplissent cette fonction, c'est le style vestimentaire qui permet d'exprimer qui l'on est.

L'image emblématique de Carrie Bradshaw, alias Sarah Jessica Parker dans *Sex and the City*, déambulant dans 5th Ave vêtue de marques de grands créateurs, relève également de ce phénomène – à New York, le style, c'est la vie ! New York possède un climat tempéré, doté de quatre saisons bien distinctes. Et à chaque saison son style, bien sûr ! Et comme les tournages de séries ou de films sont quotidiens, chaque New-Yorkais peut à tout moment se retrouver figurant "accidentel", et se doit donc d'être habillé avec style.

Du Garment District à la Fashion Week

Quand on pense mode et New York, on pense Fashion Week, défilés glamour et top models sculpturales. Pourtant, c'est avant tout grâce au **Garment District**, concentré sur 20 *blocks* entre 34th St et 42nd St et de 6th Ave à 9th Ave, que New York et la mode sont si étroitement associées. Jadis parsemé d'une myriade de fabriques, le quartier était alors un des centres névralgiques de la production de vêtements dans le pays.

OVIDIU HRUBARU/SHUTTERSTOCK ©

JEFFREY ISAAC GREENBERG 17+/ALAMY STOCK PHOTO ©

À la fin de la Seconde Guerre mondiale, l'endroit grouillait d'ouvriers affairés à tailler, coudre et élaborer des motifs qui influencèrent la mode américaine des décennies durant. Certains grands noms de la mode, comme **Donna Karan** (p. 106) ou **Calvin Klein** (p. 106), n'en sont jamais partis.

La délocalisation grandissante de la production a bien sûr entraîné le déclin du Garment District, mais son histoire est toujours bien vivante au **Fashion Institute of Technology** (p. 110), dont le musée est aujourd'hui le véritable joyau. Des visites guidées du quartier permettent également de découvrir son patrimoine et son histoire.

> À la fin de la Seconde Guerre mondiale, le Garment District grouillait d'ouvriers affairés à tailler, coudre et élaborer des motifs qui influencèrent la mode américaine des décennies durant.

Des tenues emblématiques d'Audrey Hepburn dans *Diamants sur canapé* ou de Meryl Streep dans *Le Diable s'habille en Prada* aux épaulettes de Melanie Griffith dans *Working Girl* en passant par le style androgyne de Diane Keaton dans *Annie Hall*, New York et la mode sont éternellement associées. Et c'est dans le Garment District que tout a commencé !

The Met Costume Institute

Pour les dingues de mode qui n'en auraient pas encore assez, cap sur le Met Costume Institute (p. 224), dont la collection compte plus de 33 000 vêtements et accessoires couvrant sept siècles de mode pour femme, homme et enfant. L'institut, récemment renommé Anna Wintour Costume Center, est financé par une dotation généreuse ainsi que plusieurs collectes de fonds annuelles.

Situé dans l'Upper East Side, c'est un excellent complément au Museum at the Fashion Institute of Technology.

14 Balade autour D'UNION SQUARE

ANIMATION | ARCHITECTURE | MARCHÉ

Union Square et ses alentours débordent de vie, entre artistes de rue, hommes d'affaires pressés et étals du plus grand marché de la ville. Au nord-ouest s'étendent les rues élégantes de Gramercy, tandis qu'au nord, au Madison Square Park, chiens et écureuils côtoient des installations d'art et de régulières manifestations culturelles.

JAYLAZARIN/ISTOCK ©

En pratique

S'y rendre lignes 4/5/6, N/Q/R, L station 14th St-Union Sq

Quand Union Square est le principal point de rassemblement de New York pour les manifestations. À moins de vouloir vous mêler au mouvement, mieux vaut alors éviter le secteur.

Marché Il se tient tous les lundis, mercredis, vendredis et samedis de 8h à 18h, au nord et à l'ouest de la place.

Plein la vue

Pour une vue imprenable sur Union Square et l'Empire State Building, rendez-vous chez DSW (40 East 14th Street), magasin de chaussures discount installé au 2e étage d'un bâtiment à l'extrémité sud de la place, ou dans le café du supermarché Whole Foods voisin (4 Union Square South).

FRANCOIS-ROUX/ISTOCK
ANDREAASTES/ISTOCK

01 **Union Square** (p. 104) est un melting-pot grouillant d'activité. Entre les marches de pierre et le jardin se pressent aussi bien cadres en costume-cravate prenant leur pause déjeuner, joueurs de percussions et jeunes skateurs.

02 Ouvrez-vous l'appétit en flânant parmi les étals de fruits et légumes issus de fermes de l'État de New York de pains artisanaux, de fromages et de cidre à l'**Union Square Greenmarket** (p. 199).

03 Direction l'**Old Town Bar** (p. 112) l'un des plus vieux bars de New York, ouvert depuis 1892. Il a conservé son intérieur tout en bois et miroirs.

04 Remontez Irving Pl pour voir le Chrysler Building derrière les grilles de **Gramercy Park** (p. 89), le seul parc privé de la ville (les riverains ont une clé).

05 Au croisement de Broadway et de Fifth Ave, se dresse le saisissant **Flatiron** (p. 89). Approchez-vous pour admirer sa façade ouvragée.

06 Achetez de délicieuses spécialités dans le temple de la gastronomie italienne **Eataly** (p. 113) pour un pique-nique au vert au **Madison Square Park**.

Pélerinage dans l'histoire **DE LA MODE**

03

02

DKNY
DONNA KARAN NEW YORK

01

04

01 Le vieux Garment District

C'est dans ce quartier, jadis célèbre pour ses tailleurs et couturières d'exception, qu'est né le "style New York". (p. 102)

02 Siège de Donna Karan

Cette légende vivante de la mode a tenu à rester au cœur du Garment District, et son QG, au 550 7th Ave, vaut le détour !

03 Calvin Klein

Connue pour son style classique et épuré, la célèbre marque américaine ne compte pas quitter le Garment District de sitôt (205 W 39th St).

04 Met Costume Institute

Découvrez l'histoire de la mode dans ce fantastique institut d'Uptown, soutenu par la seule et unique Anna Wintour. (p. 103)

05

08

07

06

05 Museum at FIT

Un incroyable complexe où se côtoient une université renommée et un fantastique musée de la mode. (p. 99)

06 Pippin Vintage Jewelry

Cette bijouterie vintage de Chelsea déborde de bagues, colliers et autres merveilles étincelantes, le tout dans un décor évoquant les Années folles. (p. 110)

07 New York Fashion Week

C'est à New York qu'est né le concept de Fashion Week. Et, chaque année, les défilés reprennent de plus belle !

08 Madison Avenue

Madison Ave, dans l'Upper East Side, est connue pour ses fabuleuses boutiques haut de gamme.

Carnet d'adresses

Les grands classiques

Whitney Museum of American Art

Voir p. 92. (☎212-570-3600 ; www.whitney.org ; 99 Gansevoort St, au niveau de Washington St, Meatpacking District ; adulte/enfant 25 $/gratuit, 19h-22h ven entrée sur don ; ⏲10h30-18h lun, mer et jeu, jusqu'à 22h ven, 11h-18h sam-dim ; S A/C/E, L station 8th Ave-14th St)

Hudson River Park

Voir p. 90. (☎212-627-2020 ; www.hudsonriverpark.org ; ⏲6h-1h ; 👪 ; 🚌 bus interurbain M23, S 1/2 station Christopher St, C/E station 23rd St)

High Line

Voir p. 92. (www.nycgovparks.org ; Fifth Ave, au niveau de Washington Sq N, West Village ; ⏲6h-minuit ; 👪 ; S A/C/E, B/D/F/M station W 4th St-Washington Sq, R/W station 8th St-NYU)

Washington Square Park

Voir p. 87. (www.nycgovparks.org, washingtonsqpark.org ; 5th Ave, à hauteur de Washington Sq N, West Village ; ⏲6h-minuit ; 👪 ; S A/C/E, B/D/F/M station W 4th StWashington Sq, R/W station 8th St-NYU)

Rubin Museum of Art

Voir p. 87. (☎212-620-5000 ; www.rubinmuseum.org ; 150 W 17th St, entre 6th Ave et 7th Ave, Chelsea ; tarif plein/réduit 19/14 $, -12 ans gratuit, 18h-22h ven gratuit ; ⏲10h-17h jeu, 11h-22h ven, 11h-17h sam-dim ; S 1 station 18th St)

Chelsea Market

Exemple accompli de reconversion et de préservation du patrimoine, le Chelsea Market est installé dans une ancienne usine Nabisco – où a été inventé le célèbre biscuit Oreo –, désormais transformée en un marché couvert qui plaît aux gourmets et aux fashionistas. (www.chelseamarket.com ; 75 9th Ave, entre W 15th St et W 16th St, Chelsea ; ⏲7h-2h lun-sam, 8h-22h dim ; S A/C/E, L station 8th Ave-14th St)

Flatiron Building

Voir p. 89. (Broadway, angle 5th Ave et 23rd St ; S N/R, F/M, 6 station 23rd St).

Union Square

Voir p. 104. (www.unionsquarenyc.org ; 17th St, entre Broadway et Park Ave South, Union Sq ; S 4/5/6, N/Q/R, L station 14th St-Union Sq).

Sanctuaires, monuments et musées

Grace Church

Avec ses sculptures élaborées, sa haute flèche et son jardin verdoyant, cette église épiscopale de style néogothique dessinée en 1843 par James Renwick Jr ne passe pas inaperçue dans ce secteur assez quelconque du Village. (☎212-254-2000 ; www.gracechurchnyc.org ; 802 Broadway, à hauteur de 10th St, West Village ; ⏲12h-17h tlj, messes

GEORGE WIRT/SHUTTERSTOCK ©

Little Island

mer et dim ; S R/W station 8th St-NYU, 6 station Astor Pl)

Stonewall National Monument

En 2016, le président Barack Obama fit du Christopher Park et des rues voisines le premier monument national dédié à l'histoire du mouvement LGBTQ+. (www.nps.gov/ston/index.htm ; W 4th St, entre Christopher St et Grove St, West Village ; 6h-18h30 ; S 1 station Christopher St-Sheridan Sq ; A/C/E, B/D/F/M station W 4th St-Washington Sq)

Museum of Sex

De la vie sexuelle des animaux aux objets évoquant les représentations culturelles du sexe, ce musée de l'Érotisme est à coup sûr divertissant. (212-689-6337 www.museumofsex.com ; 233 5th Ave, Chelsea ; 12h-22h lun, mer, jeu, 13h-minuit ven, 12h-minuit sam, 12h-22h dim ; S N/Q/R/W station 26th)

Parcs et espaces verts

Chelsea Piers

Voir p. 109. (212-336-6666 ; www.chelseapiers.com ; Piers 59 à 62, à hauteur de W 23rd St, Chelsea ; ouverture à partir de : fitness 5h30/8h sem/week-end, escalade 13h/10h, piscine 7h/8h ; golf 7h-minuit, patinoire 13h30-17h ven-lun, bowling 16h-23h lun-jeu, jusqu'à 1h ven, 12h-1h sam, 12h-minuit dim ; ; M23 station 12th Ave-W 23 St, S 1, C/E station 23rd St)

Little Island

Voir p. 91. (littleisland.org ; Pier 55 à hauteur de W 13th St ; à partir de 6h ; S A/C/E, L station 8th Ave-14th St)

James J Walker Park

Ce joli parc d'Hudson St doit sa popularité à ses multiples terrains de sport : hockey sur gazon, football, basket-ball… Il y en a pour tous les goûts. (www.nycgovparks.org/parks/james-j-walker-park ; Hudson St, West Village ; ; S 1/2 Houston St)

BEN BRYANT/SHUTTERSTOCK ©

Union Square Park

Bleecker Playground

Un joli parc où l'on vient avant tout en famille se balader avec ses enfants. Et pas seulement des anonymes… Pour apercevoir une maman célèbre, votre meilleure chance, c'est ici ! (www.nycgovparks.org/parks/bleecker-playground ; Bleecker St-W 11th St, West Village ; ; S 1/2/3 14St)

Pier 45

Parfois appelée Christopher Street Pier, cette longue jetée en béton offrant une vue magnifique sur l'Hudson comprend une pelouse, des parterres de fleurs, un café en plein air, des auvents en toile et un arrêt du New York Water Taxi (nywatertaxi.com). (W 10th St, au bord de l'Hudson, West Village ; S 1 station Christopher St-Sheridan Sq)

Galeries d'art

Gagosian Gallery

Voir p. 109. (212-741-1111 ; www.gagosian.com ; 522 W 21st St, entre 10th Ave et 11th Ave, et 555 W 24th St, au niveau de 11th Ave, Chelsea ; 10h-18h mar-sam ; S 1, C/E station 23rd St)

David Zwirner Gallery

Voir p. 109. (212-517-8677 ; www.davidzwirner.com ; 537 W 20th St, entre 10th Ave et 11th Ave ; 10h-18h mar-sam ; S 1, C/E station 23rd St)

Paula Cooper Gallery

Voir p. 94. (☎212-255-1105 ; www.paulacoopergallery.com ; 524 W 26th St, entre 10th Ave et 11th Ave ; ⏲10h-18h mar-sam ; Ⓢ1, C/E station 23rd St)

Lisson Gallery

Voir p. 94. (☎212-505-6431 ; www.lissongallery.com ; 504 W 24th St, entre 10th Ave et 11th Ave, Chelsea ; ⏲10h-18h mar-sam ; Ⓢ1, C/E station 23rd St)

Tanya Bonakdar Gallery

Voir p. 94. (☎212-414-4144 ; www.tanyabonakdargallery.com ; 521 W 21st St, entre 10th Ave et 11th Ave, Chelsea ; ⏲10h-18h mar-sam ; Ⓢ1, C/E station 23rd St)

Jack Shainman Gallery

Voir p. 93. (☎212-645-1701 ; jackshainman.com ; 524 W 24th St, entre 10th Ave et 11th Ave, Chelsea ; ⏲10h-18h mar-sam ; Ⓢ1, C/E station 23rd St)

Artechouse

Cette galerie d'art expérimentale a investi les 500 m^2 de l'ancienne chaufferie du Chelsea Market. Les installations démesurées mêlent art et technologie et créent des expériences hallucinatoires et immersives. (www.artechouse.com/nyc ; 439 W 15th St, Chelsea Market ; adulte/enfant 24/17 $; ⏲10h-21h tlj, variable selon les installations ; ⓈA/C/E, L station 8th Ave-14th St)

Pace Gallery

Cet immeuble de huit étages abrite des œuvres d'artistes contemporains de premier plan, comme Loie Hollowell, Sol LeWitt, David Hockney, Chuck Close et Robert Rauschenberg, exposées sur près de 7 000 m^2. (☎212-421-3292 ; www.pacegallery.com ; 540 W 25th St, entre 10th Ave et 11th Ave, Chelsea ; ⏲10h-18h mar-sam ; Ⓢ1, C/E station 23rd St)

Gladstone Gallery

La galerie de la curatrice Barbara Gladstone expose des artistes contemporains tels que Keith Haring, Robert Mapplethorpe ou les Britanniques Anish Kapoor et Sarah Lucas. (☎212-206-9300 ; www.gladstonegallery.com ; 515 W 24th St, entre 10th Ave et 11th Ave ; ⏲10h-18h mar-sam ; Ⓢ1, C/E station 23rd St)

Matthew Marks

Connue pour exposer des artistes new-yorkais comme Nan Goldin et Terry Winters, cette galerie est une véritable pionnière de Chelsea. Deux antennes aux 526 W 22nd St et 523 W 24th St. (☎212-243-0200 ; www.matthewmarks.com ; 522 W 22nd St, entre 10th Ave et 11th Ave ; ⏲10h-18h mar-sam ; Ⓢ1, C/E station 23rd St)

Temples de la mode

Museum at Fashion Institute of Technology

Voir p. 98. (☎212-217-4558 ; www.fitnyc.edu/museum ; 227 W 27th St, au niveau de 7th Ave, Chelsea ; entrée gratuite ⏲12h-20h mer-ven, 10h-17h sam-dim, fermé lun-mar et jours fériés ; Ⓢ1, N/R station 28th St, A/C/E/F et M en semaine station 23rd St)

Pippin Vintage Jewelry

Voir p. 100. (☎212-505-5159 ; pippinvintage.com ; 112 W 17th St, entre 6th Ave et 7th Ave, Chelsea ⏲12h-19h mer-dim, fermé lun-mar ; ⓈA, F/M, L 6th Ave)

Chelsea Market

INA

Voir p. 101. (212-334-6572 ; inanyc.com ; 207 W 18th St, entre 7th Ave et 8th Ave, Chelsea 12h-19h tlj ; S 1/2 18th St Station)

From Runway with Love

Voir p. 101. (www.fromrunwaywithlove.com ; 55 W 25th St, entre 5th Ave et 6th Ave, Chelsea ouvert 24 h/24 ; S E, N/R/W 28th St)

Cafés corsés et tendres douceurs

Jack's Coffee $

Ce petit café tout près de Greenwich Ave est apprécié de tout New York. Le *latte* au miel vaut le détour ! (212-929-0821 ; www.jacksstirbrew.com/west-village-nyc ; 138 W 10th St, West Village ; 6h30-16h lun-ven, 8h-17h sam-dim ; S 1/2 station Christopher St)

Billy's Bakery $

Institution de Chelsea, cette pâtisserie propose un choix de douceurs aussi vaste qu'alléchant : millefeuilles, cupcakes, cookies et gâteaux de fêtes. (212-647-9406 ; billysbakerynyc.com/pages/chelsea ; 184 9th Ave, entre 21st et 22nd St, Chelsea ; 9h-21h dim-lun, 9h-22h mar-mer, 9h-23h jeu-sam ; S 1, C/E station 23rd St)

Prodigy Coffee $

Ce café minimaliste de Carmine St, à l'ambiance résolument internationale, sert des boissons caféinées haut de gamme à base d'expressos du monde entier. (212-414-4142 ; www.prodigycoffee.com ; 33 Carmine St, entre 7th Ave S et Ave of the Americas, West Village ; 7h30-16h lun-ven, 8h30-16h sam-dim ; S A/C/E, B/D/F/M station W 4 St-Wash Sq)

Fat Witch Bakery $

Une pâtisserie on ne peut plus charmante où l'on trouve les meilleurs brownies de New York, dans Chelsea Market. (212-807-1335 ; www.fatwitch.com ; 75 9th Ave, Chelsea Market ; 11h-18h tlj ; S A/C/E, L station 14 St-8th Ave)

POLUDZIBER/SHUTTERSTOCK ©

Magnolia Bakery

Molly's Cupcakes $

Spécialisée dans le cupcake, cette adresse est connue pour ses saveurs uniques comme Boston Creme, Nutella, Ron Bennington ou Blueberry Cheesecake. Goûtez aussi les cupcakes fourrés ! (212-414-2253 ; www.mollyscupcakes.com ; 228 Bleecker St, entre Winston Churchill Sq et Father Demo Sq, West Village ; 10h-21h tlj, horaires variables ; S A/C/E, B/D/F/M station W 4 St-Wash Sq)

Doughnut Project $

Chez Doughnut Project, le donut, c'est sérieux ! Produits en petites quantités à partir d'ingrédients soigneusement sélectionnés, on vient de tout New York pour les savourer. (212-691-5000 ; www.thedoughnutproject.com ; 10 Morton St, entre 7th Ave S et Bleecker St, West Village ; 9h-14h mer-dim, ou jusqu'à épuisement des stocks ; S A/C/E, B/D/F/M station W 4 St-Wash Sq)

Magnolia Bakery $$

Réputée pour ses excellents cheesecakes, cupcakes et autres gâteaux à étages, cette pâtisserie est une institution new-yorkaise. Le pudding à la banane remporte la palme de la popularité, suivi de près par les cupcakes colorés. (212-462-2572 ; www.magnoliabakery.com ; 401 Bleecker St, à hauteur de W 11th St, West Village ; 10h-21h dim-jeu, 10h-22h ven-sam ; S 1/2/3 14th St)

Cocktails

Old Town Bar $

Voir p. 105. (212-529-6732 ; www.oldtownbar.com ; 45 E 18th St, entre Broadway et Park Ave S ; 11h30-minuit lun-mar, 11h30-0h30 mer-sam, 13h-21h30 dim ; ; S 4/5/6, N/Q/R/W, L station 14th St-Union Sq)

Stonewall Inn $$

Voir p. 97.(212-488-2705 ; www.thestonewallinnnyc.com ; 53 Christopher St, à côté de Christopher Park, West Village ; 14h-4h lun-ven, à partir de 13h sam-dim ; S 1 station Christopher St-Sheridan Sq)

Marie's Crisis $$

Voir p. 96. (646-470-6040 ; www.mariescrisiscafe.com ; 59 Grove St, entre 7th Ave et Bleecker St, West Village ; 16h-4h tlj ; S 1 station Christopher St-Sheridan Sq ; A/C/E, B/D/F/M station W 4th St-Washington Sq)

While We Were Young Kitchen and Cocktails $$

Un endroit atypique, mi-bar à cocktails mi-restaurant. On y sert une cuisine nouvelle américaine agrémentée de belles surprises dans un décor élégant et spacieux. (917-675-6272 ; www.whilewewereyoungnyc.com ; 183 W 10th St, entre W 4th St et 7th Ave, West Village ; 17h-23h mer-jeu, 11h-1h ven-sam, 11h-23h dim ; S 1 station Christopher St-Sheridan Sq ; A/C/E, B/D/F/M station W 4th St-Washington Sq)

Little Branch $$

Ce petit bar sert des cocktails aux saveurs et profils uniques. Ceux à la tequila et au gin valent particulièrement le détour. (212-929-4360 ; 20 7th Ave, à hauteur de Leroy St, West Village ; 18h-minuit dim-mar, 18h-1h mer-jeu, 18h-2h ven-sam ; S A/C/E, B/D/F/M station W 4 St-Wash Sq)

The Spaniard $$

Malgré son nom, ce bar n'a rien d'espagnol, ni dans le décor ni dans ce qu'il sert. Mais l'essentiel est ailleurs : des grands box confortables et de fantastiques cocktails bien corsés. (212-918-1986 ; www.thespaniardnyc.com ; 190 W 4th St, à hauteur de Barrow St, West Village ; plats déj 14-21 $, plats brunch 15-25 $, plats dîner 16-34 $; 12h-2h lun-mer, 12h-4h jeu-ven, 11h-4h sam, 11h-2h dim, cuisine fermée tlj à 23h ; S A/C/E, B/D/F/M station W 4 St-Wash Sq)

Employees Only $$

Sorte de bar clandestin, cette institution du cœur du quartier ne passe jamais de mode. Élu meilleur bar à cocktails du monde par Spirited Awards. (212-242-3021 ; www.employeesonlynyc.com ; 510 Hudson St, entre W 10th St et Christopher St, West Village ; cocktails 18-21 $; 18h-4h ; S 1 station Christopher St-Sheridan Sq)

Drift In $$

Voir p. 91. (646-860-0964 ; crewny.com ; 389 West St, Pier 45, Hudson River Park, entre Christopher St et W 10th St, West Village ; huîtres, petits plats de la mer 16-26 $ 11h-minuit tlj ; S 1/2 station Christopher St, C/E station 23rd St)

Hudson Clearwater $$

Voir p. 91. (212-989-3255 ; www.hudsonclearwater.com ; 447 Hudson St, à l'angle de Morton St, West Village ; plats 27-34 $, brunch 13-28 $ 8h-23h dim-mar, 8h-minuit mer, 8h-1h jeu, 8h-2h ven-sam ; S 1 Houston St)

Analogue $$

À deux pas de Washington Square Park et de la New York University, Analogue est réputé pour son décor ultrasophistiqué et ses cocktails corsés. À la vôtre ! (212-432-0200 ; www.analoguenyc.com ; 19 W 8th St, West Village ; cocktails 16-19 $ plats 14-25 $, snacks 6-12 $ 16h-0h30 lun-mer, 16h-2h jeu-ven, 15h-2h sam, 15h-0h30 dim ; S A/C/E, B/D/F/M station W 4 St-Wash Sq)

Repas d'exception

Grand Banks $$

Le chef Kerry Heffernan sert des produits issus de la pêche durable à bord de la goélette de 1942 *Sherman Zwicker*, amarrée sur l'Hudson. Venez y prendre un verre en fin de soirée pour profiter du magnifique coucher du soleil... (212-520-7855 ; www.grandbanks.nyc ; Pier 25, près de N Moore St, Tribeca ; huîtres 19-25 $ la demi-douzaine, plats déj 26-33 $, plats brunch 17-32 $; 11h-0h30 lun-ven, 10h-0h30 sam-dim ; S 1 station Franklin St, A/C/E station Canal St)

Eataly $$$

L'élégant et immense magasin de Mario Batali est un véritable temple de la gastronomie italienne. Des tables permettent de se poser pour se régaler aussi bien de *crudo* (poisson cru) et de *fritto misto* (légumes frits) que de pâtes et de pizzas. Vous pouvez aussi vous contenter d'un expresso au comptoir et succomber à un *cannolo* garni sur mesure, avant d'aller fouiller les rayons pour vous composer un pique-nique à l'italienne. Autres atouts d'Eataly : son bar-restaurant sur le toit, Serra. (212.229.2560 ; 200 Fifth Avenue ; 10h-21h lun-sam, 12h-21h dim ; S R/W, F/M, 6 station 23rd St

Morandi $$$

Superbe italien, idéal pour un repas en terrasse dans l'une des rues les plus animées du quartier. La carte des vins est exceptionnelle. (212-627-7575 ; www.morandiny.com ; 211 Waverly Pl, Charles St, près de 7th Ave, West Village ; petit-déj 8h-11h30 lun-ven, déj 12h-16h30 lun-ven, dîner 17h-23h dim-jeu, 17h-minuit ven-sam, brunch 11h-16h30 sam-dim ; S 1/2 station Christopher St, A/B/C/D/E/F/M station W 4th St)

Little Owl $$$

Ce restaurant est tout petit, mais l'excellent menu vaut le coup de patienter. Saveurs méditerranéennes et plats très variés.

Gansevoort food market

(212-741-4695 ; www.employeesonlynyc.com ; 90 Bedford St, à hauteur de Grove St, près de Christopher St et Hudson St, West Village ; 12h-23h lun-jeu, 16h-23h ven-sam, 16h-22h dim, brunch 9h-14h30 ven-dim, happy hour 15h-17h lun-jeu ; S 1/2 station Christopher St, A/B/C/D/E/F/M station W 4th St)

St Tropez West Village $$$

Ce magnifique restaurant sert des vins remarquables, un menu centré sur la mer et un bon choix d'huîtres. Le décor est chaleureux et la cuisine ouverte, animée. (917-388-3893 ; sttropezwinebar.com ; 304 W 4th St, entre W 12th St et Bank St, West Village ; plats 22-38 $; 17h-23h mar-ven, 11h-23h30 sam, 11h30-23h30 dim, fermé lun ; S 1/2 station Christopher St, C/E station 23rd St)

City Winery $$$

Cette adresse en bordure de fleuve propose une excellente carte des vins et un menu alléchant, ainsi que des concerts et des événements festifs toujours au point. (646-751-6033 ; citywinery.com ; 25 11th Ave, Pier 57, au niveau de 15th St, Hudson River Park ; plats 16-39 $; 17h-22h lun-mar, 12h-22h mer-jeu et dim, 12h-23h ven-sam ; bus interurbain M23, S 1 station Christopher St, C/E station 23rd St)

TRIBECA ET LE FINANCIAL DISTRICT

CULTURE | DIVERTISSEMENT | PATRIMOINE

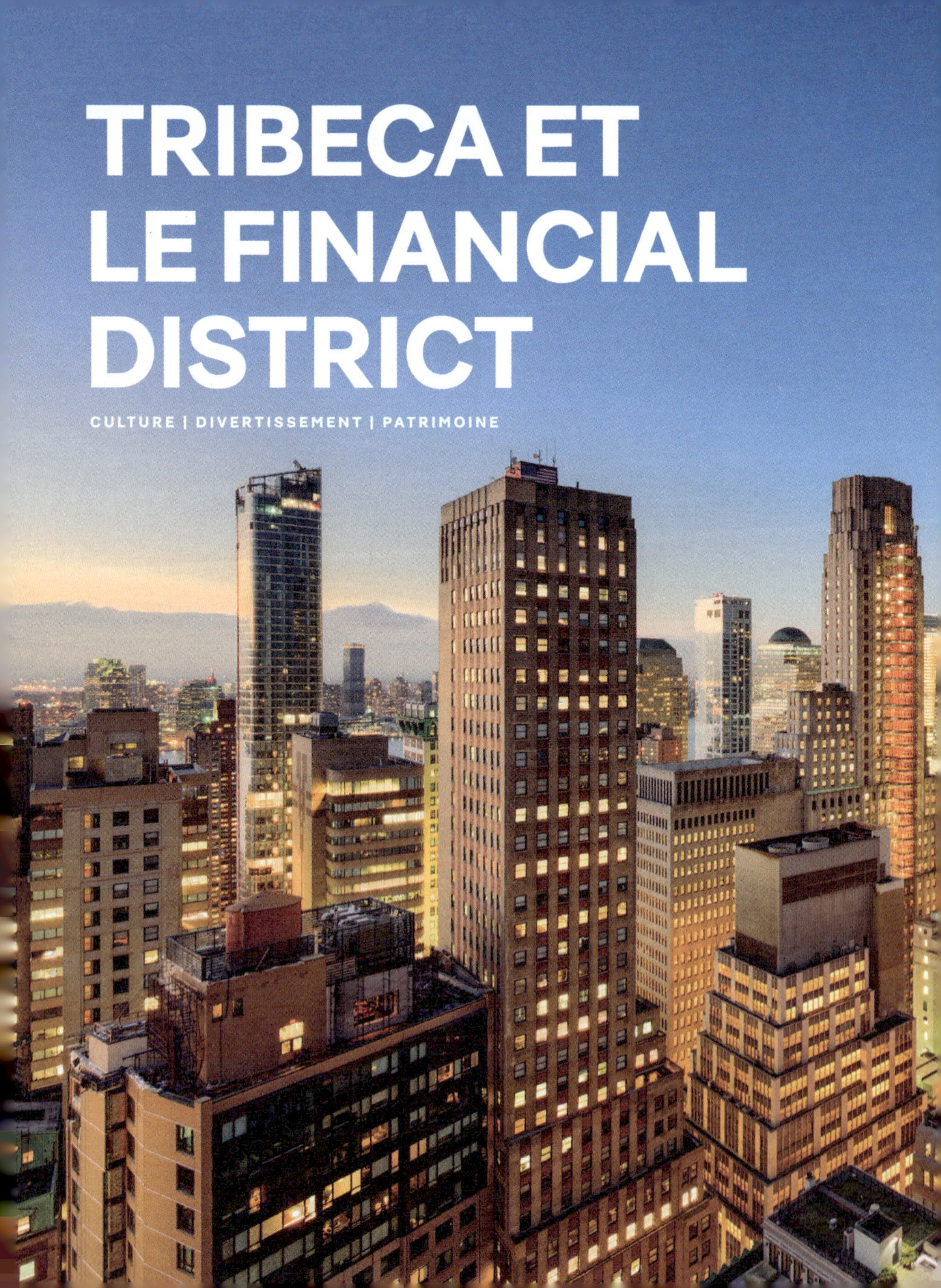

TRIBECA ET LE FINANCIAL DISTRICT
à la carte

INCONTOURNABLES ET TRÉSORS CACHÉS

Ne quittez pas Lower Manhattan sans visiter Tribeca (Triangle Below Canal St, le "triangle sous Canal St") et le Financial District (ou FiDi). On y trouve un peu de tout, des reliques du passé aux restaurants réputés en passant par plein de choses à découvrir. Les avenues rapetissent à mesure que l'on avance vers le sud, et l'on passe facilement à pied d'un côté à l'autre de l'île de Manhattan.

Le quartier en bref

Sur place Histoire de New York, sites d'intérêt et haute cuisine.

S'y rendre Toutes les lignes du métro excepté les oranges (B, D, F, M) et la vert pâle (G).

Circuler Circulation, travaux, rues pavées à sens unique… Le mieux est d'explorer à pied.

À savoir Posez-vous sur les marches de la Bourse de New York et observez la foule des passants.

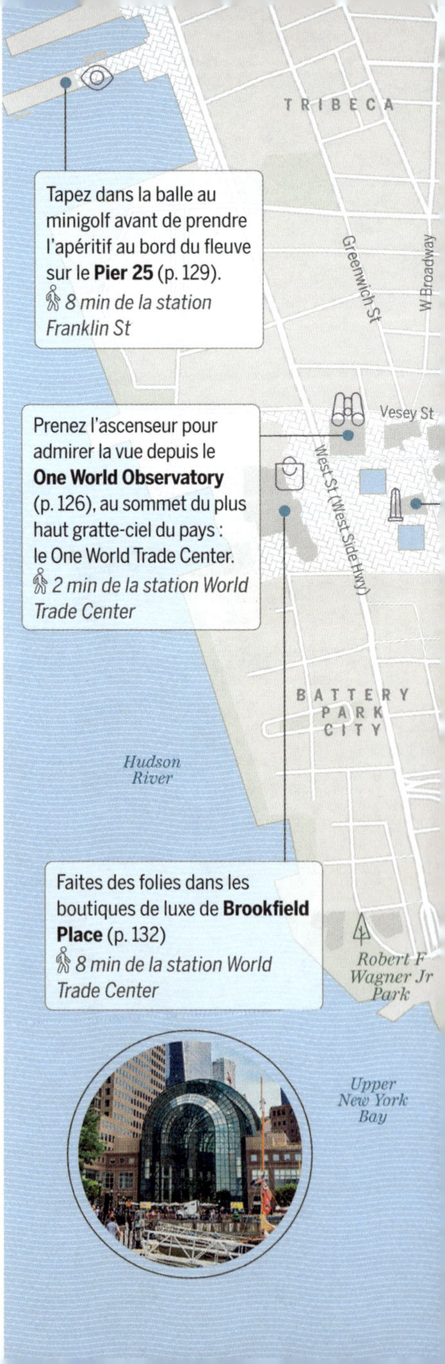

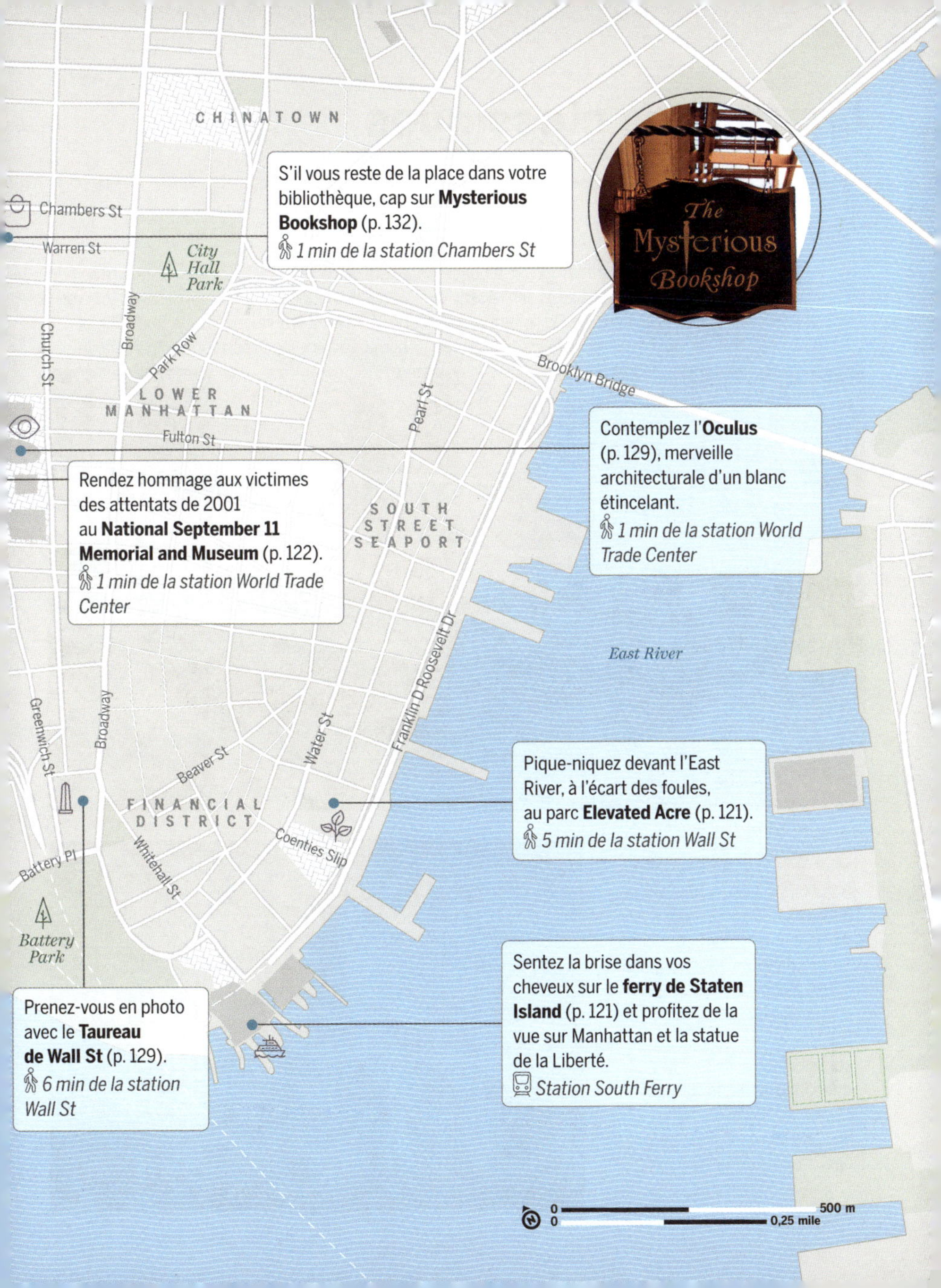
CHINATOWN
S'il vous reste de la place dans votre bibliothèque, cap sur **Mysterious Bookshop** (p. 132).
1 min de la station Chambers St
The Mysterious Bookshop
Chambers St
Warren St
City Hall Park
Broadway
Church St
Park Row
LOWER MANHATTAN
Fulton St
Pearl St
Brooklyn Bridge
Contemplez l'**Oculus** (p. 129), merveille architecturale d'un blanc étincelant.
1 min de la station World Trade Center
Rendez hommage aux victimes des attentats de 2001 au **National September 11 Memorial and Museum** (p. 122).
1 min de la station World Trade Center
SOUTH STREET SEAPORT
Franklin D Roosevelt Dr
East River
Greenwich St
Broadway
Beaver St
Water St
FINANCIAL DISTRICT
Whitehall St
Coenties Slip
Battery Pl
Battery Park
Pique-niquez devant l'East River, à l'écart des foules, au parc **Elevated Acre** (p. 121).
5 min de la station Wall St
Prenez-vous en photo avec le **Taureau de Wall St** (p. 129).
6 min de la station Wall St
Sentez la brise dans vos cheveux sur le **ferry de Staten Island** (p. 121) et profitez de la vue sur Manhattan et la statue de la Liberté.
Station South Ferry
0 500 m
0 0,25 mile

Les grands classiques

Pour les infos pratiques de chaque site, reportez-vous au Carnet d'adresses p. 128.

National September 11 Memorial & Museum

Le musée et mémorial du 11-Septembre est une réponse empreinte de dignité à l'épisode le plus sombre de l'histoire de la ville. Deux bassins réfléchissants versent leurs larmes à l'ancien emplacement des Twin Towers, encadrés par les noms des victimes du 11 septembre 2001 et de l'attentat à la bombe du World Trade Center de 1993. Sous terre, le musée du Mémorial revient sur ces événements d'une façon poignante et percutante.

VISUALSPACE/ISTOCK ©

One World Trade Center

Comblant le trou aussi béant que douloureux laissé dans la *skyline* de Manhattan par les attentats du 11 septembre 2001, ce gratte-ciel symbolise la détermination et la résilience de la ville. Cette tour est actuellement la plus haute du continent américain, et la sixième du monde, antenne comprise. Le One World Observatory, son observatoire, offre une vue époustouflante sur New York.

CRÉDIT ©

Ellis Island

Entre 1892 et 1954, cette île située à l'embouchure de l'Hudson fut la porte d'entrée de l'Amérique pour plus de 12 millions de personnes. Elle abrite aujourd'hui le musée de l'Immigration, vibrant hommage à ces immigrants et à leur courage.

ADRIANO CASTELLI/SHUTTERSTOCK ©

FREDERICK MILLETT/SHUTTERSTOCK ©

Statue de la Liberté

Offerte par la France en 1886, Lady Liberty a vu défiler à ses pieds des millions d'immigrants venus chercher une vie meilleure. L'émotion reste forte pour les visiteurs qui l'approchent aujourd'hui en ferry. Beaucoup se pressent jusque dans sa couronne pour y apprécier l'un des plus beaux panoramas sur New York.

Staten Island

Parfois appelée *the forgotten borough* (l'arrondissement oublié), l'île qui forme le 5e *borough* de NYC ne manque pas de charme avec son petit air provincial et ses sites historiques. On y accède par le Staten Island Ferry, dont le parcours – 8,3 km entre Lower Manhattan et le quartier de St George (25 min) – constitue l'une des plus belles aventures gratuites de la ville.

FELIX MIZIOZNIKOV/SHUTTERSTOCK ©

JAYLAZARIN/ISTOCK ©

Hudson River Park

Aménagé sur les anciennes jetées du port maritime, ce parc s'étire de la pointe sud de Manhattan jusqu'à 59th St, à Midtown. L'Hudson River Greenway, longue promenade qui longe le fleuve et la très animée West Side Hwy, est propice à de belles balades à pied ou à vélo.

15 Une journée au bord DE L'EAU

PAYSAGES | LOISIRS | ARCHITECTURE

Mettez des chaussures confortables et dirigez vos pas vers le sud pour explorer la pointe de Manhattan, jalonnée de jetées s'élançant dans l'Hudson et l'East River. Profitez de la brise et admirez le panorama sur Brooklyn et le New Jersey, d'un côté et de l'autre.

JAMES ANDREWS1/SHUTTERSTOCK ©

Le quartier en bref

S'y rendre Prenez le métro vers Downtown Manhattan et dépassez Canal St ; ensuite, marchez vers l'est ou l'ouest jusqu'à atteindre la rive.

Quand y aller Évitez l'hiver, lorsqu'un vent glacial bat les quais de New York.

À savoir Apportez un appareil photo pour le coucher du soleil se reflétant sur les vagues.

PHILIP LANGE/SHUTTERSTOCK ©

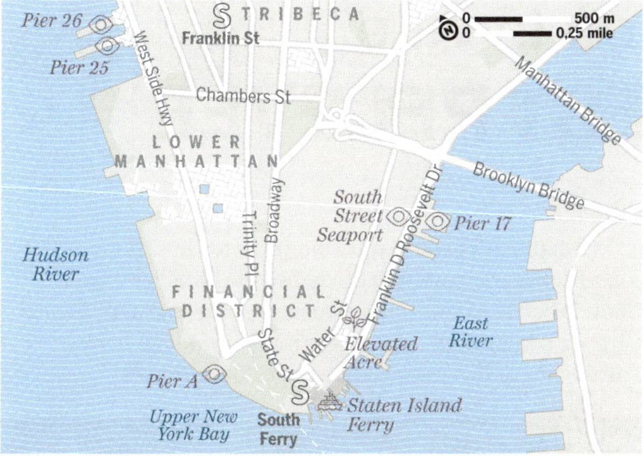

Page de gauche, en haut Pier 25, dans l'Hudson River Park **En bas** Pier 17

Esprit de compétition Défiez vos amis au minigolf ou embarquez en kayak au cri de "le premier à l'eau a gagné" à l'**Hudson River Park** (p. 128). Il englobe les **Piers 25** (p. 129) et **26**, à Tribeca, et propose aussi un skate park, des pistes cyclables, un parc pour chiens et de nombreuses pelouses idéales pour prendre le soleil.

Une architecture saisissante Le **Pier A** du Financial District est l'un des pontons historiques de New York. On y trouve une gare maritime de 1886 reconvertie en 2014 en un ensemble de bars et restaurants. Le bâtiment et sa tour d'horloge valent le coup d'œil, et la **statue de la Liberté** (p. 129) est bien visible depuis le quai.

Larguez les amarres Pour voir des voiles hissées haut dans le ciel, cap sur le **South Street Seaport** (p. 129), dans le quartier du vieux port, à l'est du Financial District. Après avoir contemplé les bateaux, déjeunez dans l'un des nombreux restaurants. La place pavée accueille souvent des animations et les boutiques insolites du quartier sont parfaites pour chiner. Encore envie d'aventures ? Descendez vers South Ferry et embarquez à bord du **ferry de Staten Island** (p. 128). Avant d'explorer cet autre *borough*, n'oubliez pas de saluer au passage la statue de la Liberté.

Concerts avec vue Ne manquez pas les excellents concerts nocturnes sur le toit du **Pier 17** (p. 130). La musique en met plein les oreilles, et le panorama sur le Brooklyn Bridge plein les yeux.

Un peu de calme

Pas besoin de crapahuter jusqu'à Uptown pour trouver un écrin de verdure et un peu de solitude. Non loin du **Battery Park** (p. 130), souvent bondé par beau temps, se niche l'**Elevated Acre** (p. 129). Moins connu, ce parc occupe le toit d'un parking du Financial District et domine l'East River. à deux pas des pontons d'East Side. Sa situation perchée offre une vue plus plongeante sur le fleuve, et occasionnellement sur des hélicoptères décollant ou atterrissant Downtown. Mais le mieux, c'est que personne ou presque ne connaît l'existence de cette oasis secrète, que vous pouvez ainsi espérer avoir pour vous seul (ou presque) !

16 Là où la ville S'EST RELEVÉE

HISTOIRE | PATRIMOINE | MÉMOIRE

Impossible d'évoquer le Financial District sans mentionner les attentats du 11 septembre 2001 et la reconstruction de cette partie de la ville dans les années qui suivirent. Le National September 11 Memorial & Museum et la tour One World Trade Center attirent les visiteurs par milliers, et un sentiment de fierté d'avoir survécu au pire imprègne l'atmosphère des petits commerces du quartier.

RESUL MUSLU/SHUTTERSTOCK ©

Le quartier en bref

S'y rendre Lignes A/C/E jusqu'à la station World Trade Center.

Quand y aller En hiver, préparez-vous au grand froid ; en été, à une chaleur humide.

À savoir Le parc de Bowling Green est le plus vieux de New York. Des tribus amérindiennes auraient jadis tenu conseil à son emplacement.

LITTLENYSTOCK/SHUTTERSTOCK ©

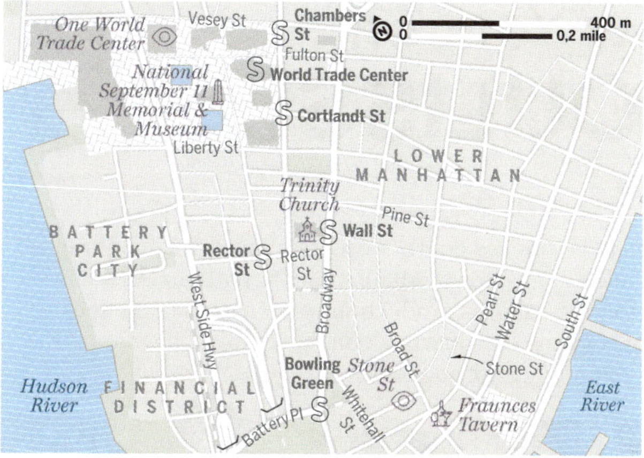

Soutenez les petits commerces Les attentats du 11 septembre ont provoqué un fort déclin des petits commerces familiaux dans Lower Manhattan, mais aujourd'hui le quartier déborde à nouveau de vie. Bijouteries, librairies indépendantes, cafés et cavistes ont rouvert, et tout le monde y trouve son compte. Les rues et ruelles historiques du quartier en font un lieu bien plus adapté à l'exploration pédestre que les quartiers de bureaux de Midtown, par exemple.

Suivez les pavés Les clients en costume-cravate sont légion dans cette partie de la ville, et les restaurants et bars du quartier se félicitent de cette clientèle bienvenue. Rejoignez les traders et cols blancs venus manger un morceau, boire une bière et plus généralement se détendre après une longue journée de travail dans la petite **Stone St**, qui doit son nom à ses pavés. Les tables disposées dans la rue facilitent les échanges et les pots en grands groupes d'amis.

Renaissances successives Les rues du Financial District forment la trame de 400 ans d'histoire. Outre les attentats de 2001, le quartier a survécu à des cyclones, des pandémies et nombre d'autres catastrophes, qui l'ont à chaque fois rendu plus fort. La plus ancienne église de la ville, **Trinity Church**, (p. 128) près de la Bourse de New York, en est l'illustration parfaite. Ravagée par les flammes lors de la révolution américaine, puis dévastée par une tempête de neige au début du XIXe siècle, elle fut reconstruite à trois reprises.

Page de gauche, en haut National September 11 Memorial
En bas Stone St

Une gorgée d'histoire

Marchez dans les pas de George Washington en buvant un verre à la **Fraunces Tavern** (p. 132) dans Pearl St dans le Financial District. C'est le plus vieux bar de New York, comme en atteste le petit musée retraçant sur place son histoire. En 250 ans d'existence, l'établissement a résisté aux guerres, aux tempêtes et aux pandémies pour servir bière, whisky et cuisine de pub aux New-Yorkais du quartier. En prime : *happy hour* sur les huîtres en saison et concerts le week-end.

17 New York en COULISSES

CINÉMA | DIVERTISSEMENT | FESTIVAL

Fans de cinéma et de télévision, ce quartier est pour vous ! D'innombrables films et séries TV ont été tournés dans Lower Manhattan. Partez pour un pèlerinage sur les lieux de tournage de vos productions préférées et faites-vous une toile dans l'un des petits cinémas du quartier, comme le Roxy Cinema (p. 131), qui sert aussi des cocktails et un fabuleux pop corn.

OLDSKOOLDESIGN/SHUTTERSTOCK ©

Le quartier en bref

S'y rendre 1 jusqu'à la station Franklin St, A/C/E jusqu'à la station Canal St.

Quand y aller Quand vous voulez, mais le Tribeca Festival (voir plus loin), organisé selon les années entre avril et juin, attire conteurs, scénaristes et réalisateurs indépendants du monde entier.

À savoir De nombreuses célébrités de la musique et du cinéma habitent dans le quartier. Ouvrez l'œil !

DW LABS INCORPORATED/SHUTTERSTOCK ©

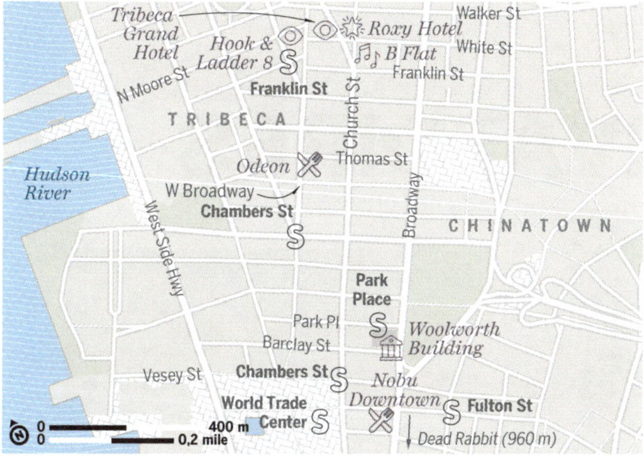

Pèlerinage cinématographique Inclinez-vous devant la caserne de pompiers **Hook & Ladder Company 8** (14 North Moore Street) quartier général des chasseurs d'ectoplasmes de *S.O.S. Fantômes*, puis cap sur le **Roxy Hotel** (www.roxyhotelnyc.com), ou a été tourné *L'Amour sans préavis* avec Hugh Grant. Ensuite, direction Broadway pour admirer le célèbre **Woolworth Building** (p. 129), dans lequel crapahute Nicholas Cage dans *Benjamin Gates* et où Amy Adams se confronte à son odieuse belle-mère dans *Il était une fois*. Enchaînez par un brunch à l'**Odeon** (p. 130), où fut inventé le Cosmopolitan, cocktail vedette de *Sex and the City*.

Commerces de stars Plusieurs établissements du quartier appartiennent à des célébrités. Robert De Niro a des parts dans plusieurs restaurants du coin : dégustez les sushis de **Nobu Downtown** (p. 131) ou les pâtes de **Locanda Verde** (p. 131) avant de déguster un bon vin au **Tribeca Grill** (p. 131). Le matin, cap dans le café de Hugh Jackman, le **Laughing Man Coffee** (p. 130), engagé pour le développement durable et dont les bénéfices sont reversés à des associations.

Histoires en pagaille Le **Festival du film de Tribeca** (tribecafilm.com ; 10 jours, entre avril et juin selon les années), également rendu célèbre par De Niro, est né au lendemain des attentats de 2001 pour aider Downtown Manhattan à renaître de ses cendres. C'est aujourd'hui l'un des rares festivals à mettre en valeur les expériences immersives, la narration d'histoires et les jeux vidéo, aux côtés du cinéma indépendant. Si vous êtes dans le coin lorsqu'il a lieu, vous trouverez à coup sûr de quoi éveiller votre intérêt.

Page de gauche, en haut Caserne de pompiers Hook and Ladder Company 8 **En bas à** Roxy Hotel

Terminez en musique

Après une journée de magie hollywoodienne, rien de tel qu'un peu de jazz et de blues dans l'un des bars à concerts de Tribeca. Le très apprécié **Django** (sous-sol du Roxy Hotel ; p. 132), est souvent bondé le week-end. Si c'est complet, rejoignez le Financial District pour le célèbre whiskey irlandais et les sessions de musique irlandaise traditionnelle du **Dead Rabbit** (p. 132), dans Water St. Pas envie de bouger ? Restez au **Roxy** (p. 131) pour voir un film dans le charmant petit cinéma de l'hôtel, juste à côté du club de jazz.

Le top des **OBSERVATOIRES**

01

02

01 One World Observatory

Plus haut gratte-ciel de l'hémisphère ouest, il surplombe Lower Manhattan tel un phare. Faites l'ascension jusqu'au 100e ou au 102e étage pour une vue extraordinaire sur la ville et les États voisins. La cabine de l'ascenseur est recouverte d'écrans LED où l'on voit, en accéléré, l'évolution de New York du XVIIe siècle à nos jours. (p. 128)

02 Empire State Building

Icône de New York, ce gratte-ciel inauguré en 1931 possède deux observatoires offrant une vue fabuleuse sur les cinq *boroughs* de la ville (et les quatre États limitrophes par temps dégagé) ; celui du 86e étage est dépourvu de vitres (parfait pour des photos) tandis que celui du 102e étage, en intérieur, est idéal par temps froid. (p. 76)

03 Top of the Rock

Il y a des panoramas, et puis il y a *le* panorama ! Au 70e étage du Comcast Building (l'un des bâtiments du Rockefeller Center), cette plateforme offre une vue unique

03

04

05

sur les gratte-ciel de Midtown, et notamment l'Empire State Building. C'est aussi la seule à ne pas avoir de grille (au 3e niveau), ce qui fait toute la différence pour les photographes. (p. 76)

04 The Summit

Posé au sommet du One Vanderbildt, le dernier-né des observatoires new-yorkais propose une expérience vraiment unique. La plateforme s'étire sur 3 étages, dans un décor signé Kenzo Digital Immersive, où d'immenses baies vitrées recouvertes de miroirs renvoient à l'infini les reflets du ciel, des nuages et des autres gratte-ciel. Poussée d'adrénaline garantie ! (summitov.com)

05 The Edge

Le frisson est n'est jamais loin sur cette plateforme d'observation suspendue dans le vide. Après avoir testé sa résistance au vertige en marchant sur la partie vitrée du sol, on peut profiter de la vue dégagée à 360°, en sirotant une coupe de champagne. (www.edgenyc.com)

Carnet d'adresses

Les grands classiques

National September 11 Memorial & Museum

Voir p. 118 et 122. (212-312-8800 ; www.911memorial.org ; 180 Greenwich St, Lower Manhattan ; mémorial gratuit, musée adulte/enfant 26/15 $, gratuit mar 17h-20h ; musée jeu-lun 10h-17h, mémorial tlj 10h-17h ; S E station World trade Center, 2/3 station Park Pl, R/W station Cortlandt St)

One World Trade Center

Voir p. 118 et 122. (www.onewtc.com ; 117 West St, angle Lower Manhattan ; S E station World trade Center, 2/3 station Park Pl, A/C, J/Z, 4/5 station Fulton St, R/W station Cortlandt St)

One World Observatory

Voir p. 126. (212-602-4000 ; www.oneworldobservatory.com ; adulte/ enfant 38/32 $, gratuit -6 ans ; 9h-21h sept-avr, 8h-21h mai-août)

Ellis Island et musée de l'Immigration

Voir p. 119. Accès et réservations uniquement via www.statuecruises.com. Le bâtiment principal d'Ellis Island abrite depuis 1990 l'**Ellis Island Immigration Museum** (musée de l'Immigration), qui rend un hommage poignant à l'expérience des immigrants. Récits d'historiens et d'immigrants prennent vie grâce à une fascinante collection d'objets personnels, de documents officiels, de photographies et de séquences de films, (infos 212-363-3200 ; tickets 877-523-9849 ; www.nps.gov/elis ; ferry adulte/enfant 23,50/12 $; 8h30-18h, horaires variables selon la saison ; station Ellis Island ; S 1 station South Ferry, 4/5 station Bowling Green, puis ferry)

Statue de la Liberté

Voir p. 119 et 121. Accès et réservations uniquement via www.statuecruises.com. (infos 212-363-3200, tickets 877-523-9849 ; www.nps.gov/stli ; Liberty Island ; adulte/enfant Ellis Island et accès piédestal 24,30/12,30 $, sans piédestal (grounds tickets) 23,50/12 $, accès couronne fermé temporairement ; 8h30-18h, horaires variables selon la saison ; station Liberty Island ; S 1 station South Ferry, 4/5 station Bowling Green, puis ferry)

Staten Island

Voir p. 119 et 121. Un gros ferry orange vif gratuit traverse en continu le New York Harbor vers Staten Island. (www.siferry.com ; Whitehall terminal, 4 Whitehall St, à hauteur de South St, Lower Manhattan ; gratuit ; 24h/24 ; ; S 1 station South Ferry, R/W station Whitehall St, 4/5 station Bowling Green).

Hudson River Park

Voir p. 119. (www.hudsonriverpark.org ; West Village ; M23, S 1 station Christopher St, C/E station 23rd St)

Splendeurs architecturales

Trinity Church

Voir p. 123. (212-602-0800 ; www.trinitywallstreet.org ; 89 Broadway, à hauteur

SEANPAVONEPHOTO/ADOBESTOCK ©

Ellis Island

de Wall St, Lower Manhattan ; 7h-18h, cimetière fermeture 18h en été, crépuscule en hiver, messe 11h15 dim ; S 1, R/W station Rector St, 2/3, 4/5 station Wall St)

Woolworth Building

Voir p. 125. Achevé en 1913, ce gratte-ciel revêtu de maçonnerie et de terre cuite, conçu par Cass Gilbert, a été la plus haute tour du monde de 1913 à 1930. (203-966-9663 ; woolworthtours.com ; 233 Broadway, à hauteur de Park Pl, Lower Manhattan ; visites 30/60/90 min 20/30/45 $; S R/W station City Hall, 2/3 station Park Pl, 4/5/6 station Brooklyn Bridge-City Hall).

Oculus

Voir p. 129. (S station PATH station World Trade Center et accès aux lignes A, C, 1, 2, 3, E)

Staple Street Skybridge

Cette passerelle relie deux immeubles 3e étage au-dessus d'une des rues les plus courtes de Tribeca. Un lieu très apprécié des photographes. (9 Jay St ; accès libre ; S 1,2 station Franklin St)

St Paul's Chapel

Cette chapelle historique date des années 1700 et accueille les visiteurs toute l'année. (212-602-0800 ; www.trinitywallstreet.org ; 209 Broadway, à hauteur de Fulton St, Lower Manhattan ; 10h-18h lun-sam, 7h-18h dim, cimetière fermeture au crépuscule ; S A/C, J/Z, 2/3, 4/5 station Fulton St, R/W station Cortlandt)

"Jenga" Building, 56 Leonard St

Vous repérerez facilement cet immeuble dont les appartements sont empilés tels les barrettes de bois du Jenga, le jeu de construction dont il tire son nom. Un immeuble résidentiel qui mérite le coup d'œil ! (56 Leonard St, à hauteur de Church St ; S 1 station Franklin St)

Stone Street

En plein air

Elevated Acre

Voir p. 121. (Water St, à hauteur de Hanover Sq - Old Slip ; S 1 station South Ferry)

South Street Seaport

Voir p. 121. Le quartier accueille le **South Street Seaport Museum** (musée : 212-748-8600 ; www.southstreetseaportmuseum.org ; 12 Fulton St, entre Water St et Front St, Lower Manhattan ; expositions et balade en bateau adulte/enfant 20 $/gratuit, imprimerie et magasin gratuits ; bateaux et centre 11h-17h mer-dim, imprimerie 11h-19h mar-dim ; ; S 2/3, 4/5, A/C, J/Z station Fulton St).

Pier 25

Voir p. 121. Cette jetée en béton, longue de 260 m, comprend un minigolf, un café en plein air, des auvents en toile et un arrêt du New York Water Taxi. (À hauteur de N Moore St ; S 1 station Franklin St, A/C/E station Canal St)

Fearless Girl

Signée Kristen Visbal, cette sculpture en bronze symbolise la résilience du Financial District. (face au 11 Wall St ; S J/Z station Broad St ; 2/3, 4/5 station Wall St)

Charging Bull

En 1989, deux ans après un krach boursier, le sculpteur Arturo Di Modica surprit tout New

SPIROVIEW INC/SHUTTERSTOCK ©

Battery Park (The Battery)

York en plaçant cette sculpture en bronze d'un taureau en pleine charge juste devant la Bourse de la ville. Devenu un symbole de la finance, il est aujourd'hui installé à l'entrée du parc de Bowling Green. (extrémité sud de Broadway ; S 4,5 station Bowling Green)

Battery Park (The Battery)

Voir p. 121. Faites une pause verdure dans ce parc tranquille, moins bondé que Madison Square Park ou Central Park, plus au nord. (www.thebattery.org ; Broadway, à hauteur de Battery Pl et State St, Financial District ; 6h-1h ; S 4/5 station Bowling Green, R/W station Whitehall St, 1 station South Ferry)

SeaGlass Carousel

Un superbe manège apprécié des enfants comme des adultes. Plus qu'une attraction foraine, c'est une véritable expérience artistique immersive. (Battery Park ; 212-344-3491 ; www.seaglasscarousel.nyc ; au niveau du 17 State St ; 5,5 $; 11h-21h tlj, 20h en hiver).

Pier 17

Ancien dock situé à South Street Seaport, le Pier 17 abrite quelques restaurants haut de gamme, une vaste terrasse donnant sur le fleuve (le Heineken Riverdeck), un bar en *rooftop* et un espace de concerts à ciel ouvert. (89 South St, à hauteur de John St ; S 2,3 station Wall St - William St)

Restaurants

Benvenuto Tribeca $

Un bon *diner* ouvert 24h/24, c'est chose rare à Tribeca et FiDi. Celui-ci est excellent, et livre aussi à toute heure ! (212-219-2373 ; www.benvenutocafe.com ; 369 Greenwich St, à hauteur de Franklin St ; salades, sandwiches et plats 8,50-20 $; 24h/24 ; S 1 station Franklin St, A/C/E station Canal St)

Laughing Man Coffee $

Voir p. 125. (212-680-1111 ; laughingmancoffee.com ; 184 Duane St, entre Greenwich St et Hudson St ; 6h30-18h lun-ven, 7h30-19h sam-dim ; S 1 station Franklin St)

City Vineyard $$

Reprenez des forces avec un brunch alcoolisé dans l'ambiance animée de cet établissement en bord de fleuve. L'exceptionnelle carte des vins en fait aussi l'endroit idéal pour un *after-work* en *happy hour*. (646-677-8350 ; www.citywinery.com/cityvineyard ; Pier 26, 233 West St, à hauteur de N Moore St ; 15h-22h lun-jeu, 12h-22h ven-sam, 12h-21h dim ; S 1 station Franklin St, A/C/E station Canal St)

The Odeon $$

Voir p. 125. Un endroit animé, idéal pour un cosmo, un brunch haut de gamme

BRIAN LOGAN PHOTOGRAPHY/SHUTTERSTOCK ©

SeaGlass Carousel

et une bonne cuisine de bistrot, en famille ou entre amis. (☎212-233-0507 ; www.theodeonrestaurant.com ; 145 W Broadway, à hauteur de Thomas St ; plats 14-44 $; ⏲lun-sam midi, soir tlj, brunch 10h-16h sam-dim; S1,2,3 station Chambers St)

Manhatta $$

Perché au 60e étage d'un gratte-ciel, ce restaurant domine la ville. Le chef y prépare une cuisine de saison accompagnée de vins du monde sélectionnés. (☎212-230-5788 ; www.manhattarestaurant.com ; 28 Liberty St, entre Nassau St et William St ; plats 10-36 $; ⏲dîner tlj ; SA,C,J,Z station Fulton St)

Eataly $$

Faites le plein de produits d'Italie avant de vous installer pour savourer des plats de pâtes mémorables. Contrairement à l'adresse d'Uptown, la boutique Eataly de Downtown ne vend pas de vin. (☎212-897-2895 ; www.eataly.com ; 101 Liberty St, à hauteur de Trinity Place, 3e étage ; pizzas et plats 15-49 $; ⏲midi et soir tlj ; S1 station WTC Cortland, E,R,W station Cortland St)

Crown Shy $$$

Une nouvelle cuisine d'exception, agrémentée d'un menu de saison pour être sûr de ne jamais manger deux fois la même chose. (☎212-517-1932 ; www.crownshy.nyc ; 70 Pine St, à hauteur de Pearl St ; plats 17-105 $; ⏲dîner tlj ; S2,3 station Wall St - William St)

CUT by Wolfgang Puck $$$

Viandes d'exception et fantastiques cocktails dans cette adresse réputée du Four Seasons Hotel New York Downtown.(☎646-880-1995 ; wolfgangpuck.com ; 99 Church St, entre Barclay St et Park Place ; repas 75-150 $ environ ; ⏲midi et soir tlj ; S2,3 station Park Place)

Tamarind Tribeca $$$

Une cuisine indienne haut de gamme simplement divine. Du poulet à l'agneau en passant par les produits de la mer, tout est parfait. (☎212-775-9000 ; tamarindtribeca.com ; 99 Hudson St, à hauteur de Franklin St ; menu dej 32 $, plats 16-47 $; ⏲midi et soir tlj ; S1 station Franklin St)

OVERSNAP/ISTOCK ©

Souvenirs 100% New York !

Nobu Downtown $$$

Voir p. 125. (☎212-219-0500 ; www.noburestaurants.com ; 195 Broadway, entrée par Fluton St ; plats 18-64 $, omakase 125 $; ⏲dîner tlj ; S4,5 station Fulton St)

Locanda Verde $$$

Voir p. 125. (☎212-925-3797 ; www.locandaverdenyc.com ; 377 Greenwich St, à hauteur de Moore St ; plats déj 26-36 $, dîner 29-55 $; ⏲11h30-15h lun-ven et 17h-22h dim-jeu, jusqu'à 23h ven-sam ; S1 station Franklin St, A/C/E station Canal St)

Tribeca Grill $$$

Voir p. 125. (☎212-941-3900 ; www.tribecagrill.com ; 375 Greenwich St, à hauteur de Franklin St ; plats 18-62 $; ⏲dîner mar-sam ; S1 station Franklin St, A/C/E station Canal St).

Sorties et vie nocturne

Roxy Cinema $

Voir p. 124. (☎212-519-6820 ; www.roxycinemanewyork.com ; 2 6th Ave, à hauteur de White St ; billets 12 $; S1 station Franklin St, A/C/E station Canal St)

HAIZHANZHENG/ISTOCK ©

Affiches anciennes

Django $$

Voir p. 125. (212-519-6600 ; roxyhotelnyc.com ; 2 6th Ave, entre White St et Walker St ; S 1,2 Franklin St)

Dead Rabbit $$

Voir p. 125. (646-422-7906 ; thedeadrabbit.com ; 30 Water St, entre Broad St et Coenties Slip ; 16h-2h lun-mar, 12h-2h mer-jeu, 12h-3h ven-sam, 12h-2h dim ; S R/W station Whitehall St, 1 station South Ferry).

Fraunces Tavern $$

Voir p. 123. (212-968-1776 ; www.frauncestavern.com ; 54 Pearl St, près de Broad St ; 11h-2h ; S J/Z station Broad St, 4/5 station Bowling Green, R/W station Whitehall St-South Ferry, 1 station South Ferry)

Stone Street Tavern $$

La star des bars de Stone St, dans le Financial District ; allez y boire une pinte ou deux. (212-785-5858 ; www.stonestreettavernnyc.com ; 52 Stone St ; 12h-minuit lun-ven, 12h-2h sam-dim ; S 2,3 station Wamm St - William St)

Watermark $$

Pour un verre en bord de fleuve, on ne fait pas mieux. (212-742-8200 ; watermarkny.com ; Pier 15, 78 South St ; 16h-23h lun-mer, 16h-minuit jeu, 14h-minuit ven, 12h-minuit sam, 12h-23h dim ; S 2/3 Wall St)

IPIC $$

Dans ce luxueux cinéma, on fait de bons dîners et on boit du bon vin en regardant de bons films. (212-776-8272 ; www.ipic.com ; 11 Fulton St, à hauteur de South St ; plats 14,50-19 $; tlj ; S 2,3 Fluton St)

Clinton Hall $$

Vous avez envie d'une bière, mais il pleut et les tables de pique-nique de Stone St sont rentrées ? Le Clinton Hall du Financial District vous attend ! (212-363-6000 ; clintonhallny.com/fidi ; 90 Washington St, à hauteur de Rector St ; 14h-23h lun-mar ; 12h-23h mer-dim ; S E,R,W station Rector St, 4,5 station Wall St)

Shopping

Mysterious Bookshop

Voir p. 117. Accro aux histoires criminelles ? Faites le plein de romans policiers, d'espionnage et de meurtre dans cette librairie ouverte en 1979, spécialisée dans les livres rares et premières éditions. (212-587-1011 ; www.mysteriousbookshop.com ; 58 Warren St, entre W Broadway et Church St ; 11h-19h lun-sam ; S 1/2/3, A/C station Chambers St)

Brookfield Place

Voir p. 116. L'un des très rares centres commerciaux de New York, vaste et bien doté en boutiques et restaurants. À l'intérieur, l'aire de restauration gastronomique Hudson Eats propose des délices du monde entier. (212-978-1673 ; bfplny.com ; 230 Vesey St, à hauteur de West St ; 8h-21h lun-sam, 8h-19h dim ; ; S E station World trade Center, 2/3 station Park Pl, R/W station Cortlandt St, 4/5 station Fulton St, A/C station Chambers St)

City Store

Le paradis du souvenir officiel de New York : plaques de taxis, dessous-de-verre façon plaque d'égout, T-shirts à la gloire des différents quartiers, casquettes NYPD, enseignes de stations de métro, livres... (☎212-386-0007 ; a856-citystore.nyc.gov ; 1 Centre St, North Plaza, Municipal Bldg, à hauteur de Chambers St ; ⏲9h-16h lun-ven ; Ⓢ J/Z station Chambers St, 4/5/6 station Brooklyn Bridge-City Hall, R/W station City Hall, R/W station City Hall)

Philip Williams Posters

Une caverne d'Ali Baba qui recèle plus de 100 000 affiches du monde, datant de 1870 pour certaines : gigantesques publicités, affiches de films, de concerts ou encore de campagne électorale. Les prix vont de 15 $ pour une petite reproduction à plusieurs centaines de dollars pour des pièces rares. (☎212-513-0313 ; postermuseum.com ; 122 Chambers St, entre Church St et W Broadway ; ⏲10h-19h lun-sam ; Ⓢ A/C, 1/2/3 station Chambers St)

ICON72/ISTOCK ©

Pier 17

SOHO ET CHINATOWN

HISTOIRE | GASTRONOMIE | SHOPPING

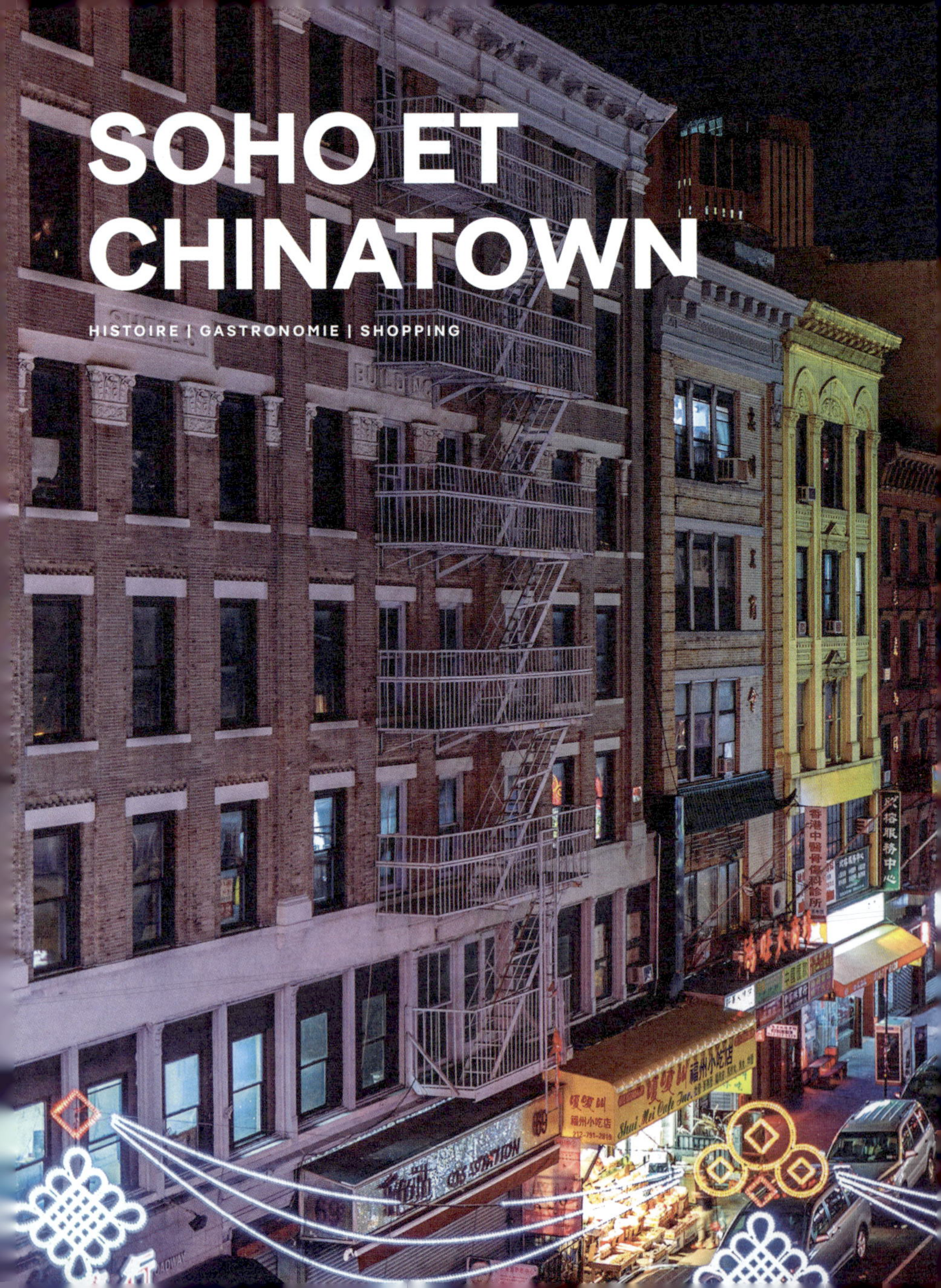

60號怡豐商場

SOHO ET CHINATOWN
à la carte

INCONTOURNABLES ET TRÉSORS CACHÉS

SoHo (South of Houston, "Sud de Houston St") et Chinatown regroupent tout ce qui fait de New York une ville unique. De Houston St à Canal St, c'est un véritable paradis du shopping en tous genres. Quant au Chinatown de New York, c'est le plus grand du pays, célèbre pour ses marchés animés et sa riche histoire où se mêlent les cultures.

Le quartier en bref

Sur place Lèche-vitrines, snacks, bars, photos pour vos réseaux sociaux, et mode urbaine.

Transports Pour SoHo, lignes N/Q/R jusqu'à Prince St. Pour Chinatown, lignes N/Q/R jusqu'à Canal St.

Circuler À pied, c'est le mieux.

À savoir La foule fait son shopping sur Broadway ; vous trouverez un peu de calme dans Mercer St ou Greene St.

Dégustez des spaghettis-boulettes au **Fanelli Cafe** (p. 156), l'un des plus vieux restaurants de New York.
1 min de la station Prince St

Salivez devant les expositions interactives du **Museum of Ice Cream** (p. 152).
3 min de la station Spring St

Offrez-vous un steak fondant chez **Balthazar** (p. 156) après votre journée shopping.
1 min de la station Spring St

Explorez l'histoire de Chinatown et découvrez ce qui en fait un lieu unique au **Museum of Chinese in the Americas** (p. 152).
5 min de la station Spring St

Reprenez des forces avec les raviolis au porc de **Fried Dumpling** (p. 155), avant de poursuivre vos aventures.
9 min de la station Canal St

Goûtez les cocktails uniques d'**Apothéke Mixology** (p. 154), bar secret de Chinatown niché dans Doyers St.
10 min de la station Canal St

Les grands classiques

Pour les infos pratiques de chaque site, reportez-vous au Carnet d'adresses p. 152.

Chinatown

Chinatown a été fondée au milieu du XVIIIe siècle par des immigrés de la province de Canton. À l'issue de la guerre du Vietnam, des Chinois du Vietnam affluèrent, puis, à la fin du XXe siècle, le quartier accueillit une vague d'immigration venant de la province chinoise du Fujian. Aujourd'hui, le plus grand quartier asiatique d'Amérique est une mosaïque de cultures d'Asie.

KAMIRA/SHUTTERSTOCK ©

Museum of Chinese in America

Installé au cœur de Chinatown, le MOCA présente l'histoire et la vie actuelle des Américains d'origine chinoise au fil d'installations interactives, de frises chronologiques, de cartes, de photographies, de lettres, de vidéos et d'objets d'époque.

WDSTOCK/ISTOCK ©

BRIAN/ADOBESTOCK ©

Merchant's House Museum

Bâtie en 1832 et acquise trois ans plus tard par le riche négociant Seabury Tredwell, cette maison en brique rouge reste la demeure de style fédéral la plus authentique de la ville. Elle témoigne autant du passé marchand de New York que du raffinement de l'ameublement du XIXᵉ siècle.

DEBERARR/ISTOCK ©

Little Italy

Si ce quartier accueillit jusqu'à 120 000 immigrés italiens dans les années 1940, il s'est considérablement rétréci et se réduit quasiment à Mulberry St, une artère kitsch où commerces et restaurants affichent nappes vichy, airs de mandoline et nostalgie du *bel paese*. Fin septembre, une foule dense y célèbre durant 11 jours la fête de San Gennaro (saint Janvier ; sangennaronyc.org), qui célèbre le saint patron de Naples.

18 Un paradis du SHOPPING

TENDANCES | MODE | ÉLÉGANCE

Avec ses boutiques de luxe, ses vêtements de créateur et ses enseignes des plus grandes marques du pays, SoHo est une destination de rêve pour le shopping. C'est le quartier par excellence pour faire du lèche-vitrines, trouver des cadeaux ou réinventer complètement votre look. SoHo est avant tout connu pour ses boutiques de prêt-à-porter haut de gamme, mais on y trouve des trésors pour tous les budgets en cherchant un peu.

RYAN DEBERARDINIS/SHUTTERSTOCK ©

Le quartier en bref

S'y rendre Lignes N/Q/R jusqu'à Prince St, au cœur de l'action pour le shopping.

Quand y aller Au printemps et à l'automne, pour échapper à l'humidité estivale et aux foules de la période des fêtes.

Pensez aux petites rues
Pour éviter la foule et découvrir de jolis endroits, pensez à explorer Mercer St, Spring St, Wooster St, entre autres.

Une petite faim ?
Mordez dans la pâte craquante des célèbres pizzas au pepperoni de **Prince Street Pizza** (p. 155).

RESUL MUSLU/SHUTTERSTOCK ©

Page de gauche, en haut Intersection de Spring St et Broadway En bas Ladurée

Renouvelez votre garde-robe Avec ses innombrables boutiques et magasins de grandes marques, SoHo est l'endroit idéal pour mettre votre look au goût du jour. Presque toutes les enseignes américaines ont une adresse dans le quartier, et vous passerez facilement une journée entière entre rayons de vêtements et cabines d'essayage, à la recherche de votre nouveau style. Si vous vous souciez de l'impact environnemental de votre session shopping, cap sur les friperies vintage **Housing Works** (p. 206) dans Crosby St et **What Goes Around Comes Around** (p. 138) dans Wooster St.

Trouvez l'inspiration Pas besoin de sortir votre portefeuille pour apprécier SoHo. C'est l'un des meilleurs quartiers de Manhattan pour observer les dernières tendances, sur les passants comme dans les vitrines des boutiques. Une simple promenade suffit pour constater à quel point les tenues des passants sont étudiées, et fièrement assumées. Alors marchez la tête haute, votre style pourrait bien devenir la prochaine mode !

Guettez l'impromptu Ce quartier du shopping roi est l'endroit idéal pour les organisateurs d'événements éphémères et immersifs. On ne sait jamais sur quoi on va tomber dans les endroits qui les accueillent : une exposition d'art, un musée insolite qui alimentera vos comptes de réseaux sociaux, une vente privée particulièrement attendue avec une queue interminable… Laissez-vous surprendre et n'hésitez pas à entrer où bon vous semble pour voir ce qui s'y trame.

Reprendre des forces

Vous aimez le thé ? Cap sur **Harney & Sons Fine Teas' SoHo Shop** (p. 153), dans Broome St. Tenue par la même famille depuis trois générations, cette boutique propose un vaste choix de thés que vous pourrez déguster sur place en compagnie d'un personnel passionné. Pour quelque chose de plus corsé, direction Centre St pour goûter les cafés et douceurs de la pâtisserie française **Maman** (p. 157), où l'on croise parfois des célébrités, ou mettez le cap sur **Little Cupcake Bakeshop** (p. 157), à Nolita, et son célèbre gâteau au chocolat.

Les saveurs

DE CHINATOWN

02

04

06

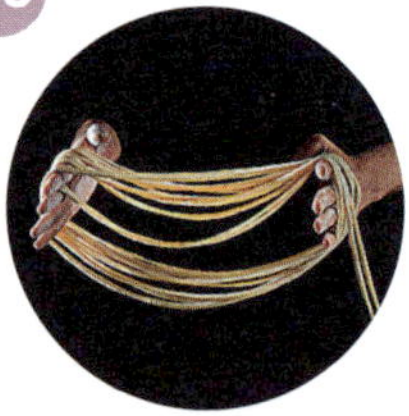

03

01

05

01 Dr Clark's

Venez nombreux pour partager les délices de l'île japonaise d'Hokkaïdo (p. 155).

02 Fried Dumpling

Cinq raviolis au porc pour moins de 2 $... Difficile de trouver mieux à New York (p. 155).

03 Peking Duck House

Un temple à la gloire du canard. Pas d'alcool, mais vous pouvez apporter votre bouteille (p. 156).

04 Original Chinatown Ice Cream Factory

Un glacier d'exception, avec un choix délirant de parfums, du sésame noir au litchi en passant par la glace aux haricots rouges (p. 157).

05 Mei Li Wah

Goûtez le *char siu bao*, petit pain au porc sucré-salé (p. 155).

06 Tasty Hand-Pulled Noodles

Il faut être patient, mais ces nouilles sautées valent largement le coup (p. 155).

07 Golden Diner

Le chef Sam Yoo est un expert quand il de revisiter burgers ou pancakes à la sauce asiatique (p. 155).

01 OAKARTPHOTO/SHUTTERSTOCK ©, **02** ROBERT K. CHIN - STOREFRONTS/ALAMY STOCK PHOTO ©, **03** ANDREW F. KAZMIERSKI/SHUTTERSTOCK ©, **04** ROBERT K. CHIN - STOREFRONTS/ALAMY STOCK PHOTO ©, **05** ALISAFAROV/GETTY IMAGES © **06** GOSLOW/SHUTTERSTOCK ©

08

10

09

11

12

07

13

08 Hop Kee

Ici, c'est crabes et escargots à la cantonaise (p. 155).

09 Jing Fong Restaurant

Les raviolis vapeur ne manquent pas à Chinatown, mais cette adresse est une institution. Une table vous y attend forcément : il y a plus de 500 couverts ! (p. 155).

10 Pinklady Cheese Tart

Goûtez ces délicieuses tartelettes japonaises au fromage, parfumées au matcha, à l'ube ou au chocolat (p. 155).

11 Pho Vietnam

Au programme : un festin de *banh mi* au porc, ou un grand bol de *phô* (p. 155).

12 Buddha Bodai

Des menus variés de raviolis vapeur, y compris pour les végétariens (p. 155).

13 Kam Hing Coffee Shop

Reprenez des forces avec un thé et une part de génoise (p. 157).

19 Une virée dans CANAL STREET

CULTURE | VIE LOCALE | ART

Canal St est l'une des rares rues allant quasiment d'un bout à l'autre de Manhattan, d'est en ouest, traversant les quartiers les plus variés. Elle offre ainsi l'occasion d'observer combien l'atmosphère de la ville peut changer d'un *block* à l'autre. Au sud, Tribeca précède Chinatown ; au nord, c'est SoHo et Little Italy. Et bien plus encore…

RICHARD LEVINE/ALAMY STOCK PHOTO ©

Canal Street

Canal St doit son nom à un canal du début du XIXe siècle, aujourd'hui disparu. La rue est jalonnée de boutiques en tous genres, de cafés et de galeries d'art. En la parcourant à pied, on s'imprègne des différentes ambiances qui la composent.

Le quartier en bref

S'y rendre Lignes 1, A/C/E ou N/Q/R/W station Canal St. La 1 vous emmènera à l'extrémité ouest de la rue, d'où vous pourrez marcher de Tribeca à Chinatown.

Quand y aller Quand vous voulez (du moment que vous êtes habillé pour la saison !).

À savoir Ouvrez l'œil pour ne pas louper les galeries d'art éphémères le long de Canal St. Selon la saison, des artistes investissent les vitrines des boutiques pour en faire de véritables expositions.

01 À l'angle de Hudson St et Canal St se trouve une pâtisserie de la célèbre enseigne **Maman** (p. 157). L'endroit parfait pour un petit-déjeuner rapide.

02 Au déjeuner, faites un festin au **Canal St Market** (p. 156), avant d'explorer les boutiques éphémères du marché, qui changent en permanence.

03 Une petite soif ? Cap sur **Tiger Sugar** (p. 157) pour un *bubble tea*, dessert à boire venu de Taïwan.

04 Dans Canal St, entre Mott St et Baxter St, laissez-vous tenter par les nombreuses bijouteries, comme **Magnolia Jewelers** (p. 153).

05 Terminez votre balade à l'angle de Canal St et Bowery St, avec un verre au rooftop **Crown** (p. 154), avec vue sur le pont de Manhattan.

20 Le passé trouble de DOYERS STREET

HISTOIRE | VIE NOCTURNE | ART

Coincée entre Bowery St et Pell St, Doyers St est un lieu mythique de Chinatown. La rue ne fait que 60 m de long, mais, si vous prenez votre temps, vous découvrirez son passé aussi riche que trouble. La vie nocturne y vaut également le détour.

RBLFMR/SHUTTERSTOCK ©

Le quartier en bref

S'y rendre Ligne 6 station Canal St ou lignes 4/5/6 station Brooklyn Bridge-City Hall. De là, marche de 10 minutes ou bus E jusqu'à E Broadway/Catherine St ou Bowery/Bayard St pour écourter le trajet.

Quand y aller
Quand vous voulez !

À savoir En 2021, afin d'aider le quartier à surmonter les conséquences économiques de la pandémie de Covid-19, l'asphalte de Doyers St s'est paré d'une fresque de 450 m^2 intitulée *Rice Terraces*.

LITTLENYSTOCK/SHUTTERSTOCK ©

Enivrants mélanges Dégustez les sublimes cocktails d'**Apothéke Mixology** (p. 154), qui cultive ses airs de *speakeasy* (les anciens bars clandestins) à l'abri des regards, dans Doyers St. L'endroit propose aussi des cours pour apprendre à marier à la perfection alcools et herbes en tous genres. Faites ensuite une halte à la **Pulqueria** (p. 156), bar-restaurant mexicain installé dans une ancienne échoppe de sandwichs vietnamiens.

Raviolis à Doyers Street Le **Nom Wah Tea Parlor** (p. 156) sert de délicieux raviolis chinois depuis 1920, après avoir débuté en tant que pâtisserie de quartier. Ne manquez pas les desserts, comme le cookie aux amandes (2 $) ou les pains vapeur aux haricots rouges (4,95 $).

Bibelots à gogo Ting's Gift Store (p. 153), à l'angle de Doyers St, déborde d'un bric-à-brac de figurines en porcelaine, de carillons à vent, d'encens et autres babioles. Vous n'avez besoin de rien ? C'est ce que vous croyez !

Au cœur de l'Histoire Dînez au **Chinese Tuxedo** (p. 156) pour savourer une cuisine moderne dans un restaurant historique du quartier. Les lieux ont jadis abrité la Chinese Opera House, premier théâtre chinois de New York, et théâtre également, paraît-il, d'une guerre de gangs au début des années 1900. C'est ce genre de légendes qui vaut à Doyers St les surnoms de "Bloody Angle" et "Murder Alley".

Page de gauche, en haut Doyers St
En bas Nom Wah Tea Parlor

The Bloody Angle

L'isolement et la géographie de Doyers St en ont fait dès ses débuts un lieu de choix pour les assassins. Son virage serré ("The Bloody Angle", "L'Angle sanglant") était l'endroit idéal pour frapper sa victime sans se faire repérer. Explorez les entrailles de Doyers St en visitant le tunnel par où fuyaient jadis meurtriers et victimes rescapées. Le restaurant Chinese Tuxedo ferme aujourd'hui son entrée, mais vous pourrez y accéder par la Wing Fat Mansion, sur Chatham Sq, qui en constituait la sortie.

21 Prenez de fabuleuses PHOTOS

MODE | PHOTOGRAPHIE | ART

Avec ses rues pavées et sa population cultivant en permanence l'art du look, SoHo est l'un des quartiers les plus photogéniques de New York. Arborez votre style le plus fashion et glissez-vous entre les top models et influenceurs en pleine session photo.

ED ROONEY/ALAMY STOCK PHOTO ©

Le quartier en bref

S'y rendre Lignes bleues C/E station Spring St, ou lignes jaunes N/R station Prince St.

Quand y aller Un ciel légèrement couvert est idéal pour une session photo.

Mode SoHo était autrefois le quartier des artistes de Manhattan. Cette créativité est aujourd'hui incarnée par les boutiques de mode.

Toilettes Bloomingdales, sur Broadway, est l'un des rares magasins du quartier à disposer de toilettes publiques.

Cocktails photogéniques

Le Cosmopolitan (ou "cosmo" pour les habitués), en vogue dans les années 2010, a depuis été détrôné par le Mimosa. Jaune orangé, ce cocktail mélangeant champagne et jus d'orange, fait fureur à l'heure du brunch. Pour une boisson sans alcool hautement instagrammable, cap sur **Cha Cha Matcha** (p. 157), dans Broome St.

01 Mal du pays ? Faites une pause chez **Ladurée Paris** (p. 157), le roi du macaron.

02 Pour une rue pavée pittoresque à l'écart des foules, cap sur **Greene Street**.

03 Au 9 Crosby St, l'élégante arche ornée de plantes vertes de l'entrée de l'hôtel **Nomo SoHo** (p. 156) fera un cadre parfait pour vos photos.

04 Ne manquez pas la fresque murale **Big City of Dreams** (p. 152), de Tristan Eaton – le top du street art de SoHo.

05 Un peu plus au nord, la façade rose bonbon du restaurant **Pietro NoLita** (p. 156 ; photo page de gauche) est difficile à rater.

22 La cathédrale de LITTLE ITALY

CULTURE | ART | LIEUDE CULTE

L'Old St Patrick's Cathedral est la plus ancienne cathédrale de New York et la seule ayant le statut de basilique. Un circuit guidé explore des parties de l'édifice inaccessibles autrement ainsi que les catacombes qui s'étendent sous le quartier.

MASSIMILIANO BROGGI/ALAMY STOCK PHOTO ©

En pratique

Quand La visite guidée est possible toute l'année, mais mieux vaut venir au printemps, en été ou en automne pour se balader dans le quartier.

S'y rendre Ligne 6 du métro jusqu'à Bleecker St ou ligne B/D jusqu'à Grand St station.

Circuler De préférence à pied.

Gastronomie Outre des restaurants italiens recommandés, Little Italy abrite d'excellents glaciers.

Renseignements Voir p. 150.

DAN HERRICK/LONELY PLANET ©

ED ROONEY/ALAMY STOCK PHOTO ©

Page précédente (haut) nef de l'Old St Patrick's Cathedral **Ci-contre** façade de l'Old St Patrick's Cathedral **Page précédente (bas)** Lombardi's

L'autre cathédrale St Patrick

Si les touristes connaissent généralement la St Patrick's Cathedral située à l'angle de 5th Ave et 51st St, peu savent que Little Italy recèle une petite cathédrale plus ancienne du même nom, qui fut la première du diocèse de New York. Celle que les habitants surnomment affectueusement "Old St Pat's" joua le rôle de phare durant la période sombre que connurent les immigrants irlandais pauvres arrivés au XIXe siècle.

L'œuvre d'un Français

Construite entre 1809 et 1815 au cœur du quartier, sur Mott St et Prince St, elle fut dessinée par l'architecte français Joseph-François Mangin (1758-1812), qui venait alors de signer les plans de l'hôtel de ville de New York (le City Hall). Peu connu en France, ce Vosgien contribua largement au visage actuel de New York, car c'est lui qui est à l'origine du plan quadrillé de Manhattan.

Les catacombes de New York

La visite guidée de l'église (réservation obligatoire) permet d'en apprendre davantage sur son histoire et celle de New York. Elle comprend notamment la découverte des catacombes qui, pendant plus de 200 ans, servirent de cimetière aux grandes familles new-yorkaises. Leur découverte, à la lumière des bougies, ajoute une touche de frisson et de mystère à l'expérience Les guides sont très expérimentés et les groupes de taille restreinte afin de faciliter les interactions.

Little Italy en un clin d'œil

Le quartier célèbre chaque automne la **fête de San Gennaro**, le saint patron de Naples, avec force étals de nourriture et animations pittoresques dans les rues. D'une façon générale, cela vaut la peine de parcourir Lafayette St, puis de faire une pause repas au **Ruby Rosa** (p. 156) ou au **Gelso & Grand** (p. 156).

La seconde enseigne du **MoMA Design Store** se trouve également dans les parages, dans Spring St. Si vous aimez la pizza, sachez que **Lombardi's** (p. 156) est officiellement la plus vieille pizzeria des États-Unis, fondée en 1905. Régal garanti !

Par Keili FitzGerald, *photographe et artiste*, *@KeiliFitzGerald*

Carnet d'adresses

Les grands classiques

Chinatown

Voir p. 142. (www.explorechinatown.com ; sud de Broome St et est de Broadway ; Ⓢ N/Q/R/W, J/Z, 6 station Canal St, B/D station Grand St, F station East Broadway). **Eastern States Buddhist Temple** (☎212-966-6229 ; 64 Mott St, entre Bayard St et Canal St, Chinatown ; ⌚8h30-18h ; Ⓢ J/Z station Canal St, B/D station Grand St) ; **Mahayana Temple** (☎212-925-8787 ; 133 Canal St, à hauteur de Manhattan Bridge Plaza ; ⌚8h30-17h30 ; Ⓢ B/D station Grand St, J/Z station Bowery, 6 station Canal St)

Museum of Chinese in America

Voir p. 138. (MoCA ; ☎212-619-4785 ; www.mocanyc.org ; 215 Centre St, entre Grand St et Howard St ; adulte/enfant 12/8 $; ⌚ 11h-21h jeu, 11h-18h ven-dim, visites guidées sur réservation mer ; Ⓢ N/Q/R/W, J/Z, 6 station Canal St)

Merchant's House

Voir p. 139. (☎212-777-1089 ; www.merchantshouse.org ; 29 E 4th St, entre Lafayette St et Bowery ; adulte/enfant 15 $/gratuit, visite guidée 20 $; ⌚13h-17h jeu-dim, jusqu'à 18h jeu de juin à sept, visite guidée 12h jeu-dim ; Ⓢ 6 station Bleecker St ; B/D/F/M station Broadway-Lafayette St)

Little Italy

Voir p. 150. (Ⓢ N/Q/R, J/Z, 6 station Canal St, B/D station Grand St)

Saint Patrick's Old Cathedral

Voir p. 150. (☎212 226-8075 ; oldcathedral.org ; 263 Mulberry St ; ⌚11h-17h lun-jeu, 11h-19h ven-sam, 11h-18h dim ; Ⓢ 6 station Bleecker St ; B/D/F/M station Broadway-Lafayette St)

Musées et art

Merchant's House

Voir ci-dessus.

Museum of Ice Cream

Voir p. 24. (www.museumoficecream.com ; 558 Broadway, à hauteur de Prince St ; entrée à partir de 36 $; ⌚10h-19h30 mer-jeu et dim-lun, 10h-20h30 ven-sam ; Ⓢ R/W station Prince St, 4/6 station Spring St)

Big City of Dreams

Voir p. 149. (Broome St, entre Mulberry & Lafayette St ; Ⓢ 6 station Spring St)

Drawing Center

Trouvez l'inspiration grâce aux dessins modernes et anciens de cet espace d'exposition à but non lucratif. (☎212-219-2166 ; www.drawingcenter.org ; 35 Wooster St, entre Grand St et Broome St ; entrée libre ; ⌚12h-18h mer-dim ; Ⓢ A/C/E, 1, N/Q/R station Canal St)

Leslie-Lohman Museum of Art

Toutes les œuvres exposées ici sont soit signées d'artistes queers soit inspirées de l'histoire LGBTQI+. (☎212-431-2609 ; www.leslielohman.org ; 26 Wooster St, entre

Street art dans Nolita

Grand St et Canal St ; don apprécié 10 $; 12h-18h jeu-dim, 12h-17h mer ; S A/C/E, N/Q/R, 1 station Canal St)

Angelika Film Center

Films indépendants et grosses productions se partagent l'affiche presque tous les soirs dans ce cinéma dont le café sert également de la bière et du vin. (212-995-2570 ; www.facebook.com/angelikafilmnY ; 18 W Houston St, à hauteur de Mercer St, West Village ; adulte/enfant 18/16 $; ; S B/D/F/M station Broadway-Lafayette St)

Shopping

Housing Works

Voir p. 141. (212-334-3324 ; www.housingworks.org/locations/bookstore-cafe ; 126 Crosby St, entre E Houston St et Prince St ; 12h-19h lun-sam, 12h-17h dim ; W ; S B/D/F/M station Broadway-Lafayette St, N/R station Prince St)

Harney & Sons Fine Teas' SoHo Shop

Voir p. 141. (212-933-4853 ; www.harney.com ; 433 Broome St, entre Broadway et Crosby St . 11h30-18h30 dim-ven, 10h30-18h30 sam ; S 6 station Spring St, A/C/E station Canal St)

Nike Store

Il y a toujours une installation d'art au rez-de-chaussée de cet immense magasin de 5 étages, et des stands de customisation permettent de donner à vos achats une touche personnelle unique. (646-716-3740 ; www.nike.com ; 529 Broadway, à hauteur de Spring St ; 11h-18h30 tlj ; S 6 station Spring St, E/N/R/W station Prince St)

Artists & Fleas

Un espace qui regroupe une multitude de marchands, collectionneurs et créateurs. On ne sait jamais ce qu'on va trouver ici, et c'est ce qui fait la magie du lieu. (www.artistsandfleas.com ; 490 Broadway ; S 6 station Spring St)

BRAD PICT/ADOBESTOCK ©

Eastern States Bouddhist Temple

Alexander Wang

Cette boutique est la toute première adresse physique du créateur, et il y a toujours une installation d'art intéressante à l'entrée. (212-977-9683 ; www.alexanderwang.com ; 103 Grand St, à hauteur de Mercer St ; 12h-18h lun-jeu et dim, 12h-17h ven-sam ; S 1/2, A/C/E, N/Q/R/W station Canal St, 4/6 station Spring St)

What Goes Around Comes Around

Voir p. 141. (212-343-1225 ; www.whatgoesaroundnyc.com ; 351 W Broadway, entre Grand St et Broome St ; 11h-19h lun-sam, 12h-18h dim ; S A/C/E, 1, N/Q/R station Canal St)

Bloomingdales

Voir p. 148. Les grands magasins généralistes ne sont pas légion à SoHo, mais il y a Bloomingdales. (www.bloomingdales.com ; 504 Broadway, entre Broome St et Spring St ; 11h-20h lun-sam, 11h-19h dim ; S N/Q/R/W station Prince St, 4/6 station Spring St)

Boutiques 100% SoHo

Ting's Gift Store

Voir p. 147. (212-962-1081 ; 17 Pell St ; 11h-18h tlj ; S J/Z, N/Q/R/W, 4/6 station Canal St)

Magnolia Jewelers

Voir p. 153. (347-487-8883 ; www.magnoliajewelers.com ; 162 Canal St, à hauteur

WDSTOCK/ISTOCK ©

Balthazar

d'Elizabeth St ; 10h-17h30 tlj ; J/Z, 6 station Canal St)

Wolf & Badger

Soutenez les créateurs indépendants avec les vêtements pour homme et femme et les articles de maison de la première adresse de Wolf & Badger aux États-Unis. (646-934-6601 ; www.wolfandbadger.com ; 95 Grand St, à hauteur de Greene St ; 11h-19h lun-sam, 12h-18h dim ; R/Q/N/W station Prince St, 1/6/J station Canal St, A/C/E station Spring St)

Creatures of Comfort

Jade Lai propose des vêtements pour femme aussi fonctionnels qu'originaux. (212-925-1005 ; www.creaturesofcomfort.us ; 217 Centre St, à hauteur de Grand St ; J/Z station Canal St, 4/6 station Spring St)

Makié

Une boutique haut de gamme pour habiller ses enfants dans le style chic minimaliste. (www.makieclothier.com ; 109 Thompson St, entre Spring St et Prince St ; 12h-18h lun-sam ; 1/2 station Houston St, A/C/E station Spring St)

Broken English

Pour faire des folies ou simplement s'en mettre plein la vue, faites un tour dans cette bijouterie proposant collections uniques et bijoux anciens. (212-219-1264 ; brokenenglishjewelry.com ; 56 Crosby St ; 11h-18h lun-sam, 11h-17h dim ; 1, A/C/E, J/N/Q/R station Canal St)

Bars branchés

Botanica $

Vous préférez les petits bars sans prétention ? Essayez cette institution de Houston St. Avec un peu de chance, il y aura un karaoké improvisé. (212-343-7251 ; botanicabarnyc.com ; 47 E Houston St, entre Mulberry St et Mott St ; à partir de 16h ou 17h tlj ; 6 station Bleeker St, B/D/F/M station Broadway-Lafayette St)

Apothéke Mixology $$

Voir p. 147. (212-406-0400 ; www.apothekemixology.com ; 9 Doyers St ; à partir de 18h30 mar-dim ; 6, J/N/Q/R/W/Z station Canal St)

Crown $$$

Voir p. 154. (646-630-8057 ; www.thecrownnyc.com ; 50 Bowery, entre Canal St et Bayard St ; à partir de 16h dim-ven, à partir de 14h sam ; 6/J/Z/R/W station Canal S)

Gitano $$$

On se croirait au Mexique dans ce restaurant saisonnier en plein air en retrait de Canal St, connu pour son mezcal. Les cocktails sont chers, mais vous payez aussi pour l'ambiance. (www.gitano.com/nyc ; 76 Varick St, entrée dans Grand St ; tlj ; 1 station Canal St)

Crosby Bar $$$

Le *lounge* du Crosby Street Hotel est lumineux et gai, et sa cuisine comme ses cocktails satisferont les palais les plus difficiles. (212-226-6400 ; www.firmdalehotels.com ; 79 Crosby St, entre Spring St et Prince St ; tlj ; 6 station Spring St)

Tyger $$$

On vient ici pour les cocktails, mais il serait dommage de passer à côté des délicieuses entrées. Prenez des nouilles aux œufs maison et commandez n'importe quel cocktail au litchi. (646-476-7566 ; www.thetygernyc.com ; 1 Howard St, à hauteur de Center St ; 17h-minuit lun-ven, 12h-minuit sam-dim ; S N/Q/R/W, J/Z, 6 station Canal St)

À table !

Fried Dumpling $

Voir p. 142. (212-693-1060 ; www.fried-dumpling.com ; 106 Mosco St ; 10h-21h tlj ; S N/Q/R/W, J/Z, 6 station Canal St)

Dr Clark's $

Voir p. 142. (917-426-4454 ; www.drclarkhouse.com ; 104 Bayard St ; 17h-2h lun-jeu, 12h-2h ven-dim ; S J/Z, 6 station Canal St)

Mei Li Wah $

Voir p. 142. (212-966-7866; www.meilaiwah.com ; 64 Bayard St ; 8h30-18h30 lun-jeu, 8h30-17h30 ven-dim ; S J/Z, 6 station Canal St)

Prince Street Pizza $

Voir p. 140. (212-966-4100 ; princestreetpizzanyc.com ; 27 Prince St, entre Mott St et Elizabeth St ; part de pizza à partir de 3,50 $; 10h-23h lun-jeu, 10h-minuit sam-dim ; S R/W station Prince St, 6 station Spring St)

Tasty Hand-Pulled Noodles $

Voir p. 142. (212-791-1817 ; www.tastyhandpullednoodlesnyc.com ; 1 Doyers St ; plats 10-18,50 $; 10h30-21h30 tlj ; S J/Z station Chambers St)

Golden Diner $

Voir p. 142. (917-472-7800 ; www.goldendinerny.com ; 123 Madison St, au niveau de Market St ; plats 11-18 $; 10h-22h dim-mar ; S J/Z station Chambers St)

CABECADEMARMORE/ADOBESTOCK ©

Dumplings, Chinatown

Hop Kee $

Voir p. 143. (212-964-8365 ; ww.hop-kee-nyc.com ; 21 Mott St, à hauteur de Worth St ; plats 9-29 $; 11h-21h tlj ; S J/Z, 6 station Canal St)

Jing Fong $

Voir p. 143. (212-964-5256 ; jingfongny.com ; 202 Centre St, à hauteur de Hester St ; dim sum à partir de 5,50 $; 10h30-21 tlj ; S J/Z, 6 station Canal St)

Pinklady Cheese Tart $

Voir p. 143. (646-764-2539 ; pinkladycheesetart.com ; 11 Mott St, à hauteur de Worth St ; tartes au fromage à partir de 2,95 $; midi et soir tlj ; S J/Z station Chambers St, 6 station Canal St)

Pho Vietnam $

Voir p. 143. Aussi appelé Pho Vietnam 87. (212-775-0999 ; www.phovietnamnewyork.com ; 87 Chrystie St ; plat 8,50-16 $; midi et soir tlj ; S B/D station Grand St)

Buddha Bodai $

Voir p. 143. (212-566-8388 ; www.buddha-bodai.com ; 5 Mott St, Chinatown ; menu déj 7,50 $, plats 9-22 $, dim sum 3,25-5,95 $; 11h-21h30 lun-ven, 10h-21h30 sam-dim ; ; S J/Z station Chambers St, 4/5/6 station Brooklyn Bridge-City Hall)

Nom Wah Tea Parlor $

Voir p. 147. (212-962-6047 ; nomwah.com ; 13 Doyers St ; dim sum à partir de 5 $; 11h-21h tlj sauf mer ; S J/Z station Chambers St, 4/5/6 station Brooklyn Bridge-City Hall)

Pulqueria $

Voir p. 147. (917-261-4116 ; www.pulquerianyc.com ; 11 Doyers St ; 6-18 $; 17h-minuit mar-mer, 17h-2h jeu-sam ; S 6/J/Z station Canal St)

Fanelli Cafe $

Voir p. 137. (212-226-9412 ; fanellicafe.nyc ; 94 Prince St, à hauteur de Mercer St ; plats 8-22 $; à partir de 11h tlj ; R/W station Prince St)

Canal Street Market $

Voir p. 136 et 145 . (www.canalstreet.market ; 265 Canal St, entre Broadway et Lafayette St ; restauration 11h-18h lun-jeu, 11h-19h ven-dim, boutiques 11h-19h lun-sam, 12h-18h dim ; S 6, N/Q/R/W station Canal St)

Peking Duck House $$

Voir p. 142. (212-227-1810 ; www.pekingduckhousenyc.com ; 28 Mott St ; menu canard laqué 47-57 $/pers, plats 17-55 $; 11h30- 22h30 dim-jeu, 11h45-23h ven-sam ; S J/Z station Chambers St, 6 station Canal St)

Nomo Soko Kitchen $$

Voir p. 149. Derrière l'arche de verdure de l'entrée, cet hôtel abrite un restaurant convivial protégé par une grande verrière. (646-218-6449 ; www.nomosoho.com; 9 Crosby St ; pizzas 17-22 $, plats 15-118 $; 11h30-21 lun-mer, 10h-23h ven-dim ; S 6/J/Z station Canal St)

Chinese Tuxedo $$

Voir p. 147. (646-895-9301 ; www.chinesetuxedo.com ; 5 Doyers St ; plats 19-28 $; 17h ou 18h-minuit tlj ; S 6/J/Z station Canal St)

Pietro NoLita $$

Voir p. 149. (646-998-4999 ; www.pietronolita.com ; 174 Elizabeth St ; plats 14-26 $; à partir de 16h lun, mer-jeu, à partir de 12h ven-dim ; S 6 station Spring St, J/Z station Bowery)

Lombardi's $$

Voir p. 151. (212-941-7994 ; www.firstpizza.com ; 32 Spring Street ; 12h-22h dim-jeu, 12h-minuit ven-sam ; S 6 station Spring St, N/R station Prince St)

Ruby Rosa $$

Voir p. 151. (212-965-0500 ; www.rubirosanyc.com ; 235 Mulberry Street ; 11h-22h dim-jeu , 11h-23h ven-sam ; S 6 station Spring St, N/R station Prince St)

Gelso & Grand $$

Voir p. 151. (212-226-1600 ; gelsoandgrand.com ; 186 Grand Street ; 12h-23h lun-jeu ; 12h-minuit ven ; 11h-minuit dim ; S 6 station Spring St, N/R station Prince St)

Balthazar $$$

Voir p. 137. (212-965-1414 ; www.balthazarny.com ; 80 Spring St, entre Broadway St et Crosby St ; plats 22-48 $; 8h-minuit lun-ven, sam-dim 10h-minuit ; S 6 station Spring St, N/R station Prince St)

Antique Garage $$$

Ambiance unique et un mélange de saveurs turques, grecques et italiennes, pour un brunch ou un dîner inoubliables. (212-219-1019 ; www.antiquegaragesoho.com ; 41 Mercer St, entre Broome St et Grand St ; plats 28-42 $; ven-dim midi, tous les soirs ; S 6 station Spring St)

400TMAX/ISTOCK ©

Fanelli Cafe

Saveurs sucrées

Cha Cha Matcha

Voir p. 148. (chachamatcha.com ; 373 Broome St, à hauteur de Mott St ; 8h-20h tlj ; J/Z station Bowery)

Tiger Sugar

Voir p. 145. (646-590-6299 ; 197 Canal St, à hauteur de Mulberry St ; 11h30-20h30 tlj ; 6/J/Z station Canal St)

Maman

Voir p. 145. (212-226-0700 ; www.mamannyc.com ; 239 Centre St ; plats 12-16 $; 7h30-18h lun-ven, 8h-18h sam-dim, magasin 10h-18h ; N/Q/R/W, J/Z, 6 station Canal St)

Little Cupcake Bakeshop

Voir p. 141. (212-941-9100 ; www.littlecupcakebakeshop.com ; 30 Prince St, à hauteur de Mott St ; pâtisseries à partir de 4,50 $; 8h-23h tlj ; 6 station Spring St, R/W station Prince St)

Ladurée

Voir p. 149. (646-392-7868 ; www.laduree.fr ; 398 W Broadway, entre Broome St et Spring St ; 9h-22h lun-jeu, 9h-23h ven-dim ; C/E station Spring St)

Kam Hing Coffee Shop

Voir p. 143. (646-552-7867 ; 118 Baxter St, à hauteur de Canal St ; 7h-19h30 tlj ; J/Z station Canal St)

Original Chinatown Ice Cream Factory

Voir p. 142. (212-608-4170 ; www.chinatownicecreamfactory.com ; 65 Bayard St ; glaces à partir de 5 $; 11h-22h ; N/Q/R, J/Z, 6 station Canal St)

JANELLE KEYS/SHUTTERSTOCK ©

Enseigne lumineuse, Little Italy

Dominique Ansel Bakery

Voir p. 136. (212-219-2773 ; www.dominiqueansel.com ; 189 Spring St, entre Sullivan St et Thompson St ; desserts 5-8,75 $; 8h-19h lun-sam, 9h-19h dim ; C/E station Spring St)

Van Leeuwen Ice Cream

Pour combattre la chaleur, rien de tel que les parfums classiques ou originaux d'un des glaciers les plus célèbres de New York. Options véganes disponibles. (917-639-3147 ; vanleeuwenicecream.com ; 45 Spring St, à hauteur de Mulberry St ; 11h-minuit dim-jeu, 11h-1h ven-sam ; 6 station Spring St)

La Mercerie

Ce café-restaurant français est l'endroit parfait pour siroter un expresso et grignoter une pâtisserie. (212-852-9097 ; www.lamercerieny.com ; 53 Howard St ; midi-20-30 lun-ven, 10h-20h30 sam, dim ; 6, J/N/Q/R/W/Z station Canal St)

BROOKLYN

STYLE | CRÉATIVITÉ | DIVERSITÉ

JORALEMON ST
COLUMBIA PL

BROOKLYN
à la carte

INCONTOURNABLES ET TRÉSORS CACHÉS

Souvent raillé pour sa population de hipsters barbus à vélo, le plus peuplé des *boroughs* de New York est pourtant bien plus que cela. Brooklyn, c'est aussi le rap et le street art, c'est le look industriel chic et l'éden historique des migrants. Prenez une bière artisanale, faites la fête dans un ancien entrepôt, flânez le long du fleuve, et vous comprendrez pourquoi Brooklyn est synonyme de “cool”.

Le quartier en bref

Sur place Parcs débordants d'activités, vie nocturne branchée, quartiers hauts en couleurs et cuisine créative.

Transports Lignes L et J/M/Z pour Brooklyn Nord. Lignes 2/3/, 4/5, A/C, B/D/F et N/Q/R pour Brooklyn Sud. La ligne G relie le Nord et le Sud.

Circuler À pied, à vélo ou en métro.

À savoir N'ignorez pas les quartiers moins connus comme Bed-Stuy, Red Hook ou Boerum Hill.

GREENPOINT
East River
Régalez-vous de délices en tous genre au marché en plein air **Smorgasburg** (p. 183).
8 min de la station Bedford Ave
Faites une dégustation de bières dans l'une des **microbrasseries** (p. 174) de Williamsburg.
15 min de la station Bedford Ave
Prenez des photos de **street art** (p. 176) autour de Bushwick Collective.
14 min de la station Morgan Ave
N 10th St
Kent Ave
Bedford Ave
Graham Ave
WILLIAMSBURG
Grand St
Grand St
Williamsburg Bridge
Dansez jusqu'à l'épuisement à la **House of Yes** (p. 177), dans Bushwick.
12 min de la station Morgan Ave
Broadway
Brooklyn-Queens Expwy
Flushing Ave
Jefferson St
BUSHWICK
UMBO
Brooklyn Bridge
High St
Clark St
Flatbush Ave
Bedford Ave
FORT GREENE
CLINTON HILL
Fulton St
Fulton St
Lafayette Ave
Atlantic Ave
Atlantic Ave
BROOKLYN
Joignez-vous à l'élite du quartier pour un concert à la **Brooklyn Academy of Music** (p. 179).
5 min de la station Atlantic Ave-Barclays Center
Grand Army Plaza
CROWN HEIG
Eastern Pkwy-Brooklyn Museum
Arpentez les paysages boisés de **Prospect Park** (p. 162).
5 min de la station Grand Army Plaza
Flatbush Ave
Prospect Ave
PARK SLOPE
Prospect Park W
Prospect Park
Prospect Park
15th St-Prospect Park
Prospect Pkwy
0 2 km
0 1 mile

Les grands classiques

Pour les infos pratiques de chaque site, reportez-vous au Carnet d'adresses p. 178.

Brooklyn Bridge Park

Ce parc de 34 ha, aménagé sur plus de 2 km le long de l'East River, est un bel exemple de renouveau urbain. De Jay St à l'extrémité ouest d'Atlantic Ave, il a revitalisé la rive et ses jetées menacées d'abandon. Le parc offre un agréable paysage et des activités très variées – avec Manhattan en ligne de mire.

GERENME/ISTOCK ©

BEKLAUS/ISTOCK ©

RIAN_KINNEY/ADOBESTOCK ©

COLIN D. YOUNG/SHUTTERSTOCK ©

Prospect Park

Promenez-vous à pied ou à vélo, faites un pique-nique et appréciez à sa juste valeur ce superbe parc de 237 ha conçu par les créateurs de Central Park. Ne manquez pas les concerts gratuits du Bandshell, la patinoire du LeFrak Center et le tour du lac de Prospect Park en barque.

Brooklyn Bridge

Véritable prouesse technologique, ce pont reliant Brooklyn à Manhattan fut inauguré en 1883. À l'époque, ses 486 m de long et sa structure à suspension en acier étaient respectivement un record et une première mondiale. La traversée du pont (1,5 km) est un incontournable d'un séjour à New York.

Brooklyn Museum

Tout proche de Prospect Park, ce musée du XIXe siècle à l'architecture Beaux-Arts peut se targuer d'une collection de 1,5 million de pièces aussi diverses que des momies égyptiennes et des chefs-d'œuvre artistiques du XXIe siècle.

Brooklyn Heights

Après le lancement de la connexion en ferry entre Brooklyn et Manhattan, les New-Yorkais aisés se firent construire de magnifiques demeures dans le quartier de Brooklyn Heights. Les jetées sont aujourd'hui des lieux de loisirs, flanqués de pelouses ouvertes sur Manhattan, en face.

DMITRI SAKHAROV/SHUTTERSTOCK ©

Dumbo

Ce quartier dont le nom est l'acronyme de "Down Under the Manhattan Bridge Overpass" ("sous le pont routier du Manhattan Bridge") s'étend entre les ponts de Brooklyn et de Manhattan. Les anciens entrepôts, les usines et les savonneries y ont été converties en lofts, galeries d'art, restaurants et commerces que desservent des rues pavées.

KRBLOKHIN/ISTOCK ©

GIRLSEEINGWORLD/SHUTTERSTOCK ©

Cimetière de Green-Wood

Situé sur le point le plus haut de Brooklyn, ce cimetière du XIXe siècle couvrant 202 ha de collines verdoyantes ponctuées de lacs et de parcelles de forêt est l'un des sites les plus pittoresques du *borough*. Plus de 560 000 personnes y reposent, parmi lesquelles de nombreuses personnalités.

23 Journée idéale AU PARC

BORD DE FLEUVE | PANORAMA | MODERNITÉ

Si le Brooklyn Bridge Park était un album, ce serait "New York, le best of." Panoramas, histoire, art... Le tout rassemblé sur 34 ha sillonnés de sentiers et jalonnés de jetées s'élançant sur l'East River. Revitalisé il y a peu, ce parc est une véritable oasis urbaine. Le cadre ultime pour un après-midi new-yorkais par excellence.

ASIATRAVEL/SHUTTERSTOCK ©

En pratique

S'y rendre Lignes A/C station High St, 2/3 station Clark St, ou F jusqu'à York St. À moins de faire une entrée magistrale par le pont de Brooklyn, à pied depuis Manhattan.

Quand y aller Toute l'année pour la vue, entre mai et octobre pour les activités en plein air.

À savoir Le week-end, traversez le Brooklyn Bridge le matin ou le soir pour éviter la foule.

Renseignements Voir p.178

KRISTI BLOKHIN/SHUTTERSTOCK ©

ALEX CIMBAL/SHUTTERSTOCK ©

La nouvelle vie des entrepôts

Les verdoyantes pelouses du Brooklyn Bridge Park dissimulent un passé riche en rebondissements. Au milieu du XIXe siècle, Brooklyn était surnommé "la ville fortifiée" en raison de l'impressionnante barrière de brique rouge formée par les entrepôts bâtis le long de l'East River. Mais le commerce déclina peu à peu, et, dès les années 1970, les entrepôts n'étaient plus que des carcasses vides.

Aujourd'hui, ces vestiges de l'âge d'or industriel de Brooklyn ont été reconvertis en lieux de commerce branchés. Dans le quartier de Dumbo, dans Water St, les entrepôts d'Empire Stores, construits entre 1868 et 1885, servaient jadis à stocker café, sucre, mélasse, laine et autres produits d'importation. On y trouve aujourd'hui

À voir au loin

Statue de la Liberté
Regardez vers l'ouest pour l'admirer.

One World Trade Center
Le plus haut gratte-ciel de Downtown culmine à 541 m.

Empire State Building
Merveille Art déco de Midtown.

Pont de Manhattan
À l'extrémité nord du parc.

Pont de Brooklyn Le pont néogothique vers Brooklyn.

En haut à gauche Brooklyn Bridge Park
Ci-dessus Empire Stores
À gauche St Ann's Warehouse

le marché alimentaire TimeOut ainsi que plusieurs boutiques haut de gamme. le **St Ann's Warehouse** (p. 179), théâtre aménagé dans un ancien entrepôt de tabac, attire désormais l'intelligentsia new-yorkaise avec des pièces et des performances musicales d'avant-garde. Pour admirer la transformation des lieux en un espace culturel industriel-chic, faites un tour au **Max Family Garden** (p. 178), le petit jardin attenant.

Larguez les amarres !

Navire musical Le son des sirènes des ferries se mêlent aux mélodies de Bach sur la **Bargemusic** (p. 179), barge de transport de café en grains du début du XIXe siècle reconvertie en salle de concerts flottante, où la musique classique s'écoute au rythme du clapotis de l'East River. Le navire, amarré au pied du pont de Brooklyn, accueille des concerts toute l'année.

Il y en a pour tous les goûts

Parcourez la **Greenway** à vélo, regardez vos bambins s'ébattre au **WaterLab**, faites un barbecue à la **Picnic Peninsula** et enchaînez par une crème glacée. Admirez les installations d'art public et les jardins, notamment les fleurs et les papillons de **Flower Field**, au Pier 6 ; découvrez les écosystèmes locaux à l'**Education Center** ou regardez le soleil plonger derrière la statue de la Liberté. Terminez par un dîner dans l'un des nombreux restaurants, avant un concert acoustique ou une séance de cinéma en plein air avec **Movies with a View** !

Eric Landau, *président du Brooklyn Bridge Park, Instagram @brooklynbridgepark, Twitter @bbpnyc*

Page de gauche Brooklyn Bridge Park **Ci-dessous** Ample Hills Creamery

Un verre sur le pont Savourez des huîtres à bord du ***Pilot*** (p. 182), goélette centenaire amarrée au Pier 6. Le bateau-restaurant saisonnier sert plats et boissons à une clientèle chic de mai à octobre.

Pagayez sans payer Vous préférez être aux commandes ? Profitez des sessions kayak gratuites de 20 minutes offertes à la **Brooklyn Bridge Park Boathouse** pour admirer Manhattan depuis le fleuve entre le Pier 1 et le Pier 2. Cormorans et canards barboteurs, présents toute l'année le long des rives, se joindront sûrement à la fête. Horaires variables ; réservation obligatoire.

Poésie dans le parc

Grimpez sur l'estrade de bois de **Fulton Ferry Landing**, au pied du pont de Brooklyn, pour contempler New York à travers les yeux de Walt Whitman, l'un des plus grands bardes de Brooklyn. Un passage de "Crossing Brooklyn Ferry," poème de 1856 racontant la traversée du poète en ferry depuis cet endroit à Manhattan, est inscrit sur le garde-corps telle une lettre d'amour aux navigateurs urbains d'aujourd'hui. Poursuivez sur les traces de l'artiste jusqu'à l'**Ample Hills Creamery** (p. 181), glacier installé dans une ancienne station de bateaux-pompes au pied du pont de Brooklyn, qui tire son nom de l'un des vers les plus célèbres du poème : "...Brooklyn of ample hills was mine" ("Brooklyn et ses amples collines étaient miennes").

24 Le Williamsburg Bridge À VÉLO

PANORAMA | SPORT | LIBERTÉ

Faites comme les milliers d'habitants de Brooklyn qui enfourchent chaque jour leur vélo pour rejoindre Manhattan. Plusieurs ponts peuvent être empruntés, mais, avec sa piste cyclable surélevée, c'est le Williamsburg Bridge qui offre l'expérience la plus mémorable.

DEMERZEL21/ADOBESTOCK ©

En pratique

Depuis Brooklyn La piste cyclable démarre au niveau de Continental Army Plaza, dans le quartier de Williamsburg (métro ligne L station Bedford Ave).

Depuis Lower East Side L'accès au pont se fait via Delancey Street (métro lignes F/M, J/Z station Delancey St/Essex St).

Circuler La piste est divisée en deux voies. Attention aux vélos électriques : certains sont très rapides !

À savoir C'est dans le sens Brooklyn-Manhattan que la vue est la plus belle.

ALEX POTEMKIN/ISTOCK ©

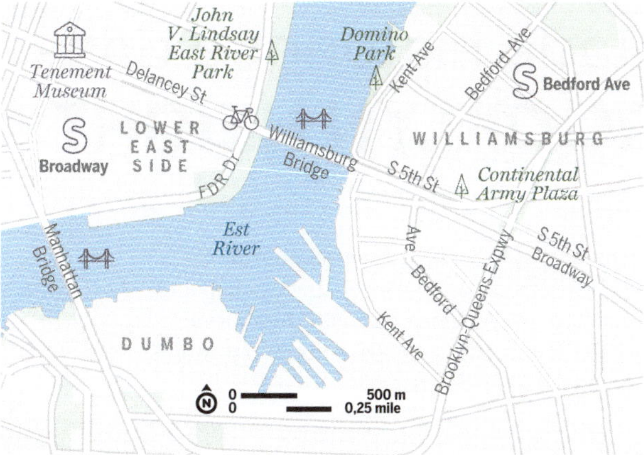

À vos vélos !

New York est désormais une ville "pro-vélo" et des centaines de kilomètres de pistes cyclables ont vu le jour ces dix dernières années. Les magasins de vélos ont fleuri un peu partout et il est facile de trouver à louer des engins mécaniques ou électriques.

Autre option : passer par l'excellent réseau de vélos en libre-service **Citi Bike** (www.citibikenyc.com). Il vous faut télécharger l'application (disponible en français) pour débloquer un vélo (course simple 3,99 $ puis 0,23 $/min, pass 24h à 15 $ pour un nombre illimité de trajets de moins de 30 min). Chaque borne dispose de quelques vélos électriques, plus chers mais redoutablement efficaces pour effectuer la montée du pont, assez raide.

Au-dessus de la mêlée

Avec ses 2 km de long, le pont suspendu de **Williamsburg Bridge** offre un magnifique panorama à 360° sur Manhattan, Brooklyn et l'East River. La traversée a quelque chose de vertigineux, car la piste cyclable surplombe les voies du métro (lignes J, M et Z) et, plus bas encore, celles des véhicules routiers.

Prolongez la promenade

Côté Brooklyn, vous rejoindrez en quelques coups de pédales **Domino Park**, ancienne friche industrielle sur l'East River impeccablement reconvertie en espace de détente, avec jeux pour enfants, transats et un stand de tacos (www.heytacocina.com).

En haut à gauche
Williamsburg Bridge
En bas à gauche
Piste cyclable du pont

Bonnes pratiques

Un plan interactif des pistes cyclables est disponible sur **NYC Bike Maps** (www.nycbikemaps.com), qui permet aussi d'établir des itinéraires. Des plans du réseau sont également disponibles gratuitement dans la majorité des magasins de cycles.

Le port du casque n'est obligatoire que pour les moins de 14 ans. Lorsque vous tournez, utilisez votre bras pour signaler votre direction aux autres usagers de la route. Pour les règles de circulation à vélo, consultez le site de **NYC DOT** (www1.nyc.gov).

25 Balade historique dans BROOKLYN HEIGHTS

HISTOIRE | ARCHITECTURE | BALADE

Si les majestueuses demeures de Brooklyn Heights pouvaient parler, elles raconteraient des histoires de pasteurs débauchés, de poètes bohèmes, de marchands richissimes et d'anciens bordels. Magnifique exemple de préservation du patrimoine, cette enclave compte pas moins de 600 maisons érigées avant la guerre de Sécession.

Plymouth Church

Dans les années 1850 et 1860, le pasteur Henry Ward Beecher prononçait ici des sermons résolument abolitionnistes. Il convertit son sous-sol en station du Chemin de fer clandestin (le réseau utilisé par les esclaves en fuite) et organisait des parodies de ventes aux esclaves lors desquelles ses fidèles achetaient la liberté de ces derniers.

Par Tom Meyers, *co-animateur du Bowery Boys Podcast, traitant de l'histoire de New York*

Le quartier en bref

S'y rendre Lignes 2/3/4/5 station Borough Hall, puis à pied.

Quand y aller Venez un peu avant le crépuscule pour admirer les somptueux intérieurs des maisons de ville avant que leurs occupants fortunés ne ferment les rideaux pour la nuit, puis filez à la Brooklyn Heights Promenade pour le coucher du soleil.

Shopping et gastronomie Pour un choix fantastique de restaurants, bars et boutiques locaux, cap sur Atlantic Ave, qui marque la frontière du quartier.

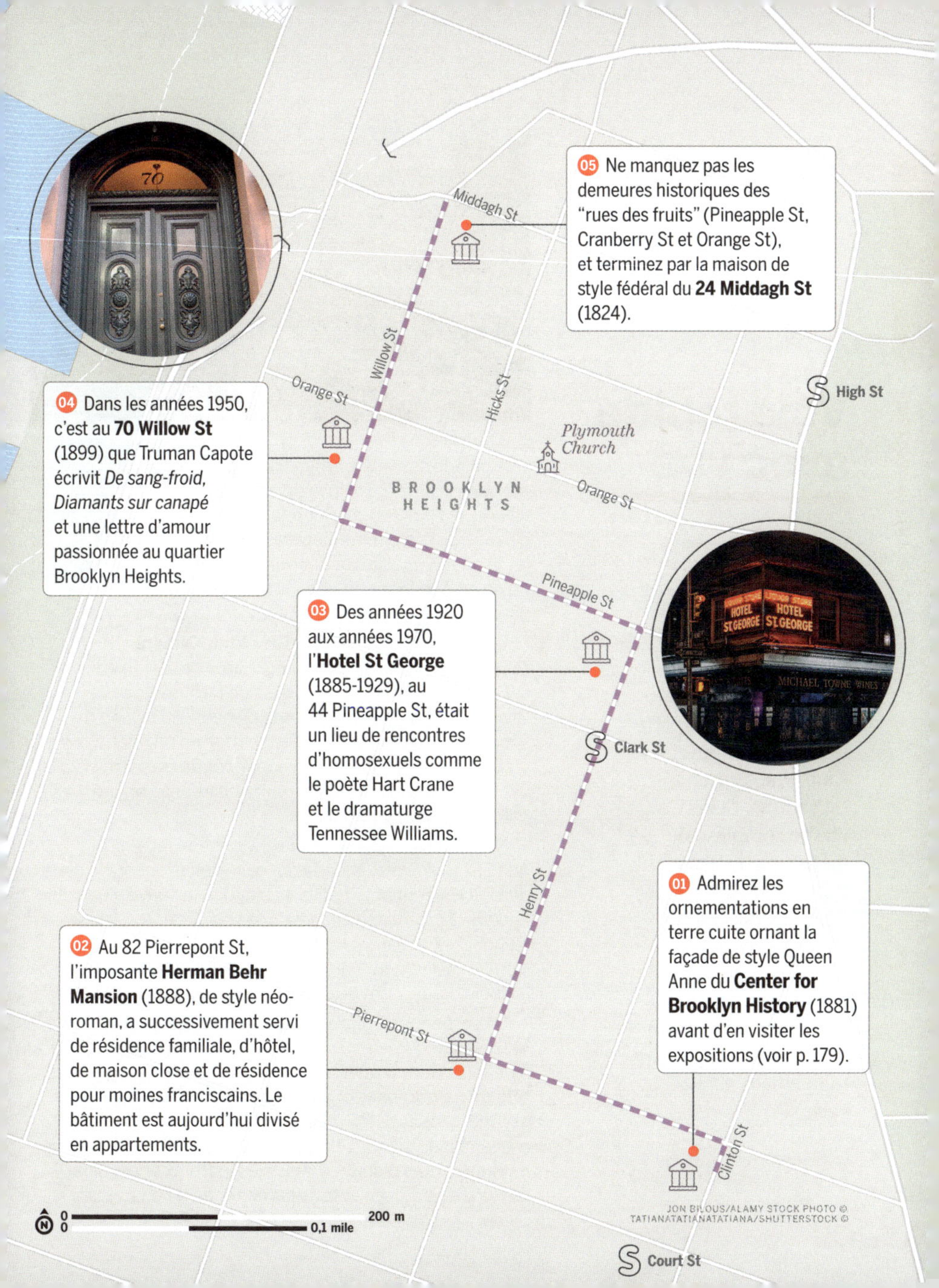

01 Admirez les ornementations en terre cuite ornant la façade de style Queen Anne du **Center for Brooklyn History** (1881) avant d'en visiter les expositions (voir p. 179).

02 Au 82 Pierrepont St, l'imposante **Herman Behr Mansion** (1888), de style néo-roman, a successivement servi de résidence familiale, d'hôtel, de maison close et de résidence pour moines franciscains. Le bâtiment est aujourd'hui divisé en appartements.

03 Des années 1920 aux années 1970, l'**Hotel St George** (1885-1929), au 44 Pineapple St, était un lieu de rencontres d'homosexuels comme le poète Hart Crane et le dramaturge Tennessee Williams.

04 Dans les années 1950, c'est au **70 Willow St** (1899) que Truman Capote écrivit *De sang-froid*, *Diamants sur canapé* et une lettre d'amour passionnée au quartier Brooklyn Heights.

05 Ne manquez pas les demeures historiques des "rues des fruits" (Pineapple St, Cranberry St et Orange St), et terminez par la maison de style fédéral du **24 Middagh St** (1824).

Voie rapide avec vue

GENÈSE POLÉMIQUE DU PLUS BEAU POINT DE VUE DE BROOKLYN

La capacité de New York à se réinventer constamment est fascinante, mais pour chaque nouveau gratte-ciel, chaque nouvelle route, quelque chose est sacrifié. Cette réalité complexe du métier d'urbaniste n'est nulle part mieux illustrée que le long de la voie rapide Brooklyn-Queens, dont la construction polémique a pourtant donné naissance à un merveilleux espace vert.

Ci-dessus et à droite page de droite Brooklyn-Queens Expressway **Page de droite, à gauche** Brooklyn Heights Promenade

JOHN PENNEY/SHUTTERSTOCK ©

Une balade sur la **Brooklyn Heights Promenade** (p. 180) est une expérience visuellement incroyable. D'un côté se dresse l'horizon d'acier des gratte-ciel de Manhattan, de l'autre s'étalent les élégantes maisons de ville évoquant la vie au XIXe siècle. Un panorama hypnotisant, au point qu'on en oublierait qu'une autoroute à trois niveaux passe juste en dessous.

Cette voie rapide, c'est la **Brooklyn-Queens Expressway** (BQE), qui parcourt près de 19 km entre le Brooklyn-Battery Tunnel, près de Red Hook, et la Grand Central Parkway, dans le Queens. Au niveau de Brooklyn Heights, cette artère se mue en un chef-d'œuvre d'aménagement urbain où se fondent dans un ensemble cohérent trois niveaux de circulation intense et une paisible esplanade publique.

Néanmoins, la Brooklyn Heights Promenade ne fait que 557 m de long, et parler de calme en évoquant le reste de la BQE serait une mauvaise blague. Ce fleuve d'asphalte flanque la promenade et découpe le quartier tel un couteau de boucher, séparant Red Hook de Carroll Gardens, Dumbo du reste de Brooklyn, et traversant Williamsburg en plein cœur avant de couper sous Greenpoint.

Ce serpent de béton est l'œuvre de l'urbaniste Robert Moses, qui toute sa carrière s'évertua à préparer New York à un futur dans lequel la voiture serait reine. Nommé à la tête de nombreuses organisations publiques entre 1924 et 1968, Moses eut le plus souvent les mains libres pour mener à bien ses projets pharaoniques. "On peut dessiner n'importe quel plan d'urbanisme à partir d'une feuille blanche et s'autoriser tous les caprices si l'on travaille

ALL CANADA PHOTOS/ALAMY STOCK PHOTO ©

NISIAN HUGHES/GETTY IMAGES ©

à New Delhi, Canberra, ou Brasilia," disait-il, "mais quand vous opérez dans une métropole ultra-construite, vous devez vous frayer un chemin à coups de hachoir à viande."

Il est presque impossible d'explorer la métropole sans fouler les ouvrages de Moses. Il fut ainsi à l'origine de 7 ponts et 670 km de voies rapides rien qu'à New York. La construction de ces nouveaux axes routiers conduisit bien souvent à la destruction de quartiers entiers. Le Haussmann new-yorkais expropria environ 250 000 résidents au nom du réaménagement urbain, essentiellement des immigrants et des Afro-Américains incapables de s'opposer à ce Goliath politique.

> Robert Moses expropria près de 250 000 New-Yorkais au nom du réaménagement urbain.

Mais quand Moses annonça qu'il voulait faire passer la BQE par Hicks St, la population blanche et influente de Brooklyn Heights le supplia de sacrifier les rives de l'East River plutôt que les demeures historiques de leur quartier. Les résidents de Columbia Heights demandèrent quant à eux de couvrir la voie rapide afin de pouvoir y réaménager les jardins privés qui seraient détruits par les travaux. Moses y consentit, mais à une condition : les jardins seraient remplacés par un parc public. C'est ainsi que la Brooklyn Heights Promenade ouvrit ses portes au public en 1950.

Qu'on la considère comme l'offrande d'un Robin des Bois incongru ou comme le résultat de manigances politiques, il n'en reste pas moins que la promenade offre un panorama unique à New York.

Scènes de rue à San Juan Hill

L'héritage ambigu de Robert Moses n'est pas toujours aussi visible qu'une voie rapide à six voies, à moins de savoir où chercher. Le Lincoln Center, institution artistique majeure de Manhattan, occupe le sommet d'une colline jadis nommée San Juan Hill, où vivaient jusqu'au milieu du XXe siècle Afro-Américains et New-Yorkais d'origine portoricaine. Moses fit raser le quartier dans le cadre d'un projet de démolition des taudis financé par l'État fédéral, expropriant au passage 7 000 familles et 800 commerces. L'ensemble fut cependant immortalisé dans la séquence d'ouverture de *West Side Story*, la célèbre comédie musicale de 1961.

26 Microbrasseries de WILLIAMSBURG

VIE LOCALE | MICROBRASSERIES | VIE NOCTURNE

L'histoire d'amour qui unit Williamsburg et la bière a débuté au XIXe siècle, mais c'est avec l'apparition de la Brooklyn Brewery, en 1996, que le quartier a véritablement commencé sa transformation en place forte de la bière artisanale. Aujourd'hui le quartier est envahi de microbrasseries assorties d'espaces bars conviviaux.

Le quartier en bref

S'y rendre Ligne L entre les stations Bedford, Lorimer ou Grand, mais vous pouvez aussi explorer le quartier à pied.

Quand y aller La plupart des brasseries ouvrent leurs bars dans l'après-midi et ferment vers minuit.

À savoir Commandez des assortiments de petits verres pour déguster plus de bières sans ivresse excessive, puis repartez avec un *growler* (bouteille fermée) de votre mousse préférée.

Bières locales

Essayez aussi les bières brassées dans les quartiers voisins :

Strong Rope Brewery (Gowanus ; photo ci-contre)

Fifth Hammer (Long Island City)

KCBC (Bushwick)

Wild East Brewing Co (Gowanus)

Christopher Gandsy, *Propriétaire, chef et brasseur de Daleview Biscuits and Beer @biscuitsandbeer*

01 **Other Half Brewing Company** (p. 180) a récemment ouvert un bar près du Domino Park pour la plus grande joie des amateurs d'IPA du quartier.

02 Après avoir pris des forces avec un café et des pâtisseries, goûtez les bières fruitées de **Talea** (p. 180), brasserie tenue par des femmes.

03 Les alchimistes officiant dans le bâtiment industriel de **18th Ward Brewing** (p. 180) limitent les additifs au minimum afin de préserver les saveurs de leurs bières.

04 Bières amères vieillies en fût, IPA expérimentales… Le couple aux manettes de **Grimm Artisanal Ales** (p. 180) ravit ses fidèles du quartier avec des saveurs constamment renouvelées.

05 Mélangez les plaisirs chez **Interboro Spirits and Ales** (p. 180), brasserie et distillerie qui sert aussi une bonne cuisine de pub.

27 Faire la fête à NORTH BROOKLYN

CLUBBING | DANSE | MUSIQUE

Envie de danser jusqu'à l'aube dans la ville qui ne dort jamais ? Cap sur North Brooklyn ! Les usines et fabriques du quartier, longtemps à l'abandon, y ont été reconverties en temples de l'hédonisme, donnant à East Williamsburg et Bushwick des airs du Berlin des années 1920. Autrement dit, tout le monde est bienvenu et tout est permis.

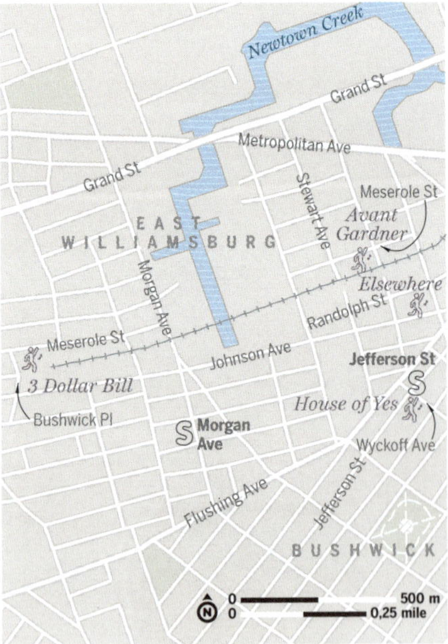

Le quartier en bref

S'y rendre Ligne L station Montrose Ave pour East Williamsburg, station Jefferson St pour Bushwick. Explorez à pied pour admirer le street art du quartier.

Quand y aller De préférence vendredi ou samedi soir. Consultez les sites Web des clubs pour choisir votre soirée.

À savoir Réservez pour être sûr d'entrer, et arrivez tôt pour éviter d'attendre.

Strass et paillettes
Ancienne usine de glace reconvertie en temple artistique, la **House of Yes** (p. 180) organise à Bushwick de grandioses événements ouverts à tous. Une foule bigarée s'y presse pour voir acrobates, magiciens et spectacles burlesques. Le dress code ? Strass, paillettes et couleurs vives !

De brasserie à club gay
L'immense dancefloor en plein air de **3 Dollar Bill** (p. 180), le plus grand club queer de Brooklyn, était autrefois le QG de l'Otto Huber Brewery. Ce mégaplexe d'East Williamsburg accueille soirées

Page de droite, en haut Elsewhere
En bas Avant Gardner

REUTERS/ALAMY STOCK PHOTO ©

ZACHARY MAZUR/GETTY IMAGES ©

House of Yes : mode d'emploi

Mettez votre tenue la plus fabuleuse, des chaussures confortables pour danser toute la nuit et arrivez gonflé à bloc. L'énergie positive est communicative, et c'est quand chacun s'y met que la soirée est inoubliable. Ne partez pas avant 3h45 : le célèbre Last Call Pizza, personnage déguisé en pizza, annonce alors la fermeture en se dandinant autour du bar.

Kae Burke, *co-fondatrice et directrice artistique de House of Yes*, *@kaeburke*

à thèmes, spectacles de drag-queens, marchés aux puces et spectacles comiques.

Sessions indés Sirotez des cocktails sur le rooftop en regardant le soleil se coucher sur Bushwick avant d'explorer le labyrinthe sur trois niveaux d'**Elsewhere** (p. 180), ancienne fabrique de meubles accueillant désormais concerts indés, soirées et expositions d'art.

Au royaume de l'électro Occupant 7 500 m^2 et un pâté de maisons entier, **Avant Gardner** (p. 180) est un ensemble de salles auxquelles s'ajoute en été le Brooklyn Mirage, dancefloor et scène de concerts en plein air avec vue sur Manhattan.

Carnet d'adresses

Les grands classiques

Brooklyn Bridge Park

Voir p. 164. (www.brooklynbridgepark.org ; East River Waterfront, entre Atlantic Ave et John St, Brooklyn Heights/Dumbo ; 6h-1h, 6h-22h ou 8h-23h selon les sections ; B63 station Pier 6/Brooklyn Bridge Park, B25 station Old Fulton St/Elizabeth Pl ; Ferry East River ou South Brooklyn station Dumbo/Pier 1, S A/C station High St-Brooklyn Bridge, 2/3 station Clark St, F station York St)

Prospect Park

Voir p. 162. (www.prospectpark.org ; Grand Army Plaza ; 6h-1h ; S 2/3 station Grand Army Plaza, F/G station 15th St-Prospect Park, B/Q station Prospect Park, Q station Parkside Ave)

Brooklyn Bridge

Voir p. 162. (S 4/5/6 station Brooklyn Bridge-City Hall, J/Z station Chambers St, R/W station City Hall, 2/3 station Clark St, A/F station High St-Brooklyn Bridge)

Brooklyn Museum

Voir p. 162. (www.brooklynmuseum.org ; 200 Eastern Pkwy, Prospect Park ; tarif plein/réduit 16/10 $, gratuit -20 ans ; 11h-18h mer, jeu et dim, 11h-20h ven-sam, 11h-23h 1er sam du mois sauf sept ; S 2/3 station Eastern Pkwy-Brooklyn Museum)

Brooklyn Heights

Voir p. 163. Le quartier s'étend entre Atlantic Ave, Cadman Plaza W, le Brooklyn Bridge et l'East River. (S 2/3 stations Borough Hall et Clark St, N/R/W station Court St, A/C station High St)

Dumbo

Voir p. 163. Le quartier est grossièrement délimité par York St, Bridge St, le Brooklyn Bridge et l'East River. (S A/F York St)

Cimetière de Green-Wood

Voir p. 163. (718-768-7300 ; www.green-wood.com ; 500 25th St, à hauteur de 5th Ave ; 8h-17h oct-mars, 7h-19h avr-sept ; p ; S R station 25th St)

Espaces verts

Brooklyn Heights Promenade

Voir p. 172. (www.nycgovparks.org ; entre Orange St et Remsen St ; 24h/24 ; S N/R/W station Court St, 2/3 station Clark St, A/C station High St-Brooklyn Bridge)

Max Family Garden

Voir p. 166. (dans le Brooklyn Bridge Park)

McCarren Park

Les week-ends ensoleillés, ce parc de 14 ha reliant Williamsburg à Greenpoint est un endroit génial pour observer les badauds. Faites un barbecue en famille, assistez à un concert acoustique improvisé ou à une rencontre sportive officielle avant d'aller barboter dans la piscine publique. (718-965-6580 ; www.nycgovparks.org/parks/mccarren-park ; N 12th St, à hauteur de Bedford Ave ; piscine 11h-15h et 16h-19h fin mai-début sept ; S G station Nassau Ave, L station Bedford Ave)

Dumbo et le Brooklyn Bridge

Fêtes annuelles

Afropunk Festival

Au mois d'août, ce festival éclectique attire des artistes comme Janelle Monae ou Big Freedia au Commodore Barry Park pour un week-end de concerts, de mode funky, de marchés artisanaux et de festins autour des *food trucks*. (afropunk.com/festival/brooklyn)

Bushwick Collective Block Party

En juin, les façades des alentours de Troutman St et St Nicholas Ave se couvrent de fresques de street artists de renommée mondiale, à l'approche de cette joyeuse célébration comprenant art, gastronomie et musique live. (thebushwickcollective.com)

Décorations de Noël de Dyker Heights

De Thanksgiving au réveillon du Nouvel An, aucun quartier de New York ne brille autant que Dyker Heights. Les familles occupant les maisons du quartier rivalisent d'inventivité pour décorer leurs jardins et façades. (autour du croisement entre 11th Ave et 80th St ; S D station 79th St)

Arts de la scène et musées

Bargemusic

Voir p. 166. (718-624-4924 ; www.bargemusic.org ; Fulton Ferry Landing ; billets tarif plein/réduit à partir de 35/20 $; S A/C station High St-Brooklyn Bridge)

Center for Brooklyn History

Voir p. 171. (718-222-4111 ; www.bklynlibrary.org ; 128 Pierrepont St, à hauteur de Clinton St ; S N/R/W station Court St)

St Ann's Warehouse

Voir p. 166. (718-254-8779 ; www.stannswarehouse.org ; 45 Water St, à hauteur d'Old Dock St ; B25 station Water ST/Main St, S A/C station High St-Brooklyn Bridge, F station York St)

JON CHICA/SHUTTERSTOCK ©

Bedford Ave, Williamsburg

Brooklyn Academy of Music (BAM)

La BAM est le cœur battant de la scène culturelle à Brooklyn, avec plusieurs salles où l'on peut voir pièces de théâtre innovantes, troupes de danse réputées, opéras classiques et films indépendants. (718-636-4100 ; www.bam.org ; 30 Lafayette Ave, à hauteur d'Ashland Pl ; ; S B/D, N/Q/R, 2/3, 4/5 station Atlantic Ave-Barclays Center)

New York Transit Museum

Découvrez l'histoire des réseaux de transports new-yorkais en montant à bord de rames vintage dans cette station de métro souterraine des années 1930. (718-694-1600 ; www.mta.info/mta/museum ; 99 Schermerhorn St, à hauteur de Boerum Pl ; adulte/enfant 10/5 $; 10h-16h mar-ven, 11h-17h sam-dim ; ; S 2/3, 4/5 station Borough Hall, R station Jay St- MetroTech)

Museum of African Art

Parures de tête, masques cérémoniels et bien d'autres trésors sont exposés dans ce haut lieu de l'art africain traditionnel et contemporain, qui vise aussi à valoriser traditions et cultures érodées par la colonisation et l'esclavage. (646-338-2748 ; www.bedstuymuseum.org ; 1157 Bedford Ave, Ste 1, Bed-Stuy ; participation libre ; 10h-15h lun-ven, visite guidée sur rdv ; S A/C Franklin Ave)

Lieux festifs

House of Yes

Voir p. 176 et 177. (www.houseofyes.org ; 2 Wyckoff Ave, à hauteur de Jefferson St, Bushwick ; entrée gratuit à 60 $; 18h30/22h-tard mer-sam, et 1 dim/mois ; S L station Jefferson St)

Elsewhere

Voir p. 177. (www.elsewherebrooklyn.com ; 599 Johnson Ave, entre Scott Ave et Gardner Ave ; n'ouvre pas toute l'année, se renseigner ; S L station Jefferson St)

3 Dollar Bill

Voir p. 176. (718-366-3031 ; www.3dollarbillbk.com ; 260 Meserole St, entre Bushwick Ave et Waterbury St ; à partir de 17h ; S L station Montrose Ave)

Avant Gardner

Voir p. 177. (www.avant-gardner.com ; 140 Stewart Ave, à hauteur de Meserole St ; voir le programme en ligne ; S L station Morgan Ave)

Microbrasseries

Strong Rope Brewery

Voir p. 174. (929-337-8699 ; strongropebrewery.com ; 574 President St, à hauteur de 4th Ave ; 14h-22h lun-jeu, 12h-23h ven-sam, 12h-21h dim ; S R station Union St)

Daleview Biscuits and Beer

Voir p. 174. (347-240-5110 ; www.biscuitsandbeer.nyc ; 1170 Nostrand Ave, entre Fenimore St et Rutland Rd ; 9h-20h jeu-sam, 9h-19h dim ; S 2/3 station Winthorp St)

Other Half Brewing Company

Voir p. 175. (718-362-6199 ; otherhalfbrewing.com ; 34 River St, entre S 1st St et Grand St ; 12h-22h lun-jeu, 12h-23h ven, 11h-23h sam, 11h-21h dim ; S L station Bedford Ave)

Talea

Voir p. 175. (www.taleabeer.com ; 87 Richardson St, à hauteur de Leonard St ; 9h-22h tlj ; S L station Lorimer St)

18th Ward Brewing

Voir p. 175. (www.18thwardbrewing.com ; 300 Richardson St, à hauteur de Kingsland Ave ; 16h-minuit ven, 12h-22h sam, 12h-20h dim ; S L station Graham Ave)

Grimm Artisanal Ales

Voir p. 175. (718-564-9767 ; grimmales.com ; 990 Metropolitan Ave, à hauteur de Morgan Ave ; 14h-22h lun-jeu, 12h-minuit ven-sam, 12h-20h dim ; S L station Grand St)

Interboro Spirits and Ales

Voir p. 175. (817-843-6545 ; interboro.nyc ; 942 Grand St, entre Waterbury St et Morgan Ave ; 17h-21h mar-mer, 14h-23h jeu, 12h-23h ven-sam, 12h-21h dim ; S L station Grand St)

Brooklyn Brewery

Voir p. 174. (718-486-7422 ; www.brooklynbrewery.world ; 79 N 11th St, entre Berry St et Wythe Ave, Williamsburg ; visite guidée 21 $, dim gratuit ; salle de dégustation 16h-21h lun-mer, 16h-22h jeu, 14h-22h ven, 12h-23h sam, 12h-20h dim, visites 16h15 et 18h lun-jeu, 15h, 16h et 18h ven, ttes les heures 13h-18h dim ; S L station Bedford Ave)

Brooklyn Brewery

Fifth Hammer (Long Island City)

Voir p. 174. À Long Island City. (www.fifthhammerbrewing.com ; 10-28 46th Ave, Long Island City ; 14h-22h lun-mar, 14h-23h mer, 12h-23h jeu, 12h-minuit ven-sam, 12h-22h dim ; S G station 21st St)

KCBC (Kings County Brewers Collective)

Voir p. 174. À Bushwick. (www.kcbcbeer.com ; 381 Troutman St ; 16h-23h lun-jeu, 14h-minuit ven, 12h-minuit sam, 12h-22h dim ; S L station DeKalb Ave)

Wild East Brewing Co

Voir p. 174. À Gowanus. (www.wildeastbrewing.com ; 623 Sackett St, entre les 3rd et 4th Ave ; 14h-22h lun-jeu, 12h-minuit ven-sam, 12h-21h dim ; S D/N/R/W station Union St)

Greenpoint Beer & Ale Co.

À Greenpoint. (347-725-3061 ; www.greenpointbeer.com ; 1150 Manhattan Ave, entre Ash St et Box St, Greenpoint ; cuisine 17h-21h lun-ven, 12h-21h sam-dim, brasserie 14h-22h lun-ven, 14h-23h ven, 12h-23h sam, 12h-22h dim ; S G station Greenpoint Ave)

Café et douceurs

Ample Hills Creamery $

Voir p. 167. (347-294-4409 ; www.amplehills.com ; 305 Nevins St, à hauteur de Union St, Gowanus ; glaces à partir de 4,75 $; 14h-21h lun-jeu, 14h-22h ven, 13h-22h sam, 13h-21h dim ; S R station Union St, F, G station Carroll St)

Junior's Cheesecake $

Voir p. 49. (718-852-5257 ; www.juniorscheesecake.com ; 386 Flatbush Avenue ; 7h-23h dim-jeu, 7h-minuit ven-sam ; S B/D, N/Q/R station DeKalb Ave)

Sey Coffee $

Chez ce petit torréfacteur indépendant de Brooklyn, ce n'est pas le décor, lumineux et minimaliste, qui importe le plus, mais un très, très bon café, que l'on déguste comme on goûte un grand cru. (www.seycoffee.com ; 18 Grattan St, East Williamsburg ; 7h-17h lun-ven, 8h-17h sam-dim ; ; S L station Morgan Ave)

Devoción $

Installez-vous dans un canapé en cuir capitonné pour déguster un bon café de Colombie, dans le cadre industriel-chic de l'enseigne de Williamsburg de cette chaîne locale. (718-285-6180 ; www.devocion.com ; 69 Grand St, à hauteur de Wythe Ave ; 8h-16h30 tlj ; S L station Bedford Ave)

Fan-Fan Doughnuts $

Les donuts de Fan-Fan sont en fait plus proches de l'éclair, raison de plus pour venir à Bed-Stuy juste pour les goûter. Essayez les parfums goyave-fromage, ou meringue au yuzu et glaçage au cidre miso. (347-533-7544 ; www.fan-fandoughnuts.com ; 448 Lafayette St, à hauteur de Franklin Ave ; 8h-16h lun-jeu, 9h-18h ven-dim ; S G station Classon Ave)

Four and Twenty Blackbirds $

Le fournisseur officiel de tartes de Brooklyn se décline en deux adresses, mais nous vous conseillons celle de Prospect Heights si vous voulez accompagner votre tarte au miel sucré-salé d'un verre de vin ou d'une bière. (347-350-5110 ; birdsblack.com ; 634 Dean St, entre Vanderbilt Ave et Carlton Ave ; part de tarte 6 $, tarte 44 $; 8h-19h lun-ven, 9h-19h sam ; ; S 2/3/4 station Bergen St, A/C station Clinton-Washington)

Cuisines du monde

Ursula $

Les amateurs de piment font la queue dès le matin pour savourer les *breakfast burritos* aux accents de nouvelle cuisine mexicaine. (www.ursulabk.com ; 724 Sterling Pl. ; plats 8-15 $; 8h ou 9h-16h ou 17h mer-dim ; S S station Park Place, 2/3, 4/5 station Franklin Ave-Medgar Evers College)

A&A Bake Doubles and Roti $

Véritable institution de Bed-Stuy, ce café sans prétention sert d'authentiques délices de Trinidad comme les "doubles", des beignets frits fourrés d'une concoction aux pois chiches marinés. (☎347-425-0016 ; 1337 Fulton St, à hauteur de Nostrand Ave ; ⌚jusqu'à 16h lun, jusqu'à 19h30 mar-sam ; Ⓢ A/C station Nostrand Ave)

Xilonen $

Une cuisine mexicaine aussi délicieuse que bien présentée, et presque exclusivement végane. Commandez un cocktail avant de goûter une *tostada*, confortablement installé dans un décor élégant. Idéal pour un brunch ou un dîner. (☎929-272-0370 ; www.facebook.com/XilonenGreenpoint ; 905 Lorimer St, à hauteur de Nassau Ave ; plats 9-17 $; ⌚midi et soir tlj ; Ⓢ G station Nassau Ave)

Bunna Cafe $

Dans la tradition du pays, on mange à même l'*injera* (une crêpe levée moelleuse et acidulée à base de tef) des montagnes de spécialités éthiopiennes à base de plantes. Le tout dans un agréable café de Bushwick. (☎347-295-2227 ; bunnaethiopia.net ; 1084 Flushing Ave, à hauteur de Knickerbocker Ave ; 11-20 $; ⌚12h-22h dim, lun, mer, jeu, 12h-23h ven-sam, brunch 12h-17h sam-dim ; Ⓢ L station DeKalb Ave)

Bolero $$

Des plats vietnamiens maison ultra-frais, entre cuisine de quartier et gastronomie. Élégant et contemporain, ce restaurant est l'*umami* incarné. (☎718-388-6801 ; bolero.nyc ; 117 Bedford Ave, entre N 7th St et N 8th St ; plats 11-33 $; ⌚17h30-21h30 mar-dim ; Ⓢ L station Bedford Ave)

La Vara $$$

Des tapas espagnoles aux accents juifs et marocains, servies dans une salle intimiste. Le café attenant est tout aussi charmant, de même que le Cobble Hill Park, non loin. (☎718-422-0065 ; www.lavarany.com ; 268 Clinton St, entre Congress St et Warren St ; petits plats 17-38 $; ⌚tous les soirs ; Ⓢ F/G station Bergen St)

Lilia $$$

Cette ancien garage est aujourd'hui un restaurant de pâtes maison qui vaut le détour. Lilia Caffé, juste à côté, sert boissons chaudes et douceurs sucrées. (☎718-576-3095 ; www.lilianewyork.com ; 567 Union Ave, à hauteur de N 10th St ; ⌚restaurant 16h-22h tlj, café 8h-16h tlj ; Ⓢ L station Bedford Ave)

Cocktails haut de gamme

Pilot $$

Voir p. 167. (☎917-810-8550 ; crewny.com ; Pier 6, Brooklyn Bridge Park ; cocktails 15 $ environ ; ⌚16h-23h lun-ven, 10h-23h sam-dim, mois d'été uniquement ; Ⓢ N/R/W station Court St, 2/3 Borough Hall)

Elsa $$

Installez-vous dans l'un des box de ce bar Art déco pour savourer un délicieux cocktail ou une bière tirée… d'une machine à coudre Singer vintage. Ne partez pas sans faire un selfie dans le miroir des extraordinaires toilettes. (elsabarnyc.com ; 136 Atlantic Ave, entre Henry St et Clinton St ; cocktails 13-16 $; ⌚17h-minuit mar-jeu, 17h-2h ven, 14h-2h sam, 15h-23h dim ; Ⓢ N/R/W station Court St, F/G station Bergen St)

Maison Premiere $$

Des huîtres et de l'absinthe : telles sont les deux principales raisons de faire un tour dans ce bar

Boulanger sur le marché Smorgasburg, Dumbo.

à l'ancienne que n'aurait pas renié Toulouse-Lautrec. (☎347-889-5710 ; maisonpremiere.com ; 298 Bedford Ave, entre S 1st St et Grand St, Williamsburg ; ⏲16h-1h dim-jeu, 14h-3h ven, 12h-3h sam, 12h-1h dim ; S L station Bedford Ave)

The Water Tower Bar $$

Le rooftop du Williamsburg Hotel est unique en son genre : une fois sur le toit, grimpez l'escalier accroché à l'ancienne citerne, parée de verre et abritant un bar à cocktails. Puis gagnez l'extérieur pour profiter d'une vue inégalable sur l'East River, la *skyline* de Manhattan, Brooklyn et le Queens. (☎718-362-8100 ; www.thewilliamsburghotel.com ; 96 Wythe Ave, à hauteur de N 10th St ; ⏲à partir de 18h ou 19h mar-dim ; S L station Bedford Ave, G station Nassau Ave).

Shopping branché

Artists and Fleas Williamsburg

Fripes vintage, bijoux artisanaux, vieux vinyles et objets décoratifs uniques en leur genre sont quelques-uns des articles proposés par les créateurs locaux installés le week-end dans le marché couvert de Williamsburg. (☎917-488-4203 ; www.artistsandfleas.com ; 70 N 7th St, entre Wythe Ave et Kent Ave, Williamsburg ; ⏲11h-18h sam-dim ; S L station Bedford Ave)

Smorgasburg

Voir p. 161. Du printemps à l'automne, cette foire gastronomique hebdomadaire s'installe dans quatre espaces à travers New York. Essayez celui de l'East River à Williamsburg pour savourer les délices proposées par des dizaines de vendeurs du quartier. (www.smorgasburg.com ; plats à partir de 10 $; Williamsburg ⏲11h-18h sam, S L station Bedford Ave ; Prospect Park ⏲11h-18h dim, fermé l'hiver ; S B/Q/S station Prospect Park ; 👪)

Brooklyn Flea Market

Ce marché aux puces se tient tous les samedis et dimanches d'avril à décembre, sous les arches du Manhattan Bridge (au niveau de Pearl St) On y chine vêtements, bijoux et objets vintage, et on se rassasie aux stands de rue. L'hiver, les puces investissent des lieux divers (consulter le site Internet). (brooklynflea.com ; 80 Pearl St, Manhattan Bridge Archway, Anchorage Pl sur Water St, Dumbo ; ⏲10h-17h dim avr-oct ; 🚌B67 station York St/Jay St, S F station York St)

Brooklyn Flea Market

L Train Vintage

Ici s'alignent des centaines de T-shirts (des maillots des équipes de sport universitaires aux griffes tendance), des chemises et robes en tous genres, des vestes pailletées et des salopettes de chantier, des chaussures et accessoires divers. Le tout propre, bien organisé, et à des prix très intéressants. Plusieurs adresses à Brooklyn. (www.ltrainvintagenyc.com ; 629 Grand St, à hauteur de Leonard St ; ⏲12h-19h mar-dim ; S L station Grand St)

Beacon's Closet

Autre temple de la fripe qui compte plusieurs adresses dans New York. Immense, celle de Williamsburg, à la limite de Greenpoint, fera tourner la tête des chineurs. (☎718-486-0816 ; beaconscloset.com ; 74 Guernsey St, à hauteur de Nassau Ave ; ⏲11h-20h tlj ; S G, station Nassau Ave)

EAST VILLAGE ET LOWER EAST SIDE

CULTURE | ART | HISTOIRE

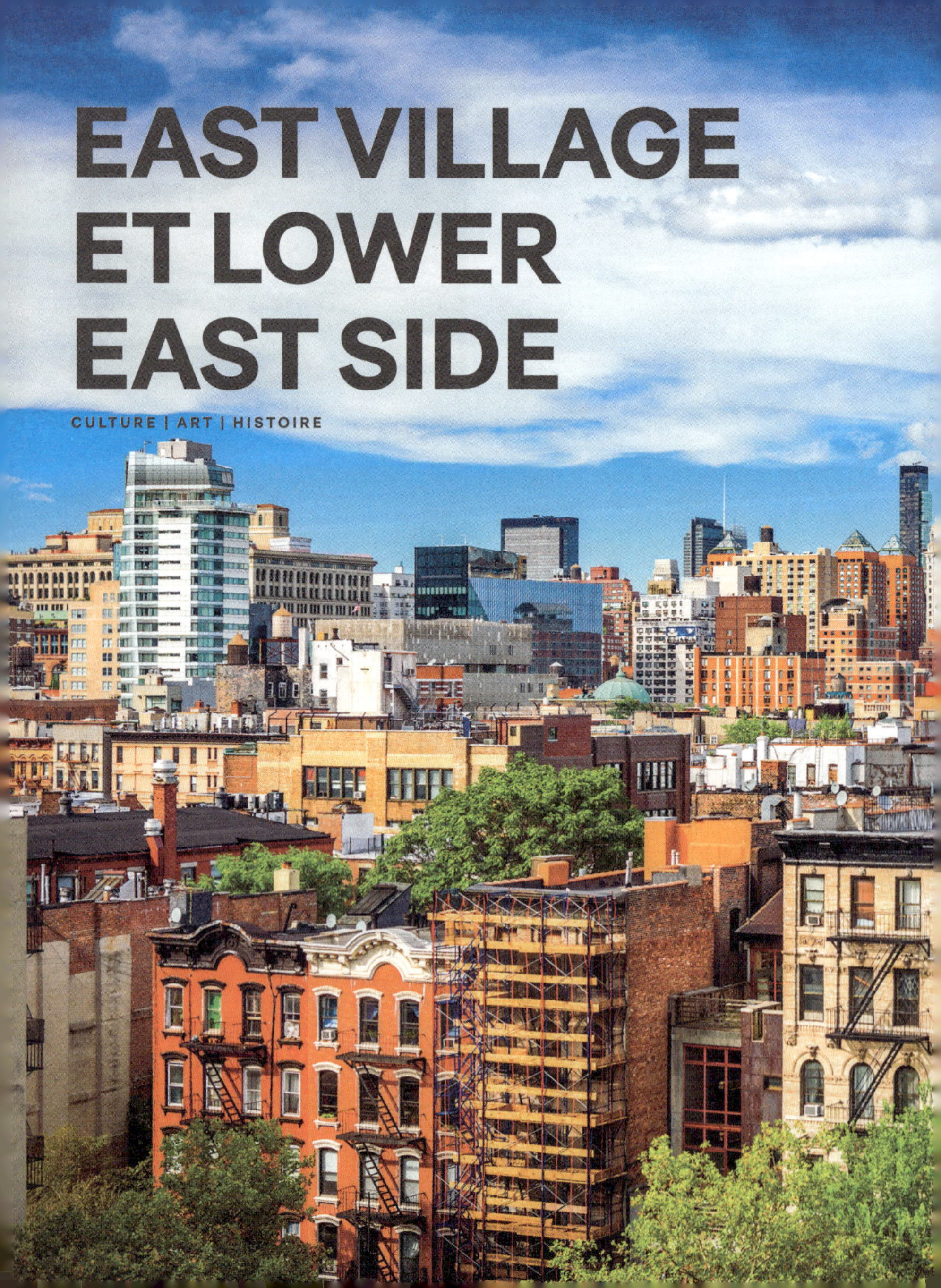

EAST VILLAGE ET LOWER EAST SIDE

à la carte

INCONTOURNABLES ET TRÉSORS CACHÉS

Partant pour une salle de rock vintage, une scène ouverte de slam, un musée insolite, un restaurant délicieusement original ou même un tatouage sur un coup de tête ? Ces fiefs de la contre-culture new-yorkaise ne sont jamais à court de lieux créatifs.

Le quartier en bref

Sur place Une folle soirée, une tournée des musées, un délicieux repas et une ambiance underground.

S'y rendre Lignes L du métro jusqu'à First Ave, 6 jusqu'à Astor Place, F jusqu'à 2nd Ave.

Se déplacer À pied ou à vélo.

À savoir Houston St marque la frontière entre East Village et Lower East Side.

0 500 m
0 0,25 mile
East River
Découvrez l'histoire fascinante du crime organisé au **Museum of the American Gangster** (p. 201).
10 min de la station Astor Place
Assistez à une scène ouverte de musique ou de slam au **Nuyorican Poets Cafe** (p. 194).
10 min de la station 2nd Ave
POETS CAFE
E 10th St
Second Ave
First Ave
Tompkins Square Park
St Marks Pl
EAST VILLAGE
E 7th St
Franklin D Roosevelt Dr
Ave B
Ave C
E 5th St
Ave D
East River Park
Faites le plein de musique live au **Mercury Lounge** (p. 191).
10 min de la station 2nd Ave
ALPHABET CITY
E 3rd St
E 2nd St
Dévorez une pile de pancakes préparés à la perfection à la **Clinton Street Baking Company** (p. 203).
7 min de la station 2nd Ave
2nd Ave
E Houston St
Hamilton Fish Park
Stanton St
Chrystie St
Forsyth St
Essex St
Clinton St
Rivington St
Williamsburg Bridge
Delancey-Essex Sts
Plongez dans la vie des immigrants du XIXe au **Tenement Museum** (p. 201).
9 min de la station Delancey St/Essex St
Sara D Roosevelt Park
Delancey St
Bowery
Broome St
LOWER EAST SIDE
Bowery
Grand St
Grand St
Orchard St
Essex St
WH Seward Park
E Broadway
Éclatez-vous à un concert de punk rock du **Clockwork Bar** (p. 205), une icône du genre.
7 min de la station 2nd Ave
Canal St
East Broadway

Les grands classiques

Pour les infos pratiques de chaque site, reportez-vous au Carnet d'adresses p. 202.

Lower East Side Tenement Museum

Voici un musée pas comme les autres, au cœur du Lower East Side. Vous suivrez de précieux guides dans le dédales de deux immeubles du XIXe siècle pour découvrir des *tenements* (logements collectifs), laissés dans leur jus depuis près d'un siècle, et en apprendrez beaucoup sur le mode de vie des familles d'immigrés européens qui vécurent dans les lieux entre 1863 et 1935. Saisissant.

NICOLASMCCOMBER/ISTOCK ©

New Museum of Contemporary Art

Fondé en 1977 par l'historienne de l'art et conservatrice Marcia Tucker, ce musée est consacré aux artistes émergents. Inauguré en 2007, le bâtiment actuel, est formé d'un empilement de blocs de hauteurs distinctes et enveloppés d'une résille uniforme d'aluminium anodisé.

LEWISTSEPULLINGS/ISTOCK ©

St Marks Place

Riche en petites boutiques et en lieux ayant marqué la contre-culture new-yorkaise, cette rue est l'une des plus célèbres de New York. Suivez le Mosaic Trail, composé d'une série de poteaux décorés de mosaïques réalisées dans les années 1980 par Jim Power, un vétéran de la guerre du Vietnam.

Tompkins Square Park

En plein cœur d'East Village, le Daniel Tompkins Square Park s'étend sur plus de 4 ha où les habitants aiment se retrouver et promener leur chien. Le lieu était beaucoup moins paisible dans les années 1980, squatté par les sans-abri et les dealers, jusqu'à leur éviction brutale en 1988 (appelée Tompkins Square Riot), suivie d'une autre en 1991. Des festivals de musique ou d'art font brièvement revivre les heures bohèmes du passé.

28 La ville du PUNK ROCK

CULTURE | HISTOIRE | MUSIQUE

Le Riot Reunion Show se déroule chaque premier week-end d'août dans le Tompkins Square Park pour commémorer les émeutes qui éclatèrent en 1988, après la décision de chasser les sans-abri du parc et d'instaurer un couvre-feu. À cette occasion, habitants, jeunes et militants communient devant les meilleurs groupes de punk rock locaux. Un événement qui montre East Village sous son jour le plus authentique.

ROBERT K. CHIN - STOREFRONTS/ALAMY STOCK PHOTO ©

En pratique

S'y rendre Ligne L du métro jusqu'à la station 1st Ave (sortie sur l'Ave A), à quelques *blocks* du Tompkins Square Park.

Quand Les concerts ont lieu habituellement les premiers samedi et dimanche d'août, de 14h à 18h.

Comment s'habiller
Il fait chaud et humide en août. Portez des vêtements légers car vous allez transpirer !

Conseil C'est le moment d'exhiber sa tenue la plus excentrique – tout est permis !

NA_STA/SHUTTERSTOCK ©

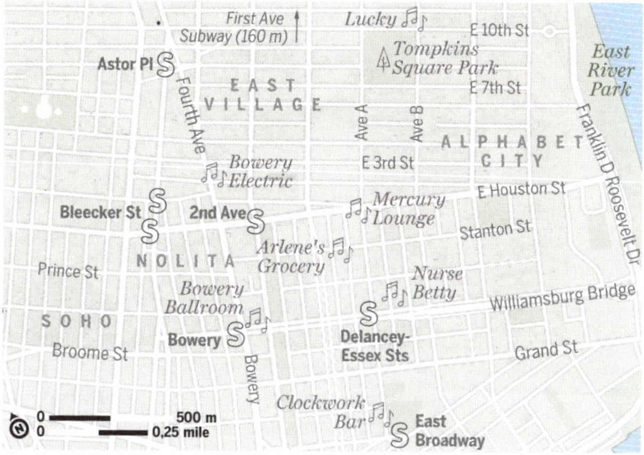

Salles de concerts

La musique live est le cœur et l'âme d'East Village et du Lower East Side, berceau du punk rock et siège de certains des meilleurs bars de quartier new-yorkais. Le Bowery, où se trouvait le mythique CBGB aujourd'hui fermé, est devenu le terreau d'une constellation d'excellentes salles de concerts accueillant la crème des musiciens de la ville et du monde. Aux deux étages du **Bowery Electric** (p. 207), l'alcool coule à flots presque tous les soirs. Les patrons, fans de rock'n'roll depuis toujours, s'emploient avec passion à entretenir la flamme dans East Village et au-delà. Le **Bowery Ballroom** (p. 207), où Patti Smith, Lou Reed et Kanye West se sont produits, accueille chaque semaine de nombreux groupes. De même le **Mercury Lounge** (p. 207), non loin, qui a lancé la carrière des Strokes, d'Interpol et des Yeah Yeah Yeahs.

Désormais converti en boutique de vêtements, l'historique **CBGB** (315 Bowery ; p. 192) est passé à la postérité en tant que lieu de naissance officiel de la scène punk à New York. Les Ramones y jouèrent leur premier grand concert, en 1974. Les nostalgiques ne manqueront pas de passer devant. La scène underground s'exprime notamment au **Clockwork Bar** (p. 205), connu pour sa formule "bière et shot" à 5 $, au **Arlene's Grocery** (p. 205) et au **Nurse Bettie** (p. 205). Le sympathique bar **Lucky** (p. 191), tenu par une femme, mérite aussi un saut.

En haut à gauche Arlene's Grocery
En bas à gauche Bowery Electric

Annual Punk Rock Riot

"Nous programmons sept concerts par saison en différents lieux d'East Village et ailleurs à New York. Nous le faisons pour la population. Nous montons des scènes de punk rock depuis la première émeute dans le Tompkins Square Park, en 1988. Si vous visitez East Village en été, vous tomberez sur nous.

L'aspect le plus positif de cette musique, c'est qu'elle rassemble les habitants du quartier. Le punk rock des années 1970 et 1980 reste vivant et se transmet à la génération suivante. Nous voyons des enfants et des adolescents qui l'aiment comme nous à leur âge. Cela préserve la contre-culture qui s'épanouissait dans East Village et le Lower East Side avant le début de la gentrification."

Par Chris Flash, *militant, journaliste et organisateur de l'Annual Punk Rock Riot Show et de concerts au Tompkins Square Park*

Punk Is Not Dead

LE PUNK ROCK N'A PAS DIT SON DERNIER MOT DANS SA VILLE NATALE

Des jeunes rebelles new-yorkais fondèrent, en 1974, le premier groupe punk du monde, les Ramones. Le fameux CBGB leur ouvrit la scène d'East Village, transformant le quartier en musée vivant de l'histoire du punk rock.

ROLINDUST/GETTY IMAGES ©

Début 1974, quatre adolescents de la classe moyenne du Queens formèrent ce qui allait devenir le premier groupe de punk rock de l'histoire de la musique : les Ramones. Cherchant désespérément à se démarquer de la mouvance hippie des années 1960, la jeunesse new-yorkaise commençait à s'agiter. Après avoir atteint des sommets grâce au génie incomparable de Jimi Hendrix, le temps des interminables solos de guitare touchait à sa fin. C'est à ce moment-là que le son brut et haletant du punk rock prit son essor, faisant souffler sur la ville un vent contestataire.

Les Ramones firent leurs débuts officiels aux Performance Studios, puis se produisirent au CBGB, dans le Bowery à East Village, qui entrerait bientôt dans la légende. Avec leur look nettement à contre-courant de la mode d'alors – cheveux mal taillés, jeans déchirés, blousons noirs et vieilles baskets –, ils bouleversèrent les codes et inaugurèrent un univers musical plein de bruit et de fureur. Une scène punk ne tarda pas à voir le jour autour du CBGB, qui se mit à accueillir les vedettes du genre, dont Patti Smith, Suicide, Television et Blondie. Ce nouveau son connut immédiatement un succès monstre à New York, si bien que les Ramones jouèrent 74 concerts l'année même de la fondation du groupe. D'autres bars et clubs lui ouvrirent rapidement leurs portes, comme les fameux Fillmore East sur 2nd Ave et Café Au Go Go dans Bleecker St.

La jeunesse new-yorkaise venait de révolutionner la musique. Si East Village et le Lower East Side avaient toujours été des bastions de la contre-culture, le punk rock y régna en maître à la fin des années 1970.

À gauche Sign for Joey Ramone Pl, East Village **Au centre** Le CBGB avant sa fermeture en 2006
À droite Musicien à Central Park

CORKY BUCZYK/SHUTTERSTOCK ©

CHRISTER DABU/SHUTTERSTOCK ©

Avant chaque set, le bassiste Dee Dee Ramone criait un rapide “1-2-3-4” brouillon pour lancer une série de courtes chansons saccadées aux paroles politiques, souvent sur les trois mêmes accords. Déconcertés, les critiques de rock n'arrivaient pas à comprendre ce phénomène hors norme, encore moins à le décrire avec des mots. Il faut dire que le mouvement s'exprimait sur scène en temps réel, les compositions prenant leur pleine mesure dans la magie de l'instant. Chaque soirée plus éphémère que la précédente voyait éclore des nouveautés et enterrait des choses du passé. À la vitesse de l'éclair, le punk rock traversa l'Atlantique jusqu'en Angleterre, où des groupes comme les Clash et les Sex Pistols l'amenèrent à un niveau supérieur. Jusqu'aux années 1980, le genre fleurit dans le monde entier.

> Si East Village et le Lower East Side avaient toujours été des bastions de la contre-culture, le punk rock y régna en maître à la fin des années 1970.

La capitale de la musique live

New York est connu pour abriter de formidables salles de concerts, ainsi que quantité de bars où écouter tous les styles de musique live. Que l'on aime le rock, le classique, le jazz, l'électro, le reggae ou les sons expérimentaux, chacun trouve facilement son bonheur. Mais il y a aussi l'espace public : certains musiciens appartenant aux orchestres des prestigieux Juilliard School, Carnegie Hall et Lincoln Center jouent en solo à Central Park ou dans la rue pour le simple plaisir de partager leur art avec les New-Yorkais.

29 Une journée DANS LE QUARTIER

MUSÉES | MUSIQUE | CULTURE

Une balade à pied dans East Village et le Lower East Side comprend des étapes obligées, dont le Tompkins Square Park, les bagels d'un *deli* culte et une scène où se produit la crème des groupes locaux. Bref, tous les ingrédients pour une journée que vous n'oublierez pas de sitôt.

Le quartier en bref

S'y rendre Ligne de métro L/F jusqu'à 14th St/2nd Ave, puis trajet à pied jusqu'aux avenues A et B.

Quand Les soirées scène ouverte sont généralement programmées le week-end. Consultez les sites Internet.

Conseil Si vous assistez à une scène ouverte, n'hésitez pas à monter sur scène. Tout le monde est le bienvenu et les spectateurs encouragent toujours les débutants.

Incontournable St Marks Place, le tronçon de 8th St entre 2nd Ave et 3rd Ave.

Scènes ouvertes

East Village et le Lower East Side comptent quantité de scènes très fréquentées où chacun peut livrer au public sa musique, sa poésie ou ses numéros d'humour.

Nuyorican Poets Cafe (p. 207)

Bowery Poetry Club (p. 207)

Otto's Shrunken Head (p. 207)

Parkside Lounge (p. 207)

KGB Bar (p. 207)

01 Stratégiquement située entre East Village et le Lower East Side, la **Clinton Street Baking Company** (p. 203) prépare les meilleurs pancakes de New York.

02 **Katz's Delicatessen** (p. 204) est renommé au-delà des frontières pour ses sandwichs au pastrami, ses bagels new-yorkais et son choix de poissons fumés.

03 Le **Tenement Museum** (p. 201) éclaire l'histoire de l'immigration dans le Lower East Side et organise d'excellentes visites guidées du quartier.

04 Le **Tompkins Square Park** (p. 191, en photo page précédente) constitue l'épicentre, le point de ralliement et le fleuron d'East Village.

05 Le bar et salle de concerts rock **Arlene's Grocery** (p. 191) fait partie des piliers de Downtown.

30 En ferry sur L'EAST RIVER

BATEAU | PANORAMA | ARCHITECTURE

Prendre le ferry pour Liberty Island ou Staten Island est un des grands classiques d'un séjour à New York, mais d'autres lignes sillonnent l'East River. Idéales pour aller du nord au sud de Manhattan ou pour rejoindre Brooklyn et Long Island, elles sont l'occasion d'une mini-croisière, magnifique sous le soleil, magique en soirée lorsque la ville s'illumine – et seulement pour le prix d'un ticket de métro !

APOMARES/ISTOCK ©

En pratique

Circuler Ligne Astoria de la compagnie NYC Ferry (www.ferry.nyc ; aller simple 2,75 $, gratuit pour les enfants). Les bateaux circulent dans les deux sens.

Quand Par beau temps pour profiter du paysage et voyager sur le pont supérieur. Évitez les jours de vent, où il y a du roulis.

Horaires Les ferries partent du ponton environ deux fois par heure, entre 6h et 21h. Horaires précis sur Internet ou sur l'application NYC Ferry.

THOMAS DE WEVER/ISTOCK ©

Page de gauche, en haut Les buildings de Midtown depuis un ferry **En bas** Navire de la compagnie NYC Ferry

Voyage d'une rive à l'autre

La ligne Astoria démarre au ponton East 90th Street, mais on peut embarquer et débarquer à n'importe quel arrêt. Il faut environ 50 minutes au ferry pour atteindre le terminus de la ligne, à Wall Street, en zigzaguant entre les deux rives.

Le voyage débute par la traversée de l'East River en direction du **Queens** (arrêt Astoria ; p. 250), puis par un détour à **Roosevelt Island** (p. 63) avant de marquer l'arrêt à **Long Island**, non loin de la célèbre enseigne Pepsi Cola. Puis le ferry regagne l'autre rive jusqu'à **Midtown** (East 34th Street ; p. 56), avant de repartir pour **Brooklyn** (p. 158), dont il longe les rives aménagées et verdoyantes jusqu'à Brooklyn Navy Yard, cinquième et dernier arrêt avant le terminus, dans le quartier de **Wall Street** (Pier 11).

Buildings et ponts

La traversée est l'occasion d'admirer sous un angle unique les buildings et gratte-ciel de Manhattan. On découvre notamment les bâtiments de l'**ONU** (p. 63), dont le célèbre hémicycle émerge à l'extérieur sous la forme d'une coupole ; mais encore le **Chrysler Building** (p. 61), l'**Empire State Building** (p. 61), le vertigineux 432 Park Avenue et le **One World Trade Center** (p. 118). Et, bien sûr, il y a les passages successifs sous les ponts : Queensboro Bridge, **Williamsburg Bridge** (p. 168), Manhattan Bridge et le mythique **Brooklyn Bridge** (p. 162).

Quelques conseils

Les **billets** peuvent s'acheter directement aux machines situées à chaque embarcadère ou via l'application mobile NYC Ferry, utile pour consulter les horaires. Pour 1 dollar de plus, il est possible d'embarquer un vélo à bord du ferry.

Les ferries sont équipés de **toilettes** et d'un **minibar** proposant boissons et nourritures emballées.

Autre ligne gérée par le réseau NYC, l'**East River Route** marque plusieurs arrêts entre Long Island et Brooklyn. La **St George Route** relie, elle, l'ouest de Manhattan à Staten Island.

31 Manger SUR LE POUCE

CUISINE | CULTURE | MARCHÉS

New York se distingue par ses enseignes de bagels, *delis*, marchés d'alimentation variés, commerces de fruits et légumes, etc. East Village et le Lower East Side sont particulièrement bien pourvus en la matière. Les habitants de Downtown ne s'y trompent pas lorsqu'ils ont envie de grignoter de bonnes choses.

ROBERT K. CHIN - STOREFRONTS/ALAMY STOCK PHOTO ©

En pratique

S'y rendre ligne de métro F jusqu'à 2nd Ave ou F/M, J/Z jusqu'à Delancey St-Essex St.

Quand Le printemps, l'été et l'automne sont les meilleures saisons pour parcourir ces quartiers en quête de nourritures savoureuses.

Conseil Des institutions comme **Katz's Deli** (p. 204) et **Russ & Daughters** (p. 204) ont la faveur des touristes autant que des habitants, d'où des files d'attente parfois impressionnantes. Privilégiez des horaires un peu décalés.

ELEANOR LEE/SHUTTERSTOCK ©

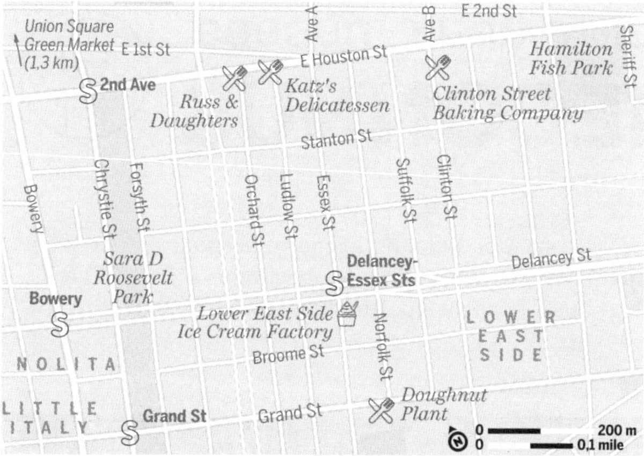

En haut à gauche Clinton Street Baking Company **En bas à gauche** Doughnuts du Doughnut Plant

En-cas à gogo

Pancakes, donuts et pâtisseries À New York, les gens passent chaque jour beaucoup de temps à marcher. Même après être sorti du métro, il faut généralement parcourir quelques *blocks* ou davantage pour arriver à destination. Conquérir les passants est la vocation des *delis* et des boulangeries-pâtisseries locales. Le long du court trajet depuis la station, des dizaines d'adresses d'en-cas alléchants s'emploient ainsi à vous tenter. **Doughnut Plant** (p. 202), dans le Lower East Side, décline toute une gamme de donuts, certains saisonniers, végans et/ou sans gluten. La **Clinton Street Baking Company** (p. 203), dans Houston St, s'adresse aux amateurs de pancakes – goûtez la version ricotta et citron –, tandis que les glaces de la **Lower East Side Ice Cream Factory** (p. 202), à l'Essex Market, ont un franc succès en été.

Bagels, sandwichs au pastrami et saumon fumé Si vous préférez le salé, deux adresses de premier ordre s'imposent. **Katz's Delicatessen** (p. 204), une institution nationale fondée en 1888 dans Houston St, sert d'excellentes spécialités juives, notamment un fameux sandwich au pastrami dans du pain de seigle, du corned-beef et diverses salades de pommes de terre aux œufs durs. Tout près dans la même rue, le *deli* **Russ & Daughters** (p. 204), tenu par la même famille depuis quatre générations, vend des bagels et une sélection de saumons fumés extra.

Union Square Greenmarket

À l'angle nord d'Union Square Park se tient le meilleur marché bio en plein air de fruits et légumes, fleurs, produits de boulangerie et spécialités alimentaires de New York. Il a débuté en 1976 avec une poignée d'agriculteurs et en compte désormais plus de 140, originaires de la région, qui vendent des denrées de saison. Jusqu'à quelque 60 000 acheteurs s'y pressent chaque jour, attirés par les démonstrations de cuisine, la musique live et les dégustations en abondance. La majeure partie du marché n'a pas seulement lieu le week-end mais aussi les lundis et mercredis, jours où l'on s'y bouscule moins. Des séances de dédicace se déroulent le samedi de mai à novembre dans le cadre de la **Food Book Fair** (foodbookfair.com). Voir p. 199

32 Merveilleux musées MÉCONNUS

ART | CULTURE | MUSÉES

Les musées de New York sont mondialement renommés pour leurs vastes collections et leur haut niveau d'excellence. Ceux plus méconnus d'East Village et du Lower East Side brillent aussi par leur qualité mais ont une originalité et un cachet propre à ces quartiers.

ROBERT K. CHIN - STOREFRONTS/ALAMY STOCK PHOTO ©

En pratique

S'y rendre Ligne de métro J/Z jusqu'à la station Bowery.

Quand À New York, la saison touristique dure longtemps, voire toute l'année. Dans le doute, visitez les musées en semaine afin d'éviter l'affluence.

Comment s'habiller Portez des baskets confortables pour vous déplacer d'un musée à l'autre et participer à d'éventuels circuits guidés à pied.

LEWIS TSE PUI LUNG/SHUTTERSTOCK ©

En haut à gauche Tenement Museum
En bas à gauche New Museum of Modern Art

Musées singuliers à Downtown

New Museum of Modern Art Cette perle du Bowery est le seul musée de New York entièrement consacré à l'art contemporain. Il a été créé en 1977 avec pour mission d'innover et de donner une visibilité internationale aux artistes d'avant-garde émergents. Les collections et le bâtiment conçu par le cabinet japonais SANAA ne laissent personne indifférent. Voir p. 202.

Tenement Museum Ici, pas d'œuvres de valeur mais des objets du quotidien illustrant la dure vie des immigrants établis à New York au XIXe siècle. Une bobine de fil et une paire de ciseaux racontent par exemple l'histoire d'une ouvrière d'un atelier de couture de Little Italy, tandis qu'un jeu de cartes et des photos en noir et blanc du temps de la Grande Dépression retracent le parcours d'une famille du Lower East Side sur quatre générations. À découvrir absolument. Voir p. 202.

Museum of the American Gangster Ces deux salles aménagées dans un ancien bar clandestin de St Mark's Place, dans East Village, évoquent l'histoire et la mythologie du crime organisé à New York au moyen de photos, de dessins et d'objets insolites ayant appartenu à d'illustres membres de la pègre. On ne s'y ennuie pas un seul instant. Voir p. 202.

Une petite faim ?

Une journée à arpenter les musées, ça creuse ! Le Tenement Museum a l'avantage d'être dans le Lower East Side, à proximité d'adresses populaires comme **Katz's Deli** (p. 204) et la **Clinton Street Baking Company** (p. 203). Le New Museum se situe à un jet de pierre de **Lombardi's** (p. 156), la doyenne des pizzerias américaine. Le Museum of the American Gangster voisine, lui, avec **Lucky** (p. 205), parfait pour une bière et un en-cas.

Par Amanda Dell, *directrice de programme à la Jewish Food Society et animatrice du podcast "Schmaltzy" (@amanda_dell)*

Carnet d'adresses

Les grands classiques

Lower East Side Tenement Museum

Voir p. 201. (☎877-975-3786 ; www.tenement.org ; 103 Orchard St, entre Broome St et Delancey St, Lower East Side ; visite guidée 30 $ à partir de 12 ans, pour les moins de 12 ans, visites en extérieur uniquement ; ⏰centre des visiteurs et boutique 10h-18h, visites guidées tlj ; S B/D station Grand St, F, J/M/Z station Delancey St-Essex St)

New Museum of contemporary Art

Voir p. 201. (☎212-219-1222 ; www.newmuseum.org ; 235 Bowery, entre Stanton St et Rivington St, Lower East Side ; tarif plein/réduit 18/12-15 $, gratuit -18 ans, prix libre jeu 19h-21h sur réservation ; ⏰11h-18h mar-dim, 11h-21h jeu ; S F station 2nd Ave, R/W station Prince St, J/Z station Bowery, 6 station Spring St)

St Marks Place

Voir p. 189. (☎212-219-1222 ; St Marks Place, entre 3rd Ave et Ave A, East Village ; S 6 station Astor Pl, L station 3rd Ave ou 1st Ave, F station 2nd Ave)

Tompkins Square Park

Voir p. 189. (www.nycgovparks.org/parks/tompkins-square-park ; entre E 7th St et E 10th St, Ave A et Ave B, East Village ; ⏰6h-minuit ; 👪 ; S 6 station Astor Pl)

Museum of the American Gangster

Voir p. 201. (☎212-228-5736 ; 80 St Marks Pl, près de 1st Ave, East Village ; tarif plein/réduit 20/15 $; ⏰13h-18h, jusqu'à 19h lun, visites guidées 13h, 14h30 et 16h, + 17h30 lun ; S 6 station Astor Pl)

Café et douceurs

Lower East Side Ice Cream Factory $

Voir p. 199. (☎646-669-9622 ; www.lowereastsideicecreamfactory.com ; 88 Essex St, près de Delancey St, Essex Market ; ⏰11h-22h lun-sam, 11h-20h dim ; S F/M, J/Z station Delancey St-Essex St)

Doughnut Plant $

Voir p. 199. (☎212-505-3700 ; www.doughnutplant.com ; 115 Delancey St, et aussi 379 Grand St ; ⏰11h-19h mer-dim ; S F/M, J/Z station Delancey St-Essex St)

Ninth Street Espresso $

Véritable institution du secteur, ce café possède deux adresses : l'originale à l'angle de 9th St et Ave C, et une autre dans 10th St, entre les avenues A et B. (☎212-358-9225 et 212-777-3508 ; ninthstreetespresso.com ; 700 E 9th St et 341 E 10th St ; ⏰7h-19h tlj ; S 6 station Astor Pl)

Mud Coffee $

L'un des chouchous du coin, qui sert un expresso unique en son genre. Charmant jardin à l'arrière et canapé devant pour socialiser. (☎212-529-8766 ; www.mudnyc.com ; 307 E 9th St, près de 2nd Ave, East Village ; ⏰7h30-22h lun-ven, 8h-22h sam-dim ; S 6 station Astor Pl)

St Marks Place

Saltwater Coffee $

Un endroit tenu par des Australiens qui s'y entendent en matière de pâtisserie d'expresso. Goûtez le *latte* au curcuma. (☎917-881-2245 ; www.saltwaternyc.com ; 345 E 12th St, près de 1st Ave, East Village ; ⏲7h-18h lun-ven, 8h-18h sam-dim ; Ⓢ L station 1st Ave-E 14th St)

Kona Coffee and Company $

On propose ici du café cultivé à Hawaï et torréfié à New York. Commandez un expresso corsé ou un *Hawaiian iced latte*. (☎917-409-2642 ; www.konacoffee.nyc ; 57 2nd Ave, entre E 3rd St et E 4th St, East Village ; ⏲7h-21h lun-ven, 8h-21h sam-dim ; Ⓢ F station 2nd Ave)

Clinton Street Baking Company $$

Voir p. 195 et 199. (☎646-602-6263 ; clintonstreetbaking.com ; 4 Clinton St, entre E Houston St et Stanton St ; ⏲brunch et à emporter 9h-16h dim-mar, jusqu'à 21h mer-sam, dîner 17h30-22h mer-sam ; Ⓢ F station 2nd Ave, F/M, J/Z station Delancey St-Essex St)

Confectionery! $$

Des macarons aux saveurs classiques (vanille, chocolat, fraise...) ou originales (Earl Grey, meringue au citron, "gâteau d'anniversaire"...), qui changent régulièrement. (☎646-869-0133 ; confectionerynyc.square.site ; 440 E 9th St, près du Tompkins Square Park ; ⏲12h-20h, 13h-20h mer, fermé de 15h30 à 16h15 ; Ⓢ 6 station Astor Pl)

Sur le pouce

Union Square Greenmarket $

Voir p. 105. (☎212-788-7900 ; www.grownyc.org/greenmarket/manhattan-union-square-m ; Union Square Park W et N, E 17th St ; ⏲8h-18h lun, mer et ven-sam ; Ⓢ 4/5/6 et E/L/N/Q/R/W station 14th St-Union Sq)

Mamoun's $

Une chaîne spécialisée dans les falafels, sous forme de sandwich ou d'assiettes, avec des noms amusants comme "The East Village" et "The West Village". (☎646-870-5785 ; mamouns.com ; 30 St Marks Pl, entre 3rd Ave et 2nd Ave, East Village ; ⏲11h-23h tlj ; Ⓢ 6 station Astor Pl)

Tompkins Square Bagels

Levain Bakery $

Au milieu de l'animation de Lafayette St, cette boulangerie confectionne de gros cookies moelleux au goût exquis. Mention spéciale pour celui au chocolat noir et beurre de cacahuète. (☎917-464-3746 ; levainbakery.com ; 340 Lafayette St, près de Bleecker St ; ⏲7h30-22h tlj ; Ⓢ 6 station Bleecker St, A/B/D/F/M station Broadway-Lafayette St)

Two Hands Corn Dogs $

Une petite enseigne de *corn dogs* (beignets de saucisse sur bâtonnet) coréens épicés, à accompagner de mayonnaise au piment. (☎646-912-9684 ; www.twohandsus.com ; 147 Ave A, près du Tompkins Square Park ; ⏲12h-21h, jusqu'à 22h ven-sam ; Ⓢ 6 station Astor Pl)

Tompkins Square Bagels $

Une adresse phare du quartier, réputée pour des bagels croustillants à l'extérieur et moelleux à l'intérieur mais aussi ses préparations à base de *cream cheese* et de saumon fumé. (☎646-351-6520 ; tompkinssquarebagels.com ; 165 Ave A, près du Tompkins Square Park, et aussi 184 2nd Ave, entre 11th St et 12th St ; ⏲7h-17h tlj ; Ⓢ 6 station Astor Pl)

Black Seed Bagels $

Des bagels avec toutes les garnitures possibles et imaginables. (646-859-2289 ; www.blackseedbagels.com ; 176 1st Ave, entre E 10th St et E 11th St, East Village ; 8h-15h tlj ; S L station 1st Ave, E 14th St-Ave A)

Katz's Delicatessen $$

Voir p. 195 et 199. (212-254-2246 ; katzsdelicatessen.com ; 205 E Houston St, à l'angle de Ludlow St ; 8h-22h45 lun-ven, jusqu'à 23h sam-dim ; S F station 2nd Ave, F/M, J/Z station Delancey St-Essex St)

Russ & Daughters $$

Voir p. 199. (212-475-4880 ; www.russanddaughters.com ; 179 E Houston St, entre Allen St et Orchard St ; 8h-16h tlj ; S F station 2nd Ave, F/M, J/Z station Delancey St-Essex St)

Veselka $$

Cette institution ouverte en 1954 témoigne de l'ancienne âme ukrainienne du quartier. (212-228-9682 ; www.veselka.com ; 144 2nd Ave, à la hauteur de E 9th St, East Village ; plats 15-21 $, pierogi 8-16 $; habituellement 24h/24 ; S 6 station Astor Pl, L station 3rd Ave).

Ippudo $$

Un restaurant bien aménagé au style minimaliste où se régaler de succulents ramen. À intervalles, le personnel crie quelque chose en japonais pour faire entrer des clients qui attendent. (212-388-0088 ; ippudony.com ; 65 4th Ave, entre E 9th St et E 10th St ; 11h30-15h30 et 17h-22h lun-jeu, jusqu'à 23h ven, 11h30-23h sam, 11h30-22h dim ; S 6 station Astor Pl)orange

Bars à vins

Gnocco $$

Une jolie petite adresse italienne avec jardin dans 10th St. Vins et cuisine d'Émilie-Romagne. (212-677-1913 ; www.gnocco.com ; 337 E 10th St, près du Tompkins Square Park ; 11h-22h, jusqu'à 23h ven-sam ; S L station 1st Ave, E 14th St-Ave A)

Ten Bells $$

Ce favori du Lower East Side a un penchant pour les vins bio aromatiques, les huîtres et les tapas. (212-228-4450 ; www.tenbellsnyc.com ; 247 Broome St, entre Orchard St et Ludlow St ; 17h-2h lun-ven, 15h-2h sam-dim ; S B/D station Grand St, F/M, J/Z station Delancey St-Essex St)

Lena $$

Un bar à vins/restaurant rustico-chic à la carte d'inspiration française. (347-935-1897 ; www.lena-nyc.com ; 137 Eldridge St, entre Delancey St et Broome St, Lower East Side ; 17h-minuit lun-ven, 15h-minuit sam-dim ; S B/D station Grand St, F/M, J/Z station Delancey St-Essex St ou J/Z station Bowery)

Bibi Wine Bar $$

Un lieu décontracté sans prétention où seule prime la haute qualité de la nourriture et des vins. Au menu : petites assiettes, sandwichs, salades et planches. (212-673-2424 ; www.bibiwinebar.com ; 211 E 4th St, entre Ave A et Ave B ; 17h-minuit lun-jeu, 16h-2h ven-sam, 16h-23h dim ; S F station 2nd Ave, F/M, J/Z station Delancey St-Essex St)

Salamis et pickles au Katz's Delicatessen

Antler $$

Cet établissement de Lower East Side au cadre simple et intimiste décline un bon choix de bières et d'en-cas en plus des vins. (☎212-432-5000 ; antlerdispensary.com ; 123 Allen St, entre Rivington St et Delancey St ; 16h-2h lun-mer, jusqu'à 4h jeu-ven, 15h-4h sam, 15h-2h dim ; S F/M, J/Z station Delancey St-Essex St ou J/Z station Bowery)

Ruffian $$$

Une vaste sélection de crus de premier ordre, y compris des vins orange naturels de Géorgie. (ruffiannyc.com ; 125 E 7th St, près de Tompkins Square Park ; 17h-minuit lun-ven, 15h-minuit sam, 15h-23h dim ; S F station 2nd Ave, 6 station Astor Pl)

Corkbuzz $$$

Quatre enseignes en ville, dont une dans East Village. Atmosphère plaisante, éclairage étudié et personnel compétent. (☎646-873-6071 ; www.corkbuzz.com ; 13 E 13th St, entre 5th Ave et University Pl ; 16h-23h mar-jeu, jusqu'à minuit ven-sam ; S 4/5/6 et E/L/N/Q/R/W station 14th St-Union Sq)

Bières et cocktails

Clockwork Bar $

Voir p. 191. (☎212-677-4545 ; www.clockworknyc.com ; 21 Essex St, près de Seward Park, Lower East Side ; 11h-4h ; S F station East Broadway)

Arlene's Grocery $

Voir p. 191. (☎212-358-1633 ; www.arlenesgrocerynyc.com ; 95 Stanton St, entre Orchard St et Ludlow St, Lower East Side ; à partir de 14h mer-ven, de 16h sam-dim ; S F/J/M/Z station Delancey St-Essex St, F station 2nd Ave)

Nurse Bettie $

Voir p. 191. (☎212-477-7515 ; www.nursebettie.com ; 106 Norfolk St, entre Delancey St et Rivington St, Lower East Side ; 16h-4h lun-ven,

NAME/CREDIT ©

Mamoun's

14h-4h sam-dim ; S F/J/M/Z station Delancey St-Essex St)

Lucky $

Voir p. 191. (☎212-777-3111 ; www.luckyonb.com ; 168 Ave B, entre E 10th St et E 11th St, East Village ; 12h-4h ; S 6 station Astor Pl)

p.d.t. $$

On pénètre dans ce sombre "bar clandestin" aux boissons impeccables par la mystérieuse cabine téléphonique d'un restaurant de hot dogs. (www.pdtnyc.com ; 113 St Marks Pl, entre 1st Ave et Ave A, East Village ; 17h-2h dim-mar, jusqu'à 3h sam ; S 6 station Astor Pl, L station 3rd Ave ou 1st Ave, F station 2nd Ave)

Garret East $$

La beauté du décor va de pair avec la qualité des cocktails, forts et bien réalisés. Le top après dîner ou pour prendre un dernier verre. (☎917-398-2984 ; thegarretbars.com ; 206 Ave A, près de E 13th St, East Village ; 17h-2h dim-mer, jusqu'à 3h jeu-sam ; S L station 1st Ave)

Death & Company $$

Malgré son nom, ce bar discret n'a rien de sinistre et concocte de délicieux cocktails à base de produits extra, notamment de vodka et de whisky. (☎212-388-0882 ; www.deathandcompany.com ; 433 E 6th St, entre 1st Ave et Ave A, East Village ; ⏲18h-1h ; Ⓢ6 station Astor Pl, L station 3rd Ave ou 1st Ave, F station 2nd Ave)

Amor y Amargo $$$

Le premier bar à cocktails des États-Unis spécialisé dans les bitters, en particulier italiens, d'où son nom ("Amour et Amer" en espagnol). (☎917-905-9907 ; www.amoryamargo.com ; 95 Ave A, près de E 6th St, East Village ; ⏲18h-minuit ; Ⓢ6 station Astor Pl, L station 3rd Ave ou 1st Ave, F station 2nd Ave)

Boutiques uniques

Cure Thrift Store

Vêtements, mobilier et objets de déco à prix intéressants. Les recettes reviennent intégralement à la recherche sur le diabète et aux opérations de sensibilisation dans ce domaine. (☎212-505-7467 ; www.curethriftshop.com ; 91 3rd Ave, entre E 12th St et E 13th St ; ⏲12h-21h tlj ; ⓈL station 3rd Ave-E 14th St)

Housing Works

Une boutique où dénicher des vêtements et meubles de seconde main, dont parfois de vraies trouvailles. Nombreuses antennes en ville. (☎646-786-1200 ; www.housingworks.org ; 130 Crosby St, entre E Houston St et Prince St ; ⏲12h-19h, jusqu'à 17h dim ; ⓈA/B/D/F/M station Broadway-Lafayette St, E/N/R/W station Prince St)

Trash & Vaudeville

Vestige des grandes heures d'East Village dans les années 1970, Trash & Vaudeville est l'adresse incontournable pour les vêtements punk, glam et rock. Vous y croiserez encore drag-queens ou participants à une fête costumée à la recherche de chaussures, de chemises ou de teintures de cheveux les plus outrageuses possible. (☎212-982-3590 ; www.trashandvaudeville.com ; 96 East 7th St, entre 1st Ave et Ave A, East Village ; ⏲12h-20h lun-jeu, 11h30-20h30 ven, 11h30-21h sam, 13h-19h30 dim ; Ⓢ6 station Astor Pl)

Verameat

Dans cette délicieuse petite boutique de 9th St, Vera Balyura crée des pièces exquises à l'humour noir. Une inspection attentive des minuscules et délicats pendentifs, bagues et bracelets précieux vous révélera des zombies, des têtes d'animaux, des dinosaures, des griffes, des dents et d'autres charmants détails gothiques. (☎212-388-9045 ; www.verameat.com ; 315 E 9th St, entre 1st Ave et 2nd Ave, East Village ; ⏲12h-20h ; Ⓢ6 station Astor Pl, F/M station 2nd Ave)

A-1 Records

L'un des survivants parmi les nombreux disquaires qui autrefois peuplaient East Village. Amateurs de vinyles et DJ viennent de loin pour fouiller dans les bacs qui débordent de disques de jazz, funk ou soul. (☎212-473-2870 ; www.instagram.com/a1recordshop ; 439 E 6th St, entre 1st Ave et Ave A, East Village ; ⏲12h-20h ; ⓈF/M station 2nd Ave)

Concerts et scènes ouvertes

Arlene's Grocery

Voir p. 195. (☎212-358-1633 ; www.arlenesgrocerynyc.com ; 95 Stanton St, entre Orchard St et Ludlow St, Lower East Side ; ⓈF/J/M/Z station Delancey St-Essex St, F station 2nd Ave)

Trash & Vaudeville

Bowery Ballroom

Voir p. 191. (☎212-260-4700 ; mercuryeastpresents.com ; 6 Delancey St, entre Bowery et Chrystie St ; Ⓢ J/Z station Bowery)

Bowery Electric

Voir p. 191. (☎212-228-0228 ; www.theboweryelectric.com ; 327 Bowery, entre E 2nd St et E 3rd St ; Ⓢ A/F station 2nd Ave, 4/6 station Bleecker St)

Nuyorican Poets Café

Voir p. 194. (☎212-780-9386 ; www.nuyorican.org ; 236 E 3rd St, entre Ave B et Ave C ; Ⓢ F/J/M/Z station Delancey St-Essex St, F station 2nd Ave)

Bowery Poetry Club

Voir p. 194. (☎347-898-7228 ; www.bowerypoetry.com ; 308 Bowery, entre Bleecker St et E Houston St ; Ⓢ A/F station 2nd Ave, 4/6 station Bleecker St)

Otto's Shrunken Head

Voir p. 194. (☎212-228-2240 ; www.ottosshrunkenhead.com ; 538 E 14th St, entre Ave A et Ave B ; Ⓢ L 1st Ave, E 14th St-Ave A)

Parkside Lounge

Voir p. 194. (☎212-673-6270 ; www.parksidelounge.nyc ; 317 E Houston St, à l'angle d'Attorney St ; Ⓢ F/J/M/Z station Delancey St-Essex St, F station 2nd Ave)

KATHYHYDE/SHUTTERSTOCK

Concert au Bowery Ballroo

KGB Bar

Voir p. 194. (☎347-441-4481 ; kgbbar.com ; 85 E 4th St, entre Bowery et 2nd Ave ; Ⓢ F station Ave, 6 station Astor Pl)

Mercury Lounge

Voir p. 187. (☎212-260-4700 ; mercuryeastpresents.com ; 217 E Houston St, entre Ludlow St et Essex St ; Ⓢ F station 2nd Ave, F/M, J/Z station Delancey St-Essex St)

Clockwork Bar

Voir p. 191. (☎212-677-4545 ; www.clockworknyc.com ; 21 Essex St, près de Seward Park, Lower East Side ; Ⓢ F station East Broadway)

UPPER EAST SIDE

MUSÉES | RESTAURANTS | SHOPPING

UPPER EAST SIDE
à la carte

INCONTOURNABLES ET TRÉSORS CACHÉS

Parmi les secteurs les plus huppés de New York, l'Upper East sert souvent de décor à des films mettant en scène l'élite très fortunée. Les prix stratosphériques de l'immobilier s'expliquent par l'attrait du quartier, à proximité de Central Park, où fleurissent boutiques chics, restaurants haut de gamme et galeries d'art.

Le quartier en bref

Sur place Musées, galeries d'art et shopping.

S'y rendre Lignes de métro 4/5/6 le long de Lexington Ave. Lignes N/R/Q le long de 2nd Ave. Bus "crosstown" dans 96th St, 86th St et 72nd St.

Circuler La plupart des endroits se situent près des transports publics.

À savoir Nombre de commerces ferment à 20h dans les zones résidentielles au-dessus de 86th St.

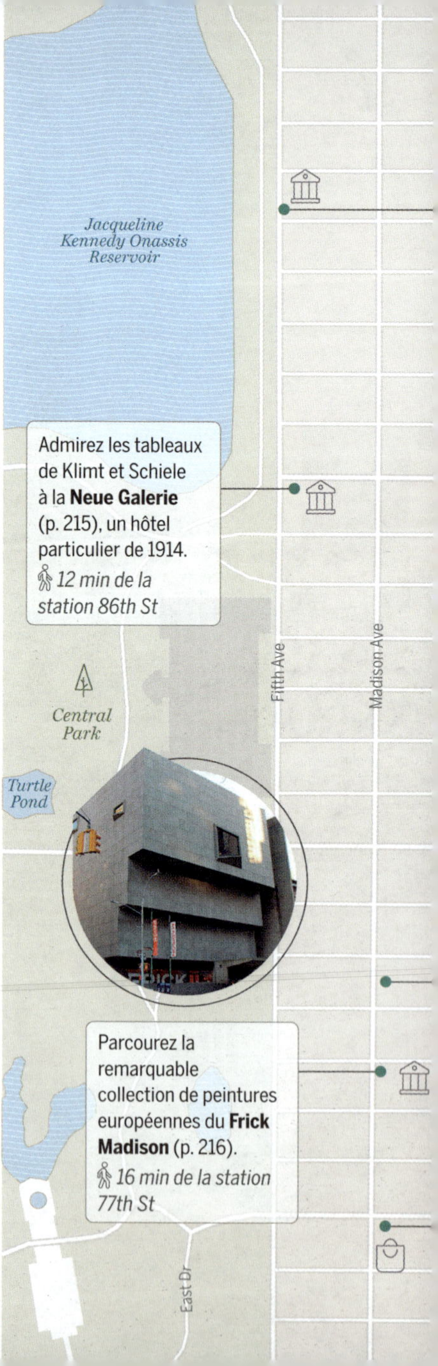

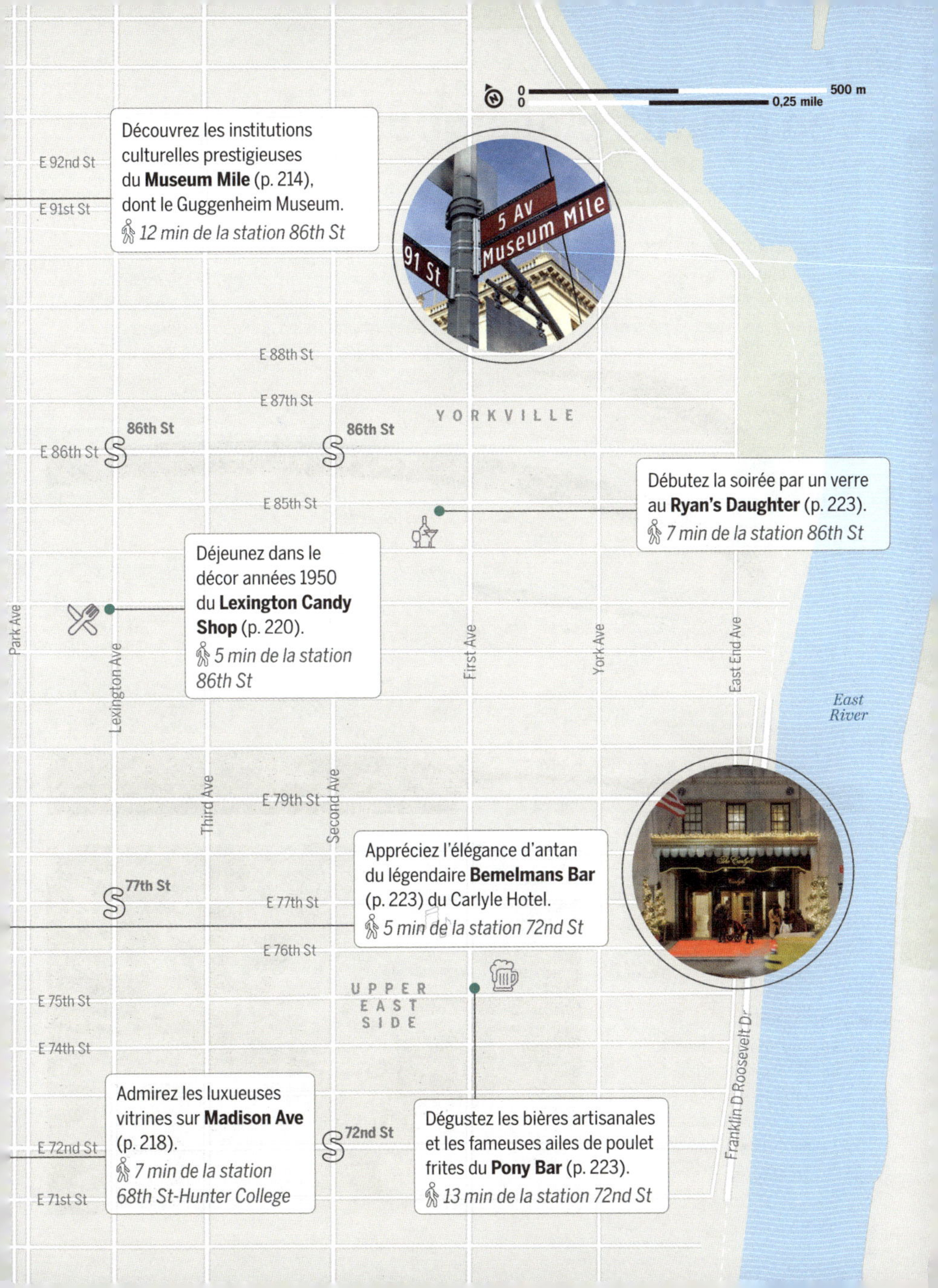

0 500 m
0 0,25 mile
Découvrez les institutions culturelles prestigieuses du **Museum Mile** (p. 214), dont le Guggenheim Museum.
12 min de la station 86th St
5 Av
Museum Mile
91 St
E 92nd St
E 91st St
E 88th St
E 87th St
YORKVILLE
86th St
E 86th St
86th St
E 85th St
Débutez la soirée par un verre au **Ryan's Daughter** (p. 223).
7 min de la station 86th St
Déjeunez dans le décor années 1950 du **Lexington Candy Shop** (p. 220).
5 min de la station 86th St
Park Ave
Lexington Ave
First Ave
York Ave
East End Ave
East River
Third Ave
Second Ave
E 79th St
Appréciez l'élégance d'antan du légendaire **Bemelmans Bar** (p. 223) du Carlyle Hotel.
5 min de la station 72nd St
77th St
E 77th St
E 76th St
UPPER EAST SIDE
E 75th St
E 74th St
Admirez les luxueuses vitrines sur **Madison Ave** (p. 218).
7 min de la station 68th St-Hunter College
72nd St
E 72nd St
E 71st St
Dégustez les bières artisanales et les fameuses ailes de poulet frites du **Pony Bar** (p. 223).
13 min de la station 72nd St
Franklin D Roosevelt Dr

Les grands classiques

Pour les infos pratiques de chaque site, reportez-vous au Carnet d'adresses p. 224.

Guggenheim Museum

Situé sur la 5th Avenue, ce musée consacré à l'art abstrait fut créé par Solomon R. Guggenheim, magnat new-yorkais du cuivre, pour présenter au public son importante collection d'œuvres d'art abstrait. L'architecte Frank Lloyd Wright conçut un bâtiment unique en son genre, dont la galerie principale s'élève en spirale sur 800 m. Une véritable sculpture qui à elle seule vaut la visite.

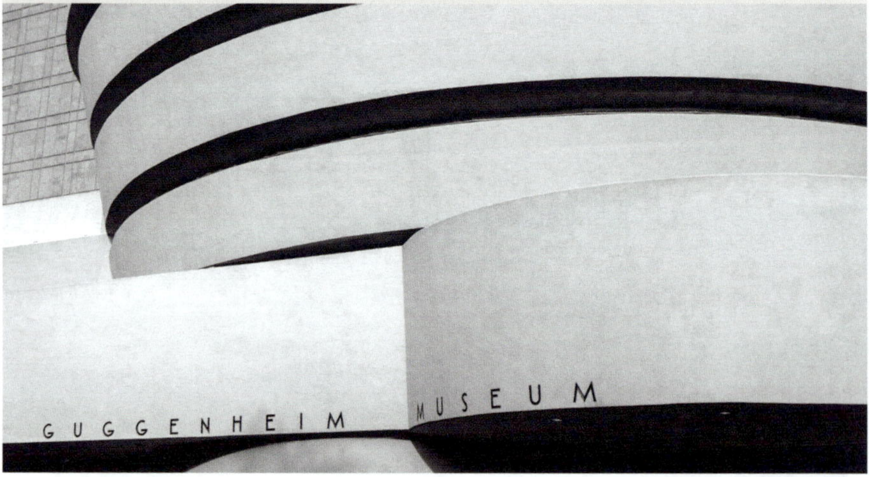

YOELA/ISTOCK ©

Metropolitan Museum of Art (Met)

Prévoyez quelques heures pour arpenter les quelque 600 km² de galeries du Met ! Fondé en 1870, ce musée encyclopédique abrite l'une des plus vastes collections d'art du monde : plus de deux millions de pièces allant des temples égyptiens à la peinture américaine, en passant par l'art médiéval.

ALEXANDER PROKOPENKO/SHUTTERSTOCK ©

Jewish Museum

Situé dans un hôtel particulier de style néogothique érigé en 1908, ce musée renferme 30 000 objets relatifs au judaïsme, notamment des objets cérémoniels, mais aussi des sculptures, peintures et objets d'arts décoratifs. D'excellentes expositions temporaires y sont régulièrement organisées.

LEONARD ZHUKOVSKY/SHUTTERSTOCK ©

Neue Galerie

Ce charmant hôtel particulier du début du XXe siècle met à l'honneur l'art allemand et autrichien. Y sont ainsi exposées des œuvres de Paul Klee et d'Ernst Ludwig Kirchner, ainsi que d'incroyables collections d'Egon Schiele et de Gustav Klimt.

EQROY/SHUTTERSTOCK ©

PHOTO12/ALAMY/ZUMA PRESS, INC ©

Frick Madison

Jusqu'à courant 2023, c'est à la Frick Madison, dans un bâtiment brutaliste de 1966 signé Marcel Breuer, qu'on peut admirer la spectaculaire collection d'art de la Frick Collection : peintures des maîtres européens, mais aussi sculptures et pièces d'arts décoratifs y sont superbement mis en valeur.

DEMERZEL21/ISTOCK ©

Temple Emanu-El

Fondée en 1845, la première synagogue réformée de New York fut achevée en 1929. Aujourd'hui l'un des plus grands lieux de culte israélites au monde, cet édifice de style néoroman de plus de 53 m de long et 30 m de haut est doté d'un plafond éblouissant peint à la main et orné de décorations en or.

33 Joyaux artistiques DU MUSEUM MILE

MUSÉES | GASTRONOMIE | ARCHITECTURE

Si le Met et le Guggenheim Museum attirent une foule de visiteurs dans l'Upper East Side, ces célèbres institutions ne doivent pas faire oublier les musées de taille plus modeste et les collections privées qui mettent également à l'honneur l'art de différentes époques. Certains occupent de superbes hôtels particuliers restaurés.

WANGKUN JIA/SHUTTERSTOCK ©

En pratique

S'y rendre Ligne 6 du métro jusqu'à la station 86th St, sur Lexington, puis trajet à pied ou bus M86 en direction de 5th Ave et Central Park.

Quand Pour éviter l'affluence, visitez les musées avant 13h, surtout en semaine durant la période scolaire.

Espace vert Le Museum Mile se situe non loin à pied de Central Park.

VIVIAN CHEN/ALAMY STOCK PHOTO ©

Neue Galerie

En marchant de la station Lexington Ave jusqu'à l'angle de 86th St, vous tomberez sur le bel hôtel particulier de 1914 qui abrite sur deux étages la **Neue Galerie** (p. 224) et sa collection inestimable d'art allemand et autrichien. Si le *Portrait d'Adele Bloch-Bauer I* ("La Dame en or", 1907) de Gustav Klimt tient la vedette, les objets du designer Dagobert Peche et les bijoux de Josef Hoffman retiennent aussi l'attention. L'endroit est magnifique, avec ses esclaliers en colimaçon et ses rampes en fer forgé.

OSUGI/SHUTTERSTOCK ©

Cooper-Hewitt, Smithsonian Design Museum

Filiale de la Smithsonian Institution de Washington, ce musée est consacré à la fois

Coup d'œil architectural

Beaucoup des édifices qui jalonnent le Museum Mile sont des œuvres d'art à part entière : le **Guggenheim Museum** (p. 212 ; 1959), signé Franck Lloyd Wright, le **Jewish Museum** (p. 213 ; 1904), hôtel néogothique conçu par C. P. H. Gilbert, et la demeure néogeorgienne du **Cooper Hewitt, Smithsonian Design Museum** (ci-contre ; 1902).

En haut à gauche Neue Galerie
En haut à droite Cooper Hewitt, Smithsonian Design Museum **À gauche** Jewish Museum

au design ancien et contemporain. Il occupe la demeure de 64 pièces construite pour le milliardaire Andrew Carnegie entre 1899 et 1902. Les 210 000 objets qui composent l'éblouissante collection, habilement mise en valeur, recouvrent 3 000 ans d'histoire et occupent trois étages du bâtiment. Le splendide **jardin** est ouvert au public et accessible depuis 90th St ou de l'intérieur du musée.

Galeries d'art

Plus proche du Met dans 82nd St, la **Tambaran Gallery** (p. 224) s'emploie à promouvoir des artistes contemporains d'Afrique, d'Asie et des communautés indigènes. Elle expose aussi des sculptures ethniques. Dans le *block* suivant, les **Bonner David Galleries** (p. 224) présentent des œuvres contemporaines comme celles

Frick Madison

Cette splendide collection rassemble des peintures, sculptures et céramiques de la Renaissance au XXᵉ siècle, dont des œuvres de maîtres comme Rembrandt, Fragonard et Turner. Le billet coûte 22 $, mais les étudiants munis d'une pièce d'identité ad hoc bénéficient d'un tarif réduit. Le jeudi de 16h à 18h, l'entrée se fait sur libre participation. Le café à l'étage permet de grignoter ou d'avaler un expresso avant de repartir.

Par Alfred Pommer, *patron de NYC Cultural Walking Tours spécialisé dans les circuits historiques et culturels.*

Page précédente Frick Madison
Ci-dessous Sistina

de Gail Morris et Milt Kobayashi ou plus abstraites, ainsi qu'une petite collection de facture classique. Enfin, la **Skarstedt Gallery** (p. 224) donne à voir des réalisations moins connues de grands noms tels qu'Andy Warhol, Francis Bacon ou Cindy Sherman. Les passionnés qui ont déjà écumé les principaux musées s'y précipiteront.

Pause déjeuner sélecte

Les restaurants classieux abondent dans le quartier. Offrez-vous par exemple un somptueux déjeuner au **Sistina** (p. 228), qui propose de délicieuses pâtes fraîches assorties d'un bon choix de vins. On peut s'installer en terrasse par beau temps, mais la salle décorée de moulures et de grands tableaux de couleurs vives est tout aussi séduisante. Autre table de luxe, le **Caravaggio** (p. 228) permet de voir du beau monde. Sachez que nombre d'adresses haut de gamme ferment entre 15h et 17h pour se préparer au coup de feu du dîner.

34 Un après-midi dans L'UPPER EAST SIDE

SHOPPING | RESTAURANTS | ART

Des séries télévisées iconiques comme *Gossip Girl* illustrent l'univers doré et glamour de ce quartier nanti. Certains touristes s'en inspirent pour arpenter les avenues célèbres et admirer les vitrines des enseignes de luxe fréquentées par les personnages.

FRANCES ROBERTS/ALAMY STOCK PHOTO ©

le quartier en bref

S'y rendre Prenez la ligne N/R/Q du métro station 72nd St ou le bus M72 jusqu'à 5th Ave ou Madison Ave.

Quand Commencez votre circuit vers midi afin d'avoir assez de temps avant le début de l'heure de pointe, à 16h.

Comment s'habiller Portez des vêtements élégants et tendance pour ressembler aux fashionistas du quartier et faire des selfies devant les boutiques chics.

Bling-bling gratuit

On peut assouvir son goût du luxe dans l'Upper East Side sans rien débourser. Il suffit pour cela de flâner le long de **Madison Avenue** en lorgnant les magasins des marques prestigieuses et en repérant par la même occasion les endroits popularisés par la télévision, le cinéma et la littérature.

AA WORLD TRAVEL LIBRARY/ALAMY STOCK PHOTO ©, DAN HERRICK/LONELY PLANET ©

Lexington Candy Shop : un parfum d'autrefois

LE PLUS VIEUX "LUNCHEONETTE" DE NEW YORK

Dans l'environnement chic de l'Upper East Side, où les tables raffinées sont légion, le désuet Lexington Candy Shop sort du lot et fait figure de monument historique. Fondé en 1925, ce *luncheonette* – restaurant servant des repas légers et des collations à l'heure du déjeuner – incarne le NYC d'un temps révolu.

DANA GIVENS ©

Une institution presque centenaire

Ouvert en 1925 par Soterios Philis et Tami Naskos, le fameux **Lexington Candy Shop** (p. 227) devint un pilier du quartier durant la Grande Dépression. Il a conservé son look rétro plein de charme des années 1950, si bien que les clients attablés devant ses hamburgers ont l'impression de remonter le temps. L'établissement est toujours tenu par la famille Philis, qui continue de servir des plats américains faits maison.

Des friandises aux hamburgers

L'adresse doit son nom aux confiseries qui, de même que sa fontaine à sodas, la rendirent populaire auprès des habitants du secteur. Elle fabriqua des chocolats dans un atelier au sous-sol jusqu'en 1948, date à laquelle les patrons décidèrent de transformer la boutique en snack-bar à plein temps. L'emplacement privilégié à un angle de rue contribua au succès de l'entreprise.

Le Lexington Candy Shop accueille aujourd'hui un mélange d'habitués du coin, qui commandent souvent la même chose à chaque visite, et de touristes étrangers venus découvrir les musées alentour. À l'image du cadre, le personnel n'a pas cédé aux caprices de la mode qui agitent le monde frénétique de la restauration new yorkaise et reste fidèle à la tradition. Une tactique gagnante puisque celle-ci finit toujours par redevenir tendance.

Photo Lexington Candy Shop

DANA GIVENS ©

ELIZABETH HOLMES/ALAMY STOCK PHOTO ©

Un décor de cinéma

Les fameuses bouteilles de Coca-Cola alignées derrière la vitrine sous l'enseigne en néon et les murs tapissés de photos de stars du rock et d'acteurs célèbres ont figuré dans des publicités, des programmes de télévision et même des films comme *Les Trois jours du condor*, *Apprenti gigolo* et *Le journal d'une baby-sitter*. À l'intérieur, quelques banquettes vert foncé dans des box et des tabourets rembourrés le long du comptoir créent une atmosphère intimiste et nostalgique.

> À l'image du cadre, le personnel n'a pas cédé aux caprices de la mode qui agitent le monde frénétique de la restauration new-yorkaise et reste fidèle à la tradition.

Une cuisine américaine traditionnelle

En accord avec la philosophie de la troisième génération de propriétaires, la carte, les ingrédients et les modes de préparation n'ont guère changé depuis les origines : jus de fruits fraîchement pressés, burgers sans esbroufe et autres recettes éprouvées. Même le Coca-Cola est fait sur place à partir de sirop. Il s'agit du seul *luncheonette* encore en activité, ouvert seulement du petit-déjeuner jusqu'à 18h.

Pour les becs sucrés

Si la Lexington Candy Shop a cessé d'être une confiserie, les gourmands peuvent toujours se laisser tenter par les glaces et les *floats* (sodas à la crème glacée) qui sortent d'une machine. Les milk-shakes, confectionnés à l'aide d'un mixeur de style années 1940, se déclinent en quatre parfums classiques : vanille, chocolat, fraise et café. À côté du comptoir se trouve une petite collection de friandises de type loukoum et derrière les appareils utilisés autrefois pour les confectionner.

35 Pubs et bars DE QUARTIER

BOISSONS| VIE NOCTURNE | DIVERTISSEMENT

Non, les bars new-yorkais ne sont pas tous chics, tendance et onéreux. La ville regorge au contraire d'établissements sombres et rustiques qui disposent d'écrans TV diffusant du sport auxquels s'ajoute parfois un billard. Si vous voulez savoir comment la jeunesse locale décompresse, passez une soirée au comptoir d'un de ces lieux sans prétention.

ROBERT K. CHIN - STOREFRONTS/ALAMY STOCK PHOTO ©

En pratique

S'y rendre Le gros des bars se concentre après 3rd Ave et 2nd Ave. Prenez la ligne Q du métro jusqu'à la station 86th St et poursuivez à pied.

Quand En semaine, l'*happy hour* débute vers 17h. Le week-end, entamez votre tournée des pubs entre 18h et 19h.

Argent Prévoyez des espèces afin d'éviter les frais liés aux retraits et paiements par carte bancaire.

Comment se chausser Portez des chaussures confortables pour vous déplacer d'un bar à l'autre.

ROBERT K. CHIN - STOREFRONTS/ALAMY STOCK PHOTO ©

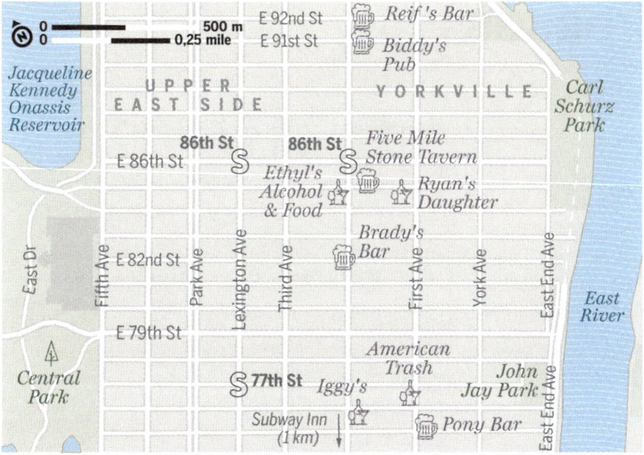

Adresses à la bonne franquette

Les pubs et bars de quartier sont devenus monnaie courante à Yorkville, un secteur de l'Upper East Side, notamment le long de 1st Ave et 2nd Ave. De 86th St, desservie par la ligne Q, vous pourrez rejoindre à pied deux des plus populaires. Le **Five Mile Stone Tavern** (p. 226) possède un balcon-terrasse à l'étage et une allure vintage. La carte comprend un bel assortiment de bières à la pression, américaines et importées, et des plats du jour qui changent régulièrement.

En descendant la rue en direction de 1st Ave, vous tomberez sur le **Ryan's Daughter** (p. 227) à l'ambiance décontractée, ouvert depuis 1979, où se côtoient habitants et visiteurs.

D'autres options vous attendent plus haut en direction de 96th St, notamment le **Biddy's Pub** (p. 227), avec son jeu de fléchettes et ses guirlandes électriques, et le **Brady's Bar** (p. 227), relax et festif. Si le temps s'y prête, rendez-vous au **Reif's Bar** (p. 227), 92nd St, pour profiter de sa terrasse en plein air. Dans l'autre sens, le **Pony Bar** (p. 227) plein d'animation sert les meilleures bières artisanales du coin. Pour une ambiance plus feutrée, direction le **Bemelmans Bar** (p. 227), dans le très sélect hôtel Carlyle, où de talentueux pianistes assurent l'ambiance musicale.

En haut à gauche Ethyl's Alcohol & Food **En bas à gauche** Subway Inn

Karaokés et bars à thème

Avec ses soirées karaoké et son *happy hour* quotidien (19h-4h), **Iggy's** (p. 226) se démarquent de ses concurrents de l'Upper East Side, voire de New York tout entier. Le **Subway Inn** (p. 227), en activité depuis 1937, fait également partie des adresses très cotées où la bière reste bon marché. Pour finir, le bar à cocktails seventies **Ethyl's Alcohol & Food** (p. 227) programme des soirées DJ et go-go danseuses.

Carnet d'adresses

Les grands classiques

Metropolitan Museum of Art (Met)

Voir p. 212. (☎212-535-7710 ; www.metmuseum.org ; 1000 5th Ave, à hauteur de E 82nd St ; tarif plein/réduit 25/12-17 $, gratuit -12 ans ; ⏲10h-17h dim-mar et jeu, 10h-21h ven-sam, fermé mer ; 👪 ; S 4/5/6, Q station 86th St, 6 station 77th St)

Guggenheim Museum

Voir p. 212. (☎212-423-3500 ; www.guggenheim.org ; 1071 5th Ave, entre E 88th St et E 89th St ; tarif plein/réduit 25/18 $, gratuit -12 ans, prix libre en espèces sam 18h-20h ; ⏲11h-18h, jusqu'à 20h sam, fermé mar ; 👪 ; S 4/5/6, Q station 86th St)

Neue Galerie

Voir p. 213. (☎212-628-6200 ; www.neuegalerie.org ; 1048 5th Ave, à l'angle de E 86th St ; tarif plein/réduit 25/16-12 $, -12 ans non admis sauf 1 dim mat/mois ; ⏲11h-17h jeu-lun ; S 4/5/6, Q station 86th St)

Jewish Museum

Voir p. 213. (☎212-423-3200 ; thejewishmuseum.org ; 1109 5th Ave, à l'angle de E 92nd St ; tarif plein/réduit 18/12-8 $, gratuit -18 ans, gratuit sam ; ⏲11h-18h, fermé mar-mer ; 👪 ; S 4/5/6, Q station 86th St, 4/6 station 96th St)

Frick Madison

Voir p. 213 et 216. (☎212-288-0700 ; www.frick.org ; 945 Madison Ave, à l'angle de E 75th St ; tarif plein/réduit/- 18 ans 22/17-12/12 $, prix libre jeu 16h-18h ; ⏲10h-18h jeu-dim ; 👪 ; S 6 station 77th St, Q station 72nd St-2nd Ave)

Temple Emanu-El

Voir p. 213. Appelez avant votre venue, car la synagogue est régulièrement fermée au public pour cause de célébration. Les offices (18h le vendredi et 10h30 le samedi) sont ouverts à tous. (☎212-744-1400 ; www.emanuelnyc.org ; 1 E 65th St, à l'angle de 5th Ave ; ⏲10h-11h30 mar-mer ; S N/R/W station 5th Ave-59th St, F, N/Q/R station Lexington Ave-63rd St)

Autres musées et galeries d'art

Cooper Hewitt, Smithsonian Design Museum

Voir p. 215. (☎212-849-8400 ; www.cooperhewitt.org ; 2 E 91st St, près de 5th Ave ; tarif plein/réduit 18/9-12 $, gratuit -18 ans ; ⏲10h-18h jeu-lun ; 👪 ; S 4/5/6, Q station 86th St, 4/6 station 96th St)

Tambaran Gallery

Voir p. 216. (☎212-570-0655 ; www.tambaran.com ; 5 E 82nd St, entre 5th Ave et Madison Ave ; ⏲11h-18h lun-sam ; S 4/5/6, Q station 86th St)

Bonner David Galleries

Voir p. 217. (☎929-226-7800 ; bdgartboutique.com ; 22 E 81st St, entre 5th Ave et Madison Ave ; ⏲11h-18h mar-sam ; S 4/5/6, Q station 86th St, 6 station 77th St)

Skarstedt Gallery

Voir p. 217. (☎212-737-2060 ; www.skarstedt.com ; 20 E 79th St, entre 5th Ave et Madison Ave ; ⏲9h30-18h mar-ven, 10h-17h sam ; S 6 station 77th St)

Musée Guggenheim

Asia Society & Museum

Fondé en 1956 par John D. Rockefeller III, avide collectionneur d'art asiatique, ce centre culturel accueille des expositions passionnantes, ainsi que des sculptures jaïnes d'Inde et des peintures bouddhiques du Népal. (☎212-288-6400 ; asiasociety.org ; 725 Park Ave, entre E 70th St et E 71st St ; 👪 ; S 6 station 68th St-Hunter College, F/Q station 63rd St-Lexington Ave)

Museum of the City of New York

Installé dans une demeure néocoloniale d'architecture georgienne en haut du Museum Mile, ce musée s'intéresse au passé, au présent et à l'avenir de New York. Ne manquez pas *Timescapes* (au 2e niveau), un film de 28 minutes qui retrace le développement de la cité, du minuscule comptoir colonial des premiers temps à la métropole florissante. (☎212-534-1672 ; www.mcny.org ; 1220 5th Ave entre E 103rd St et 104th St ; don suggéré 20 $, gratuit - 20 ans ; ⏲10h-18h ; S 6 station 103rd St)

Boutiques à la mode

LoveShackFancy

Voir p. 219. (☎917-388-2035 ; www.loveshackfancy.com ; 1058 Madison Ave, à l'angle de E 80th St ; ⏲10h-18h lun-sam, 12h-18h dim ; S 6 station 77th St)

Alexis Bittar

On se bouscule chez ce créateur de bijoux au croisement de l'art et de la mode, qui réalise surtout des modèles en métaux précieux et cristal Swarovski. (☎917-365-6382 ; www.alexisbittar.com ; 1001 Madison Ave, entre 77th St et 78th St ; ⏲10h-18h lun-sam, 11h-17h dim ; S 6 station 77th St)

Mixology

Cette adresse de Long Island spécialisée dans les marques de *fast fashion* du genre H&M ou Forever 21 a essaimé à Manhattan. (☎646-829-1150 ; www.shopmixology.com ; 1422 3rd Ave, entre E 80th St et E 81st St ; ⏲10h-18h lun-sam, 11h-18h dim ; S 6 station 77th St)

EDI CHEN/SHUTTERSTOCK ©

Exposition sur la mode au Met

Ralph Lauren

La principale enseigne pour hommes de la marque occupe la Ralph Lauren Mansion, un somptueux hôtel particulier de style néo-Renaissance non loin à pied de Central Park. (☎212-606-2100 ; www.ralphlauren.fr ; 867 Madison Ave, entre E 71st St et E 72nd St ; ⏲10h-18h lun-jeu, jusqu'à 19h ven-sam, 12h-18h dim ; S 6 station 68th St-Hunter College, 4/6 station 77th St)

DIGS

Un magasin couru qui propose de grandes griffes européennes d'habillement pour femmes ainsi que ses propres vêtements et accessoires. (☎212-750-0101 ; digsny.com ; 1054 3rd Ave, entre E 62nd St et E 63rd St ; ⏲11h-19h30 lun-sam, 12h-19h dim ; S F, N/Q station Lexington Ave-63rd St)

Bonne Nuit

Une petite boutique haut de gamme de mode enfantine made in Europe, où l'on trouve aussi des vêtements d'intérieur et pyjamas pour femme. (☎212-472-7300 ; www.bonnenuitnewyork.com ; 1205 Lexington Ave, entre E 81st St et E 82nd St ; ⏲10h-18h lun-sam, 12h-17h dim ; S 4/5/6 station 86th St, 6 station 77th St)

Cafés et pâtisseries

Levain Bakery $$

La reine des cookies et des sandwichs à la crème glacée (noix et pépites de chocolat ou chocolat noir et beurre de cacahuète, par exemple). (☎917-464-5578 ; levainbakery.com ; 1484 3rd Ave, entre E 83rd St et E 84th St ; 🕙7h-21h tlj ; Ⓢ4/5/6 station 86th St)

Stella & Fly $$

Un établissement mi-café mi-bar à vins où faire une pause l'après-midi ou sortir le soir. Happy hour de midi à 20h en semaine. Consultez l'agenda des concerts et autres événements sur le site Internet. (☎646-678-3947 ; www.stellaandfly.com ; 1705 1st Ave, entre E 88th St et E 89th St ; 🕙à partir de 7h tlj, et jusqu'à au moins 19h ; ⓈN/Q/R station 86th St)

Orwashers Bakery $$

Fondée en 1916 par une famille hongroise, cette boulangerie-pâtisserie est réputée pour ses pains, donuts, chocolats et bagels. (☎212-288-6569 ; www.orwashers.com ; 308 E 78th St, entre 1st Ave et 2nd Ave ; 🕙7h-18h lun-sam, 7h-17h dim ; Ⓢ 4/6 station 77th St, N/Q/R station 72nd St)

William Greenberg Desserts $

Venez goûter aux fameux black-and-white cookies new-yorkais – génoise ronde au glaçage moitié chocolat noir, moitié vanille – dans cette célèbre boulangerie de Manhattan. Également disponibles : boîtes de mini-gâteaux, *egg creams* (boisson typique à base de lait, soda et sirop) et brownies divins. Uniquement à emporter. (☎212-861-1340 ; www.wmgreenbergdesserts.com ; 1100 Madison Ave, entre E 82nd St et 83rd St ; pâtisseries à partir de 1,75 $; 🕙8h-18h30 lun-ven, 8h-18h sam, 10h-16h dim ; 👪 ; Ⓢ4/5/6 station 86th St)

By the Way Bakery $$

Une boutique au look à l'ancienne qui confectionne des classiques de la pâtisserie américaine sans gluten ni produits laitiers. (☎212-988-3300 ; www.btwbakery.com ; 1236 Lexington Ave, entre E 83rd St et E 84th St ; 🕙8h-18h tlj ; Ⓢ4/5/6 station 86th St)

Padoca Bakery $$

Connu pour ses petits pains au fromage brésiliens, l'endroit est également parfait pour prendre un café avec une pâtisserie fraîchement sortie du four. (☎718-440-8671 ; www.padocabakery.com ; 1663 1st Ave, entre E 86th St et E 87th St ; 🕙8h-16h tlj ; Ⓢ4/5/6 station 86th St)

Sweet Shop NYC $$

Bonbons rares et glaces artisanales vous attendent dans cette confiserie de style rétro. (☎212-960-8685 ; www.thesweetshopnyc.com ; 404 E 73rd St, entre York Ave et 1st Ave ; 🕙14h-22h mar-jeu et dim, 14h-23h ven-sam ; ⓈN/Q/R station 72nd St)

Bars et cocktails

Iggy's

Voir p. 223. (☎212-327-3043 ; iggysnewyork.com ; 1452 2nd Ave, entre E 75th St et E 76th St ; 🕙13h-4h tlj ; ⓈN/Q/R station 72nd St)

Five Mile Stone Tavern

Voir p. 223. (☎212-933-0913 ; fivemilestone.com ; 1640 2nd Ave, à l'angle de E 85th St ; 🕙12h-minuit lun-ven, 11h-minuit sam-dim ; ⓈN/Q station 86th St)

Orwashers Bakery

Ryan's Daughter

Voir p. 223. (☎212-628-2613 ; ryansdaughter.nyc ; 350 E 85th St, entre 1st Ave et 2nd Ave ; ⌚12h-4h lun-ven, 11h-16h sam-dim ; Ⓢ N/Q station 86th St)

Biddy's Pub

Voir p. 223. (☎917-870-5626 ; 301 E 91st St, près de 2nd Ave ; ⌚17h-4h tlj ; Ⓢ N/Q station 86th St ou 96th St)

Brady's Bar

Voir p. 223. (☎212-861-6070 ; www.bradysbar.com ; 1583 2nd Ave, à l'angle de E 82nd St ; ⌚16h-4h lun-ven, 12h-4h sam-dim ; Ⓢ N/Q station 86th St)

Reif's Bar

Voir p. 223. (☎212-426-0519 ; www.reifsbar.com ; 302 E 92nd St, près de 2nd Ave ; ⌚12h-4h tlj ; Ⓢ N/Q station 96th St ou 86th St)

Pony Bar

Voir p. 223. (☎212-288-0090 ; theponybar.com ; 1444 1st Ave, à l'angle de E 75th St ; ⌚15h-minuit lun-jeu, 12h-3h ven-sam, 12h-minuit dim ; happy hour 16h20-18h20 lun-ven ; Ⓢ N/Q/R station 72nd St)

Ethyl's Alcohol & Food

Voir p. 223. (☎212-300-4132 ; ethylsalcohol.com ; 1629 2nd Ave, entre E 84th St et E 85th St ; ⌚à partir de 17h mar-dim ; happy hour 17h-19h ; Ⓢ N/Q/R station 86th St)

Subway Inn

Voir p. 223. (☎212-758-0900 ; www.thesubwayinn.com ; 1140 2nd Ave, à l'angle de E 60th St ; ⌚15h-20h mer-sam ; Ⓢ L/R/W station Lexington Ave-59th St, F, N/Q/R station Lexington Ave-63rd St)

Bemelmans Bar

Voir p. 223. Un droit d'entrée de 10 $ à 35 $ (assis en salle) est demandé lorsque joue un pianiste ou un trio de jazz. (☎212-570-7120 ; www.thecarlyle.com ; Carlyle Hotel, 35 E 76th St, à hauteur de Madison Ave ; ⌚12h-minuit dim-lun, 12h-0h30 mar-jeu, 12h-1h ven-sam ; Ⓢ 6 station 77th St)

L'heure du cocktail

Bars à vins et restaurants

Lexington Candy Shop $

Voir p. 220. (☎212-288-0057 ; www.lexingtoncandyshop.com ; 1226 Lexington Ave, à l'angle de E 83rd St ; ⌚7h-19h lun-ven, 8h-19h sam, 8h-18h dim ; Ⓢ 4/5/6 station 86th St)

EJ'S Luncheonette $

Quand les habitants de l'Upper East Side ont envie de *comfort food*, c'est à cette adresse qu'ils se rendent. La conversation va toujours bon train dans ce charmant restaurant rétro bien établi. Au menu : œufs brouillés aérés, burgers, sandwichs ou encore pain de viande à la sauce aux champignons. (☎212-472-0600 ; www.ejsluncheonette.com ; 1271 3rd Ave, à hauteur de 73rd St ; ⌚8h-22h ; 👪 ; Ⓢ Q station 72nd St)

Piccola Cuccina Downtown $$

Pâtes et plats de viande sont délicieux, et à des prix abordables pour le quartier (notamment avec la formule à 20 $ à l'heure du déjeuner). Mais on vous recommande surtout le tiramisu "minute", préparé sous vos yeux, directement à votre table. (☎646-707-3997 ; www.piccolacucinagroup.com ; 106 East 60th Street, près de Park Ave ; ⌚ 11h30-23h dim-jeu, 11h30-minuit ven et sam ; Ⓢ 4/5/6/N/R/W station Lex Ave/59St)

Penrose $$

Un bar de premier ordre où siroter de bons vieux cocktails dans un décor en brique et bois. Il ouvre jusqu'à 2h mais convient mieux pour déjeuner ou bruncher le week-end. Longue carte de vins et spiritueux. (212-203-2751 ; www.penrosebar.com ; 1590 2nd Ave, entre E 82nd St et E 83rd St ; 11h-3h lun-ven, 9h30-3h sam-dim ; Q station 86th St)

Uva $$

Une table cosy où déguster des plats italiens maison assortis d'un nombre impressionnant de vins. Il y a même une carte spéciale noctambules, disponible jusqu'à 2h. (212-472-4552 ; www.uvanyc.com ; 1486 2nd Ave, entre E 77th St et E 78th St ; 15h-minuit lun, jusqu'à 1h mar-ven, 11h-1h sam-dim ; 4/6 station 77th St)

Kaia $$

Un bar à vins-restaurant intimiste parmi les plus intéressants du quartier, qui met à l'honneur les crus et la cuisine d'Afrique du Sud. (212-722-0490 ; www.kaiawinebar.com ; 1614 3rd Ave, entre E 90th St et E 91st St ; 16h-22h lun-jeu, jusqu'à 23h ven, 13h-23h sam, 12h-22h dim ; 4/5/6 station 86th St, N/Q station 96th St)

Serena's Wine Bar $$

Un lieu confortable à la cave bien fournie. Carte de salades, sandwichs, pâtes et spécialités italiennes. (212-988-2646 ; serenasnyc.com ; 1268 2nd Ave, entre E 66th St et E 67th St ; 12h-22h dim-lun, jusqu'à 23h mar-sam ; 4/6 station 68th St-Hunter College, F, N/Q/R station Lexington Ave-63th St)

Sistina $$$

Voir p. 217. (212-861-7660 ; www.sistinany.com ; 24 E 81st St, près de Madison Ave ; 12h-15h et 17h-22h tlj ; 4/6 station 77th St)

Caravaggio $$$

Voir p. 217. (212-288-1004 ; caravaggioristorante.com ; 23 E 74th St, près de Madison Ave ; 12h-15h et 17h-22h tlj ; 6 station 77th St-Lexington Ave)

Cafe Sabarsky $$

La file d'attente peut être longue devant cet établissement très convoité de la Neue Galerie, qui évoque la Vienne opulente du début du XXe siècle, où les spécialités autrichiennes signées par le chef étoilé Christopher Engel – crêpes à la truite fumée, goulasch, *Bratwürste* (saucisses) grillées, etc. – sont toutes impeccablement dressées. Le menu propose également une grande variété d'alléchantes pâtisseries. (212-288-0665 ; www.neuegalerie.org/cafes/sabarsky ; 1048 5th Ave, à hauteur de E 86th St ; 9h-18h lun, 9h-21h jeu-dim ; 4/5/6 station 86th St)

Dépôts-ventes

Michael's Consignment

Vous cherchez une paire chaussures Manolo Blahnik ou un foulard en soie de marque ? Direction cette boutique aux airs d'appartement. (212-737-7273 ; www.michaelsconsignment.com ; 1125 Madison Ave, à l'angle de E 84th St ; 11h-18h mar-sam ; 4/5/6 station 86th St, 6 station 77th St)

VICTORIA LIPOV/SHUTTERSTOCK ©

Vitrine chic sur Madison Ave

La Boutique Resale

Des modèles de grands noms de la mode, comme Fendi ou Moschino, parmi lesquels se cachent des pièces à prix abordable. (☎212-988-1998 ; www.laboutiqueresale.com ; 1132 Madison Ave, 2e et 3e niv, près de E 84th St ; ⌚10h30-19h lun-sam, 11h-18h30 dim ; Ⓢ4/5/6 station 86th St, 6 station 77th St)

Gentlemen's Resale

Les messieurs aussi ont droit à leur friperie chic. Costumes, souliers et cravates soigneusement sélectionnées côtoient quelques vêtements plus décontractés, tous griffés. (☎212-734-2739 ; www.gentlemensresale.com ; 322 E 81st St, entre 1st Ave et 2nd Ave ; ⌚11h-19h lun-sam, 12h-18h dim ; ⓈN/Q/R station 86th St)

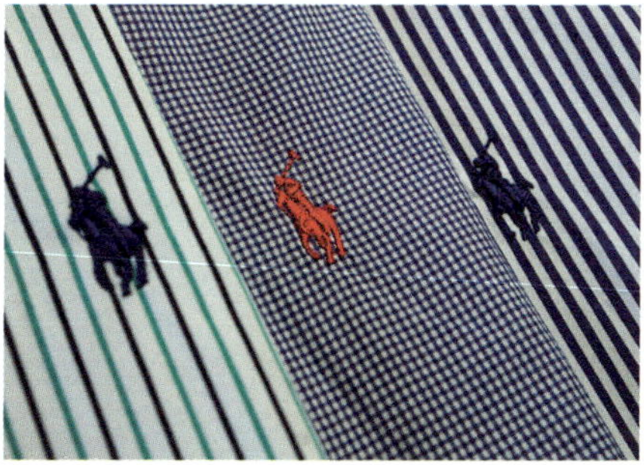

ROBERT K. CHIN - STOREFRONTS/ALAMY STOCK PHOTO ©

Détail d'une chemise griffée

Roundabout

Prêt-à-porter de luxe et vêtement couture de seconde main, mais aussi maroquinerie et joaillerie s'alignent dans cette friperie sélecte. (☎212-472-3625 ; roundaboutcouture.com ; 1100 Madison Ave, entre E 82nd St et E 83rd St ; ⌚10h-18h lun-sam, 12h-17h dim ; Ⓢ4/5/6 station 86th St)

HARLEM

RESTAURANTS | HISTOIRE | ARTS

Lenox Av
Malcolm X
Boulevard

HARLEM
à la carte

INCONTOURNABLES ET TRÉSORS CACHÉS

Harlem se démarque par sa vitalité et ses racines afro-américaines. Cette identité culturelle donne tout son cachet au quartier. Il y flotte une atmosphère plus détendue qu'ailleurs à New York, car Harlem demeure largement résidentiel et compte assez peu d'hôtels. Entre ses restaurants au long passé et ses lieux de concert, vous ne risquez pas de vous ennuyer.

Le quartier en bref

Sur place *Happy hours*, bonne musique, prix abordables.

S'y rendre Les lignes de métro 2/3 longent Lenox Ave. Pour rejoindre East Harlem, prenez le bus "crosstown" à la station 116th St.

Circuler À pied de préférence. Lenox Ave (aussi appelée Malcolm X Blvd) concentre la majeure partie des restaurants et attractions.

À savoir De nombreux établissements ferment vers 19h ou 20h.

Feuilletez les archives du **Schomburg Center of Black Research** (p. 239).
1 min de la station 135th St
Dansez sur des musiques africaines et caribéennes au **Shrine** (p. 247) en sirotant des cocktails.
7 min de la station 135th St
Dînez sur fond de jazz au sous-sol du Red Rooster, siège du **Ginny's Supper Club** (p. 247).
3 min de la station 125th St
Savourez la cuisine portoricaine authentique du **Cuchifritos** (p. 244).
3 min de la station 116th St
Découvrez des spécialités sénégalaises et somaliennes à **Little Africa** (p. 240)
1 min de la station 116th St
Grignotez des en-cas d'Amérique latine et des Caraïbes au marché de **La Marqueta** (p. 248).
6 min des stations 110th St et 116th St
W 135th St
135th St
E 135th St
W 134th St
W 133rd St
Malcolm X Blvd (Lenox Ave)
Fifth Ave
Madison Ave
W 128th St
HARLEM
Harlem River
Martin Luther King Jr Blvd (W 125th St)
125th St
Marcus Garvey Park
Third Ave
Second Ave
116th St
W 116th St
116th St
E 116th St (Luis Munoz Marin Blvd)
E 115th St
Park Ave
Lexington Ave
SPANISH HARLEM
E 112th St
0
500 m
0
0,25 mile

Les grands classiques

Pour les infos pratiques de chaque site, reportez-vous au Carnet d'adresses p. 244.

Museo del Barrio

C'est l'une des grandes institutions culturelles latino-américaines de New York. Outre un judicieux programme d'expositions temporaires couvrant divers médias, El Museo propose une impressionnante collection permanente composée d'art précolombien et d'artisanat traditionnel, sans oublier un fonds d'art contemporain signé d'artistes latinos.

PHOTO12/ALAMY/SERGI REBOREDO ©

Schomburg Center for Research in Black Culture

La plus grande collection de documents, livres rares et photographies relatifs à l'histoire et à la culture noire américaine réunie aux États-Unis est gérée dans ce centre de recherche par la New York Public Library. Expositions, conférences et projections de films s'y tiennent régulièrement.

PHOTO12/ALAMY/MEDIAPUNCH INC ©

BWZENITH/ISTOCK ©

Abyssinian Baptist Church

La plus célèbre église de la ville est réputée pour ses services gospel dominicaux, particulièrement animés et émouvants. Les touristes sont admis à condition de respecter quelques règles : débardeurs, tongs, shorts, leggings et sacs à dos sont strictement interdits, et il faut rester toute la durée du service (environ 2 heures 30).

PHOTO12/ALAMY/WHITE HOUSE PHOTO ©

Studio Museum in Harlem

Depuis plus de 40 ans, ce lieu unique où sont exposées les œuvres de grands artistes afro-américains joue un rôle culturel essentiel à Harlem. Lieu de rencontre et de dialogue, il rassemble les acteurs de la culture locale autour d'événements variés : expositions, projections, conférences

ALUXUM/ISTOCK ©

Apollo Theater

C'est la salle de concerts mythique de Harlem ! Créée pour accueillir un cabaret burlesque réservé aux Blancs, cette salle se réinventa en 1934 avec "Jazz à la carte". De Duke Ellington à Billie Holiday en passant par les Jackson 5, tous les grands artistes noirs montèrent sur sa scène.

36 À table dans EL BARRIO

MARCHÉS | RESTAURANTS | CULTURE

Le melting-pot latino de Spanish Harlem, également appelé El Barrio, s'illustre avec des marchés hauts en couleur et une cuisine riche et variée aux accents mexicains, portoricains et dominicains.

RICHARD LEVINE/ALAMY STOCK PHOTO ©

En-cas latinos

Épicentre des cultures latinos, le Spanish Harlem fait comme il se doit la part belle à toutes les cuisines hispaniques. Les cartes des restaurants du quartier reflètent cette diversité.

Les en-cas à emporter de type *empanadas*, tacos, burritos et *pastelitos* sont monnaie courante.

Le quartier en bref

S'y rendre Prenez la ligne 6 du métro jusqu'à la station 116th St, puis marchez. Ce secteur resserré se parcourt aisément à pied.

Quand Venez vers midi ou profitez de l'*happy hour* avant un dîner tôt.

Langue Les petits restaurants emploient souvent un personnel hispanophone qui maîtrise peu l'anglais.

Argent Prévoyez des espèces car les vendeurs de rue abondent.

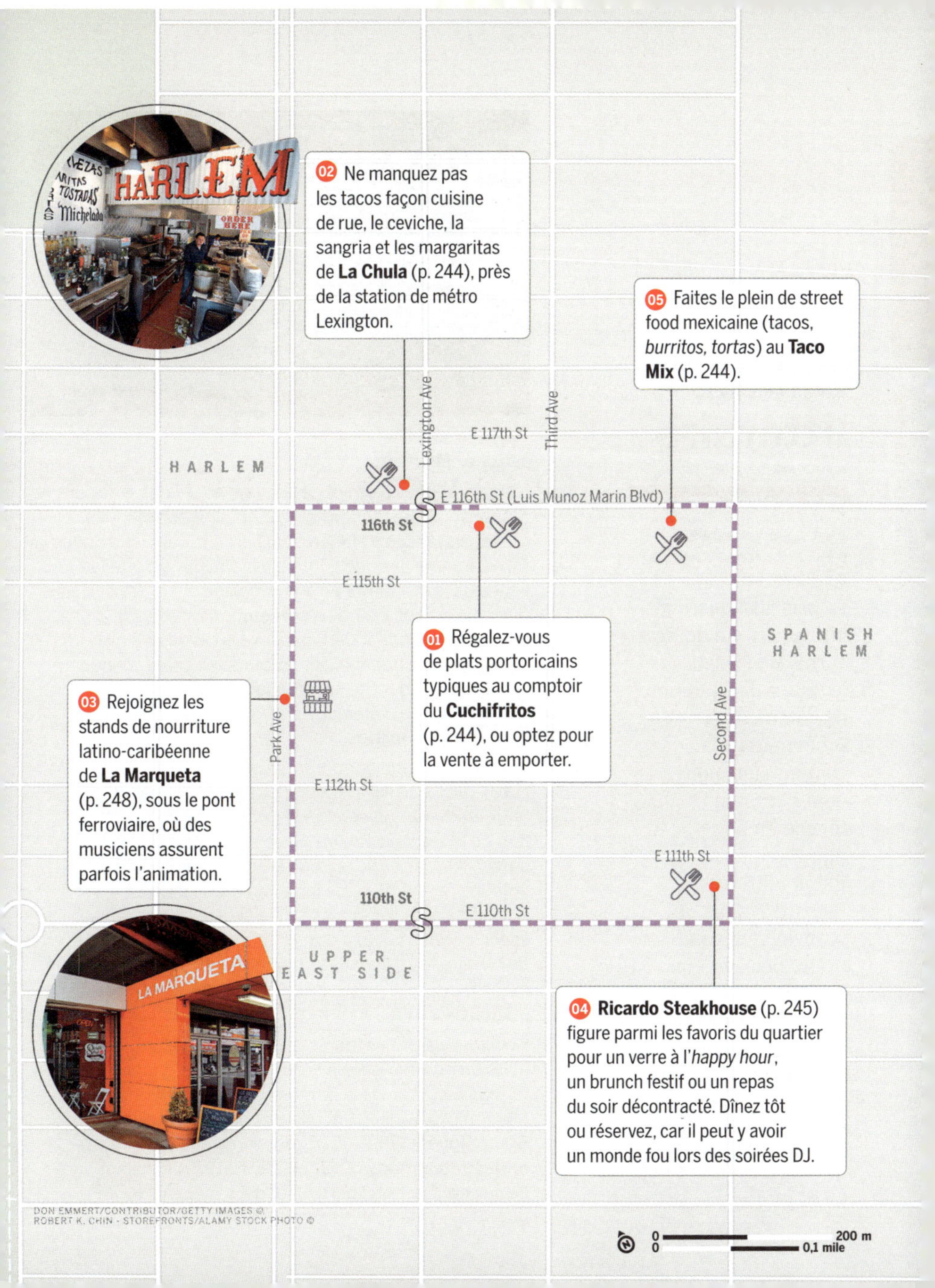

02 Ne manquez pas les tacos façon cuisine de rue, le ceviche, la sangria et les margaritas de **La Chula** (p. 244), près de la station de métro Lexington.

05 Faites le plein de street food mexicaine (tacos, *burritos, tortas*) au **Taco Mix** (p. 244).

01 Régalez-vous de plats portoricains typiques au comptoir du **Cuchifritos** (p. 244), ou optez pour la vente à emporter.

03 Rejoignez les stands de nourriture latino-caribéenne de **La Marqueta** (p. 248), sous le pont ferroviaire, où des musiciens assurent parfois l'animation.

04 **Ricardo Steakhouse** (p. 245) figure parmi les favoris du quartier pour un verre à l'*happy hour*, un brunch festif ou un repas du soir décontracté. Dînez tôt ou réservez, car il peut y avoir un monde fou lors des soirées DJ.

Balade littéraire

SUR LES TRACES DE LA RENAISSANCE DE HARLEM

Le principal quartier afro-américain de New York a été le berceau et la source d'inspiration de nombreux écrivains prolifiques de la communauté noire, dont Langston Hughes, Claude McKay et, plus récemment, Ralph Ellison et Richard Wright, qui participèrent dans l'entre-deux-guerres au mouvement de la Renaissance de Harlem. On peut visiter les lieux où ils vécurent et créèrent leurs œuvres.

À gauche Langston Hughes House, Harlem **Au centre** Harlem YMCA **À droite** Schomburg Center of Black Research

L'art à Harlem

L'art imprègne l'histoire de Harlem, où s'illustrèrent des auteurs comme Richard Wright et Langston Hughes. La Renaissance de Harlem, qui fleurit durant les Années folles, fut une période d'intense créativité qui jeta les bases de la littérature afro-américaine et inspira certains des plus grands écrivains contemporains. Il suffit d'une brève promenade à Harlem pour percevoir son histoire et celles des personnalités notoires qui ont façonnée la culture et l'identité spécifique du quartier.

Langston Hughes

Le poète, romancier et dramaturge Langston Hughes (1901-1967), arrivé à New York dans les années 1920 pour étudier à l'université de Columbia, fut l'un des fers de lance de la Renaissance de Harlem. Son autobiographie, *The Big Sea* (1940 ; traduction aux éditions Seghers), parle longuement de l'amour qu'il portait au quartier et à sa scène artistique en plein essor. Il résida jusqu'à sa mort dans une *brownstone* de Harlem, où il écrivit la plupart de ses livres. L'habitation est toujours visible non loin de l'Apollo Theater (p. 244) et du Sylvia's Restaurant (p. 245).

Hughes décrit les réunions des artistes et intellectuels noirs du quartier chez A'Lelia Walker, personnalité mondaine et fille de la femme d'affaires afro-américaine Madam C. J. Walker. L'écrivain et peintre gay Richard Bruce Nugent (1906-1987) de même que le muraliste et illustrateur Aaron Douglas (1899-1979) faisaient partie de ce cercle. L'hôtel particulier de la mécène abrite

MARTYN VICKERY/ALAMY STOCK PHOTO ©

RANDY DUCHAINE/ALAMY STOCK PHOTO ©

maintenant la **Countee Cullen Library** (p. 248) baptisée d'après l'auteur du recueil de poésie *Color (*1925, non traduit), autre figure marquante de la Renaissance de Harlem.

Repaires d'écrivains

Nombre des lieux où vécurent des auteurs influents du mouvement sont encore visibles. C'est le cas du **Harlem YMCA** (180 W 135th St, entre Lenox Ave et Adam Clayton Powell Jr. Bd), ancien domicile de Richard Wright (*Native Son*, 1940, traduction française *Un Enfant du pays*, Folio ; *Black Boy*, 1945 ; traduction française *Une Faim d'égalité*, Folio), Ralph Ellison (*Invisible Man*, 1952 ; traduction française *Homme invisible, pour qui chantes-tu ?*, Grasset) et Claude McKay (*Home to Harlem*, 1928 ; son roman *Banjo* est traduit aux éditions de l'Olivier). De l'autre côté de la rue se tiennent les actuels **James Weldon Johnson Residence Apartments** (187 W 135th) où le leader de la National Association for the Advancement of Colored People (NAACP) logea de 1925 à 1938, période à laquelle il publia des œuvres poétiques et des essais de sciences humaines.

> La Renaissance de Harlem, qui fleurit durant les années 1920, fut une période d'intense créativité pour les nombreux artistes qui s'étaient regroupés dans cette partie de la ville.

ⓘ Schomburg Center

Pour ceux qui souhaiteraient en savoir plus sur le Harlem historique, le **Schomburg Center of Black Research** (p. 244) rassemble des archives comprenant des écrits et souvenirs d'artistes et d'intellectuels noirs ayant joué un rôle majeur dans la culture afro-américaine. La bibliothèque porte le nom de l'écrivain, historien et militant afro-portoricain Arturo Schomburg. Elle occupe un bâtiment qui fut le siège du programme destiné à soutenir les écrivains durant la Grande Dépression, puis un théâtre où débutèrent Sidney Poitier et Harry Belafonte.

37 Les saveurs de LITTLE AFRICA

NOURRITURE | RESTAURANTS | CULTURE

Haut lieu de l'immigration africaine à New York, Little Africa est émaillé de petits commerces ethniques, de marchés colorés et de restaurants dont les cuisines exotiques représentent le continent dans toute sa diversité.

VESPASIAN/ALAMY STOCK PHOTO ©

Le quartier en bref

S'y rendre Lignes 2/3 du métro jusqu'à la station 116th St, puis trajet à pied vers l'ouest en traversant les différentes avenues.

Quand Au déjeuner, beaucoup de petites adresses proposent des plats du jour et il n'y a pas foule.

Argent Prévoyez des espèces pour vos achats sur les marchés et dans les magasins de proximité.

Situation centrale C'est l'un des atouts de ce quartier bien desservi, ce qui facilite les liaisons avec le centre de NYC.

RICHARD LEVINE/ALAMY STOCK PHOTO ©

Marché en plein air

Au **Malcolm Shabazz Harlem Market** (p. 248), des commerçants de divers pays d'Afrique proposent toutes sortes de marchandises, notamment des sacs à main, des sculptures sur bois décoratives et des produits de soin pour la peau efficaces et pas chers, comme le savon noir et le beurre de karité. Ces articles importés sont souvent d'une qualité supérieure à ceux vendus dans les boutiques. Vous trouverez aussi des stands de vêtements en tissus africains confectionnés sur mesure. Le marché se tient toute l'année et vous y dénicherez à coup sûr un souvenir sympathique de votre séjour dans le quartier.

LOTTIE DAVIES/LONELY PLANET ©

L'Afrique de l'Ouest à Upper Manhattan

Quelques *blocks* du quartier ont été investis par des commerçants africains, en majorité d'Afrique de l'Ouest, dont les magasins de produits d'importation et les restaurants de cuisine traditionnelle répondent aux besoins spécifiques de leur communauté.

À gauche Malcolm Shabazz Harlem Market **À droite** Drapeaux africains lors de l'African American Day Parade,

Cuisine africaine

En continuant vers l'ouest, vous tomberez sur des petites boutiques et des restaurants tenus par des Africains, au milieu des commerces locaux. À l'heure du déjeuner, optez pour les spécialités sénégalaises du **Keur Coumba** (p.244) ou du **Pikine** (p.245) qui préparent des plats comme le yassa (poulet au citron et aux oignons frits), le thiéboudiène (riz au poisson) ou le mafé (poulet à la pâte d'arachide), à arroser d'un bissap (infusion d'ibiscus) ou d'un jus de gingembre bien frais. Au **Safari** (p.245) une table somalie populaire, vous pourrez goûter l'*hilib ari* (viande de chèvre rôtie servie avec du riz long) ou un *sabaayed* (galette frite comparable au *paratha* indien) garni.

Le Petit Sénégal

Little Africa est également surnommé le "Petit Sénégal" du fait de son importante communauté sénégalaise. La cuisine du pays domine dans les restaurants et l'on entend souvent parler français. La population du quartier a aussi des origines dans d'autres pays d'Afrique de l'Ouest, en particulier la Guinée, le Burkina Faso et le Ghana. Il existe aussi des tables africaines ailleurs à Harlem, dont **Accra** (p. 244) et le **Ponty Bistro** (voir p. 244).

Par Linda Adria Moscovitz, *chef à domicile et spécialiste des circuits axés sur la cuisine africaine et des restaurants éphémères à Harlem (@lindaacooks)*

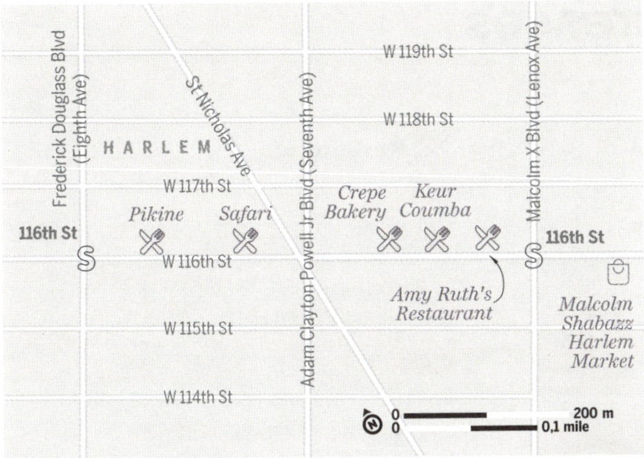

À gauche Femmes sénégalaise, Harlem **Ci-dessous** Amy Ruth's

Harlem historique

Little Africa n'abrite pas que des restaurants africains. Institution du quartier depuis des lustres, **Amy Ruth's** (p. 247) est apprécié pour sa *soul food* traditionnelle du sud des États, en particulier pour son poulet et ses gaufres salées ou sucrées. Une file d'attente se forme devant le dimanche, surtout après la messe.

Carnet d'adresses

Les grands classiques

Apollo Theater

Voir p. 235. (billetterie spectacle 800-982-2787, visites guidées 212-531-5337 ; www.apollotheater.org, billetterie 10h-18h lun-ven, 12h-17h sam ; 253 W 125th St, entre Frederick Douglass Blvd et Adam Clayton Powell Jr Blvd, Harlem ; S A/B/C/D, 2/3 station 125th St)

Museo del Barrio

Voir p. 234. (212-831-7272 ; www.elmuseo.org ; 1230 5th Ave entre 104th St et 105th St, East Harlem ; don suggéré tarif plein/réduit 9/5 $, gratuit -12 ans ; 11h-18h mer-sam, 12h-17h dim ; S 6 station 103rd St)

Schomburg Center for Research in Black Culture

Voir p. 234 et 239. (917-275-6975 ; www.nypl.org/locations/schomburg ; 515 Malcolm X Blvd, à hauteur de 135th St, Harlem ; gratuit ; 10h-18h lun-mer et ven-sam ; S 2/3 station 135th St)

Studio Museum in Harlem

Voir p. 235. Le musée bénéficiera bientôt d'un nouveau bâtiment, imaginé par David Adjaye et le cabinet Cooper Robertson, qui devrait ouvrir ses portes fin 2022. Entre-temps, les œuvres sont exposées au Studio Museum 127, un espace situé au 429 W 127th St, entre Amsterdam Ave et Convent Ave. (212-864-4500 ; www.studiomuseum.org ; 144 W 125th St, à hauteur de Adam Clayton Powell Jr Blvd, Harlem ; don suggéré 7 $, gratuit dim ; 12h-21h jeu-ven, 10h-18h sam, 12h-18h dim ; S 2/3 station 125th St)

Abyssinian Baptist Church

Voir p. 235. (212-862-7474 ; www.abyssinian.org ; 132 odell Clark Pl, entre Adam Clayton Powell Jr Blvd et Malcolm X Blvd, Harlem ; messe gospel pour touristes 11h30 dim mi-sept à juil ; S 2/3 station 135th St)

Restaurants

Accra $

Voir p. 242. (212-932-7739 ; www.facebook.com/AccraRestaurantHarlem ; 2065 Adam Clayton Powell Jr Blvd, à hauteur de 123rd St ; midi et soir tlj ; S 2/3, A/C/B/D station 125th St)

Cuchifritos $

Voir p. 233 et 237. (212-876-4846 ; 168 E 116th St, entre 3rd Ave et Lexington Ave ; midi et soir tlj ; S 4/6 station 116th St)

Taco Mix $

Voir p. 237. (212-289-2963 ; www.tacomix.co ; 234 E 116th St, entre 2nd Ave et 3rd Ave ; plats 4-11 $; 13h-3h tlj ; S 4/6 station 116th St)

La Chula $

Voir p. 237. (212-599-7500 ; www.lachulanyc.com ; 137 E 116th St, à hauteur de Lexington Ave ; plats 4-13 $; 12h-22h tlj ; S 4/6 station 116th St)

Keur Coumba $

Voir p. 242. (212-866-3900 ; 125 W 116th St ; plats env. 10 $; 8h30-15h tlj ; S 2/3, A/B/C station 116th St)

FERNANDOGARCIAESTEBAN/ISTOCK ©

Harlem Hospital Center

Ponty Bistro $$

Voir p. 242. Spécialités africaines et françaises. (☎212-234-6475 ; www.pontybistroharlem.com ; 2375 Adam Clayton Powell Jr Blvd, à hauteur de 139th St ; plats 28-38 $; ⏲9h-1h ven-sam, 9h-minuit dim-jeu ; Ⓢ2/3, A/B/C station 135th St)

Ricardo Steakhouse $$

Voir p. 237. (☎212-289-5895 ; www.ricardosteakhouse.com ; 2145 2nd Ave, entre E 111th St et Tito Puente Wy ; plats 14-56 $; ⏲11h-23h dim-mer, 11h-minuit jeu-sam ; ⓈB/C station 116th St)

Melba's $$

Voir p. 232. La queue de bœuf et le mac 'n' cheese figurent parmi les plats iconiques de ce pilier de la *soul food*. Détendue à midi, l'ambiance est plus animée le soir, avec de la musique dansante et du jazz. (☎212-864-7777 ; www.melbasrestaurant.com ; 300 W 114th St, à hauteur de Frederick Douglass Blvd ; ⏲12h-21h30 tlj ; ⓈA/B/C station Cathedral Pkw, 2/3 station 116th St)

Sylvia's $$

Sylvia's attire New-Yorkais, touristes et célébrités depuis les années 1960 avec son incontournable cuisine traditionnelle du Sud. Les plats sont divins et le brunch gospel du dimanche est un événement en soi. (☎212-996-0660 ; www.sylviasrestaurant.com ; 328 Malcolm X Blvd (Lenox Ave), entre 126th St et 127th St, Harlem ; plats 15-28 $; ⏲11h-20h dim-jeu, 11h-22h ven-sam ; Ⓢ2/3 station 125th St)

Vinatería $$

Un restaurant d'inspiration espagnole et italienne dont le cadre se prête à un dîner décontracté en amoureux. En entrée, les coquilles Saint-Jacques s'avèrent délicieuses. Les amateurs de vin seront comblés par la carte étoffée et l'*happy hour*. (☎212-662-8462 ; www.vinaterianyc.com ; 2211 Frederick Douglass Blvd, entre W 119th St et 120th St ; plats 18,50-35 $; ⏲16h-22h lun-mar, 16h-23h mer-ven, 12h-23h sam, 12h-22h dim ; ⓈA/B/C station 116th St)

THE CURIOUS EYE/SHUTTERSTOCK ©

Melba's

Abyssinia $$

L'une des meilleures adresses éthiopiennes de New York, généralement très tranquille en journée. Portions copieuses. Bon choix avec un groupe d'amis. (☎212-281-2673 ; abyssinianyc.com ; 268 W 135th St, entre Frederick Douglass Blvd et Adam Clayton Powell Jr Blvd ; plats 17-24 $; ⏲12h-22h tlj ; ⓈA/B/C, 2/3 station 135th St)

Babbalucci $$

Une cuisine italienne authentique au cœur de Harlem, dont d'excellentes pizzas cuites dans un four en brique traditionnel. Les soirs de beau temps, profitez de l'*happy hour* en terrasse. (☎646-918-6572 ; www.babbalucci.com ; 331 Lenox Ave (Malcolm X Blvd), entre 126th St et 127th St ; pizzas et plats 14-30 $; ⏲16h-22h dim-mer, 16h-23h jeu, 16h-minuit ven-sam ; Ⓢ2/3 station 125th St)

Seasoned Vegan $$

Une option de choix pour les végétaliens et sympathisants. La carte revisite les classiques de la *soul food*, avec des versions veggie des "travers de porc" au barbecue, des sandwichs *po'boy* et du fameux *chopped cheeseburger* de Harlem. (☎212-222-0092 ; www.seasonedvegan.com ; 55 St Nicholas Ave, à hauteur de 113th St, Harlem ; sandwichs et wraps 12-14 $; plats 10-25 $; ⏲17h-22h mar-ven, 13h-22h sam, 16h-21h dim ; 🌱 ; Ⓢ2/3 station 110th St ou 116th St)

EMILY_M_WILSON/ISTOCK ©

Foodtruck

Lolo's Seafood Shack $$

Une table de fruits de mer réputée pour ses pinces de crabe (évitez la chemise blanche !) Accompagnez le tout d'un verre de Lolo's Punch à base de rhum caribéen et d'oseille. (646-649-3356 ; lolosseafoodshack.com ; 303 W 116th St, entre Manhattan Ave et Frederick Douglass Ave ; plats 13-36 $ environ ; 12h-21h mar-jeu, 12h-22h ven-sam, 11h-21h dim ; S B/C station 116th St)

Maison Harlem $$

Un bistrot français classique dans West Harlem pour un dîner en amoureux. Belle carte des vins. (212-222-9224 ; www.maisonharlem.com ; 341 St Nicholas Ave, à hauteur de 127th St, Harlem ; plats 18-34 $; 12h- 23h lun-jeu, 11h-23h ven-dim ; W ; S A/C, B/d station 125th St)

Bières et cocktails

Harlem Hops $

Une brasserie simple avec des bières locales à la pression, de la bonne musique, une carte qui change régulièrement et une petite terrasse plus calme à l'arrière. (646-998-3444 ; harlemhops.com ; 2268 Adam Clayton Powell Jr Blvd, entre 133th St et 134th St, Harlem ; 15h-23h ; ; S 2/3 station 135th St)

Corner Social $$

Fun garanti dans cet endroit couru pour faire la fête tard le soir ou bruncher (avec alcool !) Les cocktails sont forts et à prix raisonnable. Nous recommandons la sangria maison et le Harlem Love Punch. (212-510-8552 ; cornersocialnyc.com ; 321 Lenox Ave (Malcolm X Blvd), à hauteur de 126th St ; 16h-minuit lun-ven, 12h-minuit sam-dim ; S 2/3 station 125th St)

67 Orange Street $$

Prisé des amateurs de cocktails artisanaux haut de gamme, ce bar-*lounge* qui cultive le style des anciens *speakeasies* invite à décompresser devant l'une de ses créations comme le Santa Rockey. (212-662-2030 ; www.67orangestreet.com ; 2082 Frederick Douglass Blvd, entre 112th St et 113th St ; 17h-minuit dim-jeu, jusqu'à 2h ven-sam ; S B, C station 116th St)

Harlem Tavern $$

Un *beer garden* aussi tranquille et décontracté en semaine que bruyant et bondé le week-end. La carte offre l'embarras du choix en matière de plats – commandez le mac 'n' cheese façon brasserie et la bière du mois. (212-866-4500 ; harlemtavern.com ; 2153 Frederick Douglass Blvd, à hauteur de W 116th St ; 12h- minuit dim-jeu, 12h-1h ven-sam ; S B, C station 116th St)

AMEER MUSSARD-AFCARI/SHUTTERSTOCK ©

Harlem Tavern

Cantina Taqueria & Tequila Bar $$

Parfaite pour manger sans se ruiner, cette adresse mexicaine est prise d'assaut à l'*happy hour.* Super margaritas et tacos de bonne taille. (☎313-437-1431 ; www.cantinaonlenox.com ; Lenox Ave (Malcolm X Blvd), à hauteur de 126th St ; ⏲12h-minuit dim-jeu, 12h-2h ven-sam ; Ⓢ2/3 station 125th St)

Musique live

Apollo Theater

La légendaire "Amateur Night", qui accueillit entre autres Ella Fitzgerald, Jimi Hendrix, les Jackson 5 ou encore Lauryn Hill lorsqu'ils étaient des débutants encore anomymes, se tient encore tous les mercredis soir, dans une ambiance survoltée. Voir plus haut.

Shrine

Voir p. 233. Un bar où se produisent des groupes et musiciens locaux. Après minuit, des DJ mixent R&B, reggae, salsa et musiques africaines. (☎212-690-7807 ; www.shrinenyc.com ; 2271 Adam Clayton Powell Jr Blvd, entre 133rd St et 134th St, Harlem ; ⏲16h-4h ; Ⓢ2/3 station 135th St)

Ginny's Supper Club

Voir p. 233. (☎212-421-3821 ; www.ginnyssupperclub.com ; 310 Malcolm X Blvd, entre W 125th St et 126th St, Harlem ; entrée 25 $; ⏲18h-minuit jeu, jusqu'à 3h ven-sam, brunch 10h30-15h dim ; Ⓢ2/3 station 125th St)

Minton's Playhouse

On y vient pour dîner et siroter des cocktails raffinés en écoutant du jazz de qualité. Programme en ligne. (☎212-243-2222 ; www.mintonsharlem.com ; 206 W 118th St, entre St Nicholas Ave et Adam Clayton Powell Jr Blvd ; entrée 20-25 $, plus 20 $ minimum de consommation ; ⏲18h-minuit mer-dim, jam sessions 20h et 22h ; ⓈB/C, 2/3 station 116th St)

Concert au Apollo Theater

Brunchs du week-end

Amy Ruth's $$

Voir p. 243. Une institution de la *soul food* à la hauteur de sa réputation, où les gens du quartier viennent bruncher le dimanche après la messe. (☎212-280 8779 ; amyruths.com ; 113 W 116th St, près de Malcolm X Blvd ; ⏲11h- 21h30 lun-jeu, 11h-23h ven-sam, 11h-22h dim ; plats 16-27 $; Ⓢ2, 3, B, C station 116th St)

Angel of Harlem $$

Un restaurant plein d'ambiance dont le brunch d'inspiration caribéenne sur fond de musique remporte un franc succès. (☎212-316-0350 ; www.angelofharlemnyc.com ; 2272 Frederick Douglass Blvd , à hauteur de 122nd St ; plats brunch 14-26 $; ⏲17h-23h mer-jeu, 16h-minuit ven, 11h-minuit sam, 11h-23h dim ; Ⓢ2/3, A/C/B/D station 125th St)

Maxwell's Central Park $$

Un établissement au décor rustique, juste à côté de Central Park. Le brunch géant attire un monde fou les samedis et dimanches (servi jusqu'à 16h), et les cocktails signature comptent parmi les meilleurs de cette partie de la ville. (☎646-657-0993 ; www.maxwellscentralpark.com ; 1325 5th Ave, entre 111th St et 112th St ; plats 15-34 $; ⏲12h-23h lun-ven,

Harlem Burger

J2R/ISTOCK ©

11h-23h sam-dim ; S 2/3 station Central Park North - 110th St, 4/6 station 110th St)

Lido Harlem Restaurant $$

Encore un énorme brunch (samedis et dimanches de 10h30 à 16h), classé dans le peloton de tête de Harlem. Mimosa (cocktail à base de champagne et de jus d'orange) à volonté, crêpes et plats italiens authentiques. (☎646-490-8575 ; www.lidoharlem.com ; 2168 Frederick Douglas Blvd, à hauteur de W 117th St ; plats brunch 13-26 $; ⏰12h-22h lun-ven, 10h30-22h sam dim ; S B/C station 116th St)

The Edge $$

Cette table caribéenne devient carrément festive les samedis et dimanches à l'heure du brunch (jusqu'à 15h45). Elle propose des plats fusion qui allient le meilleur des cuisines jamaïcaine et américaine, à l'image du *jerk chicken* (poulet relevé) servi avec des gaufres moelleuses. (☎212-939-9688 ; www.theedgeharlem.com ; 101 Edgecombe Ave, à hauteur de W 139th St ; plats brunch 10-22 $; ⏰11h-22h jeu-sam, 11h-16h dim ; S A/B/C station 135th St)

B Squared Harlem $$$

Une adresse au look d'ancien bar clandestin. Au menu du brunch (les samedis de 11h à 16h et les dimanches de 11h à 20h) : *shrimp and grits* (crevettes et gruau de maïs), *lobster hash* (pommes de terre sautées au homard), pancakes noix de coco-thé vert… Débutez fort en commandant le cocktail Mama We Outside. (☎212-280-2248 ; www.b2harlem.com ; 271 W 119th St, à hauteur de St Nicholas Ave ; plats brunch 18-59 $; ⏰16h-22h mar-jeu, 16h-23h ven, 11h-23h sam, 11h-20h dim ; S A/B/C, 2/3 station 116th St)

Marché et boutiques

Malcolm Shabazz Harlem Market,

Voir p. 241. (www.facebook.com/malcolmshabazzharlem ; 52 W 116th St, entre Malcolm X Blvd (Lenox Ave) et 5th Ave, Harlem ; ⏰10h-21h, jusqu'à 20h jeu et dim ; 👪 ; S 2/3 station 116th St)

La Marqueta

Voir p. 233 et 237. (☎212-534-4900 ; publicmarkets.nyc/la-marqueta ; 1590 Park Ave, à hauteur de 115th St ; ⏰9h-18h mar-mer, 10h-19h jeu-sam, 10h-17h dim ; S 4/6 station 116th St)

Countee Cullen Library

Voir p. 239. (☎212-491-2070 ; www.nypl.org/locations/countee-cullen ; 104 W 136th St, à hauteur de Lenox Ave (Malcolm X Blvd) ; ⏰11h-19h lun-jeu, 11h-17h ven-sam ; S 2/3 station 135th St)

Flamekeepers Hat Club

SX70/ISTOCK ©

NiLu

Cette boutique rassemble objets de décoration, posters, livres et une foule d'autres choses en lien avec Harlem et la culture afro-américaine, le plus souvent posignés par des créateurs locaux. (☎646-964-4926 ; shopnilu.com ; 191 Malcolm X Blvd (Lenox Ave), entre 119th St et 120th St ; ⏲11h-19h eu-dim ; b2/3 station 116th St)

Harlem Haberdashery

Messieurs, mettez votre garde-robe au goût du jour dans cette boutique ultrabranchée de Harlem. Dans ses rayons : des sweats, T-shirts, baskets chics, élégants chapeaux, lunettes de soleil et objets de décoration. (☎646-707-0070 ; www.harlemhaberdashery.com ; 245 Malcolm X Blvd (Lenox Ave), entre 122nd St et 123rd St, Harlem ; ⏲12h-19h lun-sam ; S 2/3 station 125th St)

Flamekeepers Hat Club

Originaire de Harlem, Marc Williamson crée toute sorte de couvre-chefs (fédoras, *pork pies*, casquettes plates, bérets...), cousus et travaillés à la main. (☎212-531-3542 ; www.flamekeepershatclub.com ; 273 W 121st St, à hauteur de St Nicholas Ave, Harlem ; ⏲12h-18h mer-sam, 12h-16h dim ; S A/C, B/d station 125th St)

Malcolm Shabazz Harlem Market.

Revolution Books

Cette librairie à l'indépendance revendiquée met à l'honneur les livres traitant de problèmes sociaux, de politique, de la question du genre ou des droits humains. (☎212-691-3345 ; www.revolutionbooksnyc.org ; 437 Malcolm X Blvd (Lenox Ave), à hauteur de 132nd St, Harlem ; ⏲14h-19h mar-dim ; S 2/3 arrêt 135th St)

QUEENS

MUSÉES | RESTAURANTS | CULTURE

LE QUEENS
à la carte

INCONTOURNABLES ET TRÉSORS CACHÉS

Si New York est connu pour être un melting-pot, le *borough* du Queens présente un condensé de ce qui fait la mosaïque ethnique et culturelle de la ville. Des marchés de nuit du Chinatown de Flushing aux musées d'art de Long Island City, ses différents secteurs plongent le visiteur dans des ambiances des plus contrastées.

Le quartier en bref

Sur place Restaurants et musée.

S'y rendre Les lignes de métro 7, M, N/R et W desservent la plupart des lieux d'intérêt. La ligne A conduit à Far Rockaway.

Circuler Mieux vaut rejoindre les destinations lointaines comme Flushing en semaine, afin d'éviter les interruptions de service et les retards dans le métro.

À savoir Les temps de trajet peuvent être longs. Prévoyez de passer la journée dans le Queens.

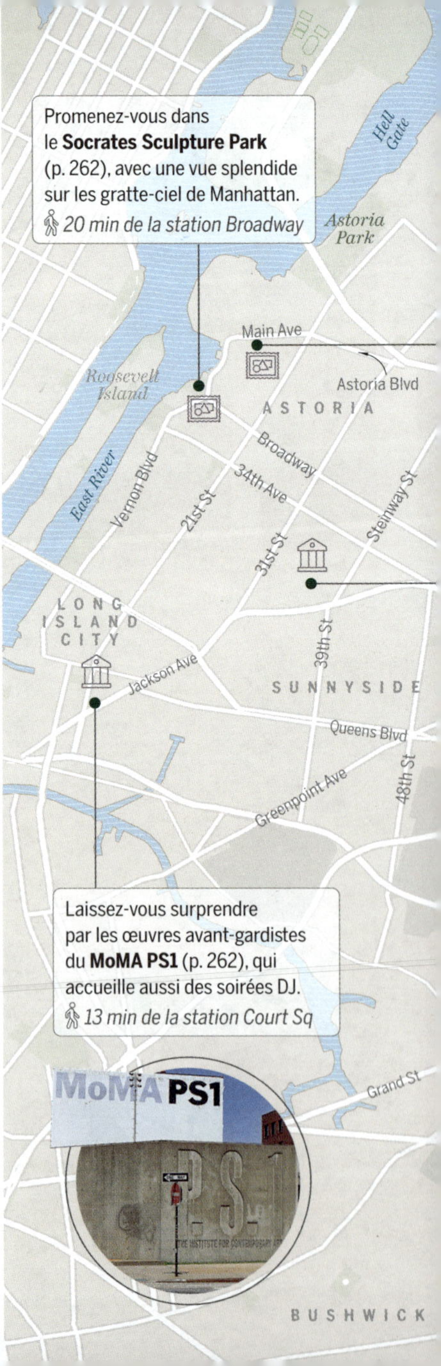

Rikers Island
Bowery Bay
Flushing Bay
Meadow Lake
Forest Park
0 2 km
0 1 mile
N
Admirez les fresques murales du Welling Court Mural Project (p. 261), vitrine d'artistes émergents.
20 min de la station Broadway
Goûtez des délices de toute l'Asie au Queens Night Market (p. 265) de Flushing.
12 min de la station 111th St
Flânez dans les beaux espaces verts et à la galerie d'art des Queens Botanical Gardens (p. 263).
12 min de la station Main St
Découvrez l'histoire du cinéma à travers les expositions du Museum of the Moving Image (p. 261)
4 min de la station Steinway
Visitez l'éclectique New York Hall of Science (p. 263) qui met les disciplines scientifiques à la portée de tous.
17 min de la station Mets-Willets Point
Prenez le train pour lézarder sur le sable de Rockaway Beach (p. 262) et parcourir sa promenade en planches.
4 min de la station Rockaway Beach Blvd
Grand Central Pkwy
23rd Ave
Astoria Blvd
Whitestone Expwy
Main St
JACKSON HEIGHTS
Northern Blvd
114th St
Roosevelt Ave
Van Wyck Expwy
Roosevelt Ave
Broadway
Booth Memorial Ave
108th St
Grand Central Pkwy
FLUSHING
Long Island Expwy
Junction Blvd
ELMHURST
Grand Ave
Queens Blvd
Long Island Expwy
Eliot Ave
Woodhaven Blvd
FOREST HILLS
Flushing Ave
Fresh Pond Rd
69th St
QUEENS
71st Ave
Metropolitan Ave
Myrtle Ave
Rockaway Beach (13 km)

Les grands classiques

Pour les infos pratiques de chaque site, reportez-vous au Carnet d'adresses p. 262.

Gantry Plaza State Park

Ce parc de 5 ha au bord de l'East River, qui fait face au siège des Nations unies, sur la rive opposée, jouit d'un magnifique panorama ininterrompu sur Manhattan (des transats sont à disposition pour en profiter). Le parc attire des familles venues de tout le Queens. À l'extrémité nord se dresse le panneau Pepsi-Cola géant de 1936, emblématique de Long Island City.

Noguchi Museum

Ce bâtiment et sa collection sont l'œuvre d'Isamu Noguchi, sculpteur, designer et architecte-paysagiste américano-japonais. Ses lampes et tables basses emblématiques, de même que ses élégantes sculptures abstraites en pierre, sont présentées dans de paisibles galeries et dans un jardin sobre.

CRÉDIT ©

Rockaway Beach

La plus grande plage urbaine d'Amérique est aussi l'une des meilleures de New York. Plus sauvage et moins fréquentée que Coney Island, Rockaway Beach est longée par une promenade en planches de près de 9 km et jalonnée de stands proposant des en-cas en saison.

CRÉDIT ©

Museum of the Moving Image

Dans le quartier multiculturel d'Astoria, ce musée de l'audiovisuel abrite plus de 130 000 pièces, parmi lesquelles la perruque d'Elizabeth Taylor dans *Cléopâtre*, un nombre impressionnant de téléviseurs et de caméras vintage, des jouets optiques du XIXe siècle et une pièce remplie de jeux d'arcade.

MIZOULA//ISTOCK ©

MoMA PS1

Fondé en 1976 dans les anciens locaux d'une école, et rattaché depuis 2000 au MoMA, le PS1 est à l'affût des œuvres les plus avant-gardistes et se veut plus branché que son pendant de Manhattan. Outre les installations permanentes – dont *Meeting* de James Turrell, qui fait du ciel un chef-d'œuvre –, la galerie accueille des expositions à la pointe de l'avant-garde et de nombreux événements culturels.

38 Festin international SUR LA LIGNE 7

RESTAURANTS | CULTURE | SHOPPING

Le Queens est l'un des *boroughs* les plus diversifiés de New York, notamment sur le plan ethnique, avec des quartiers comme Little India et le Chinatown de Flushing. Pour découvrir ces derniers et la cuisine de leurs communautés, partez en voyage avec la ligne 7 du métro.

SNAPASKYLINE/SHUTTERSTOCK ©

Le quartier en bref

S'y rendre De Manhattan, prenez la ligne 7 à 42nd St-Bryant Park et 34th St-Hudson Yards.

Quand L'excursion peut facilement durer la journée. Partez tôt pour passer assez de temps à chaque halte.

Transport Les lignes qui desservent les *boroughs* en dehors de Manhattan subissent des changements d'itinéraires et des retards le week-end. Privilégiez la visite en semaine.

Langue Dans certains quartiers, les vendeurs des petits commerces parlent parfois à peine anglais.

IRA BERGER/ALAMY STOCK PHOTO ©

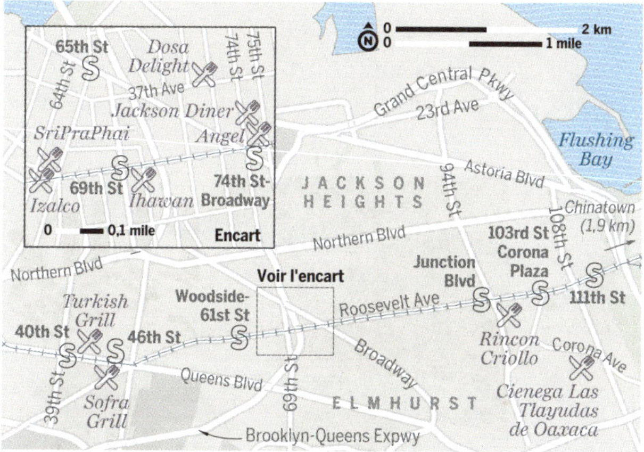

Tour du monde culinaire

Entre les stations 40th St et Lowery St s'étend Sunnyside, un quartier multiculturel surtout connu pour ses restaurants turcs de qualité. Parmi eux, citons le **Turkish Grill** (p. 264), près de la station de métro, et le **Sofra Grill** (p. 264), qui sert une cuisine de la Méditerranée dans une ambiance décontractée.

À Woodside, Little Manila regroupe des tables philippines comme **Ihawan** (p. 264), une adresse sans fioritures où manger de savoureuses grillades au barbecue. Le secteur abrite aussi certains des meilleurs thaïlandais de New York, dont le **SriPraPhai** (p. 264). Entre les stations Woodside et 61st St, place aux établissements d'Amérique centrale. L'**Izalco** (p. 264) offre un cadre cosy pour déguster ses spécialités : les *pupusas* salvadoriennes (galettes de semoule de maïs). Goûtez absolument l'*horchata* avec des bananes plantains frites.

Arrêtez-vous ensuite à la station 74th St-Broadway, en lisière de Jackson Heights, où se trouve Little India. Les commerces de produits importés et les restaurants reflètent ici les cultures régionales du sous-continent. **Angel** (p. 264) prépare de la street food d'Inde du Nord, **Dosa Delight** (p. 264) des spécialités du sud du pays. Quant à **Jackson Diner** (p. 264), il mélange les deux et ne lésine pas sur les portions. Plus loin sur la ligne, vous arriverez à Corona, entre Junction Blvd et Corona Plaza, où règne la cuisine d'Amérique latine. Le **Rincon Criollo** (p. 264) est une valeur sûre pour les saveurs cubaines.

En haut à gauche Chinatown de Flushing **En bas à gauche** Jackson Diner

Le Chinatown de Flushing

Nous avons gardé le meilleur pour la fin. La dernière étape sur la ligne 7 conduit dans le Chinatown de Flushing, une enclave très commerçante qui recèle d'excellents restaurants. Citons par exemple le **White Bear** (p. 264), roi des raviolis, et le **Szechwan Absolute** (p. 264), sans rival pour la cuisine du Sichuan. Les groupes apprécieront la copieuse fondue traditionnelle du **Haidilao** (p. 264), avec ses plats à partager. En attendant qu'une table se libère, les clients auront même droit à un massage ou une manucure. Enfin, **Tai Pan Bakery** (p. 264) vend des pâtisseries et autres douceurs traditionnelles.

L'ART
dans le Queens

01

02

03

FLUX FACTORY

04

01 Isamu Noguchi

Ce sculpteur et designer américano-japonais a eu une carrière longue et prolifique, qui débuta dans les années 1920. Il a conçu lui-même le Noguchi Museum de Long Island (p. 262) consacré à son œuvre.

02 Socrates Sculpture Park

Un parc public de Long Island City qui accueille des expositions de sculptures. La ligne d'horizon de Manhattan, en toile de fond, est très photogénique (p. 262).

03 Flux Factory

Un espace artistique à but non lucratif du Queens qui soutient les talents émergents à travers des résidences et des expositions (p. 263).

04 Astoria Performing Arts Center

Ce centre de spectacle vivant monte des productions célèbres à petite échelle avec des artistes locaux encore peu connus. (www. apacny.org)

07

05

06

05 Welling Court Mural Project

Une initiative communautaire pour embellir le quartier grâce à des fresques de grands noms du street art et de graffeurs en plein essor (p. 261).

06 Jim Henson

Le Museum of the Moving Image (p. 262) consacre une exposition permanente au créateur de *Sesame Street* et du *Muppet Show*.

07 MoMA PS1

Cette antenne du musée d'Art moderne de Manhattan met à l'honneur les œuvres contemporaines les plus avant-gardistes (p. 262).

39 Escapade artistique À LONG ISLAND CITY

GALERIES D'ART | MUSÉES | PARCS

Les musées d'art contemporain et les œuvres de street art ne se cantonnent pas à Manhattan et à Brooklyn. Long Island City est également un haut lieu de la création artistique, avec ses institutions bien établies et ses espaces dédiés à la promotion des talents locaux.

KOKYAT CHOONG/ALAMY STOCK PHOTO ©

Le quartier en bref

S'y rendre Ligne 7 du métro jusqu'à la station Vernon Blvd-Jackson Ave, puis trajet à pied, à vélo ou en Uber/Lyft.

Quand Venez en journée pour profiter des expositions à ciel ouvert. Attention aux interruptions de service dans le métro le week-end.

Comment se chausser Prévoyez des chaussures confortables, car vous allez beaucoup marcher.

Navette gratuite En été, le LIC Art Bus relie les sites culturels et artistiques de Long Island City, notamment le Noguchi Museum et le MoMA PS1.

OSUGI/SHUTTERSTOCK ©

En haut à gauche Noguchi Museum
En bas à gauche MoMA PS1

Musées

Le Queens renferme une série de musées d'art qui justifient largement le voyage depuis Manhattan. Le **Socrates Sculpture Park** (p. 262) a la particularité d'être le seul parc de la ville entièrement dédié à la création et l'exposition d'œuvres monumentales. Il offre par ailleurs un panorama sur Manhattan, de l'autre côté de l'East River. Également sur Vernon Blvd, le **Noguchi Museum** (p. 262) présente le travail du sculpteur et designer américano-japonais Isamu Noguchi (1904-1988). Le **Museum of the Moving Image** (p. 262) révèle quant à lui quelques-uns des secrets du septième art et conserve de riches archives cinématographiques. Enfin, le **MoMA PS1** (p. 262) met en avant depuis 1971 les déclinaisons les plus expérimentales de l'art contemporain.

Institutions privées

Des initiatives privées s'intéressent aussi à l'art contemporain, comme la **Flux Factory** (p. 263), qui s'emploie à donner une visibilité à de nouveaux talents. Musée d'art contemporain à but non lucratif, le **SculptureCenter** (p. 263) été fondé en 1928 pour promouvoir des artistes émergents. Installé jusqu'en 2001 dans Brooklyn, il a investi en 2001 un bâtiment en brique proche de Jackson Ave.

Street Art

En 2013, la destruction du 5 Pointz, une ancienne usine de Long Island City convertie en haut lieu du street art, a suscité la controverse et poussé des militants à créer des espaces protégés pour cette forme d'expression très ancrée dans le quartier. Le **Welling Court Mural Project** (www.wellingcourtmuralprojectnyc.com) notamment, permet à des artistes locaux de peindre des fresques éclatantes qui égayent les murs d'Astoria.

Carnet d'adresses

Les grands classiques

MoMA PS1

Voir p. 255 et 261. (☎718-784-2084 ; www.moma.org/ps1 ; 22-25 Jackson Ave, Long Island City ; adulte/enfant 10 $/gratuit, gratuit avec le billet MoMA, accès aux après-midi Warm Up en ligne/sur place 18/22 $; 12h-18h jeu-lun, après-midi Warm Up 12h-21h sam juil-début sept ; S G, 7 station Court Sq, E/M station Court Sq- 23rd St)

Noguchi Museum

Voir p. 254. (☎718-204-7088 ; www.noguchi.org ; 9-01 33rd Rd, à hauteur de Vernon Blvd, Long Island City ; adulte/enfant 10 $/gratuit, 1er ven du mois gratuit ; 11h-18h mer-dim ; Q103, Q104 station Vernon Blvd-33 Rd, S N/W station Broadway)

Rockaway Beach

Voir p. 255. On y accède par la ligne A depuis Manhattan moyennant 2,75 $ – ou en ferry, pour le même prix. (plage et promenade 6h-21h ; Q52-SBS station Rockaway Beach Blvd-Beach 92 St, NYC Ferry depuis Wall St-Pier 11, S A station Beach-90 St)

Gantry Plaza State Park

Voir p. 254. (parks.ny.gov/parks/gantryplaza ; 4-09 47th Rd, Long Island City ; aube-crépuscule ; S 7 station Vernon Blvd-Jackson Ave).

Museum of the Moving Image

Voir p. 255. (www.movingimage.us ; 36-01 35th Ave, entre 36th St et 37th St, Astoria ; adulte/enfant 15/9 $, 16h-20h ven gratuit ; 10h30-17h mer-jeu, 14h-20h ven, 12h-18h sam-dim ; ; S M/R station Steinway St)

Parcs et autres lieux de plein air

Gantry Plaza State Park

Voir plus haut.

Rockaway Beach

Voir plus haut.

Socrates Sculpture Park

Voir p. 252 et 258. (socratessculpturepark.org ; 32-01 Vernon Blvd, Astoria ; gratuit ; 9h-crépuscule ; S N/W station Broadway).

Fort Totten Park

À l'entrée de Little Neck Bay, sur le Long Island Sound, ce parc paisible occupe un ancien site de l'armée américaine. On peut visiter le fort datant de la guerre de Sécession. (www.nycgovparks.org/parks/fort-totten-park ; S 7 station Flushing Main St puis bus Q16)

Flushing Meadows Corona Park

Ce vaste espace vert émaillé de sculptures imposantes invite à d'agréables promenades quand le temps s'y prête. (www.nycgovparks.org/parks/flushing- meadows-corona-park ; Grand Central Pkwy, Corona ; S 7 station Mets-Willets Point)

Kingsland Homestead

Le domaine autour de cette maison du XVIIIe siècle, siège de la Queens Historical Society, abrite un hêtre pleureur historique, planté en 1847 et à l'origine de tous les

Queens Museum

arbres de son espèce aux États-Unis. (queenshistoricalsociety.org/kingsland-homestead ; 143-35 37th Ave, Flushing ; tarif plein/réduit 5/3 $; ⌚14h30-16h30 mar et sam ; S 7 station Main St-Flushing)

Alley Pond Park

Un parc proche de Bayside, doté d'un étang et d'un parcours aventure avec tyrolienne, mur d'escalade, etc. (www.nycgovparks.org/parks/Q001/ ; de Little Neck Bay à Springfield Blvd, Union Turnpike ; S E/F station Union Turnpike puis bus Q46)

Astoria Park

Parfait pour pique-niquer dans l'herbe sur les berges de l'East River en assistant au coucher du soleil. (www.nycgovparks.org/parks/astoria-park ; 19th St, entre Astoria Park S et Ditmars Blvd ; S N/W station Ditmars Blvd)

Queens Botanical Gardens

Ce jardin botanique de 16 ha, à Flushing, comprend un arboretum et une galerie d'art. (☎718-886-3800 ; queensbotanical.org ; 43-50 Main St, Flushing ; tarif plein/réduit 6/4 $, gratuit -3 ans ; ⌚8h-18h mar-dim d'avril à oct, 8h-16h30 mar-dim de nov à mars ; S 7 station Main St-Flushing)

Musées et galeries

Flux Factory

Voir p. 258 et 261. (www.fluxfactory.org ; 39-31 29th St, entre 39th Ave et 40th Ave ; S N/W station 39-Av Dutch Kills)

SculptureCenter

Voir p. 261. (☎718-361-1750 ; www.sculpture-center.org ; 44-19 Purves St, Long Island City ; don suggéré 10 $; ⌚12h-18h jeu-lun ; S 7 station 45th Rd-Court House Sq, E, M station 23rd St- Ely Ave, G station Long Island City-Court Sq)

Queens Museum

Ce musée d'art contemporain, installé dans le pavillon de l'Exposition universelle de 1939, implique et sensibilise la population multiethnique de Corona. (QMA ; ☎718-592-9700 ; queensmuseum.org ; Flushing Meadows Corona Park, Queens ; don suggéré adulte/enfant 8 $/gratuit ; ⌚12h-17h mer-ven, 11h-17h sam-dim ; wifi ; S 7 station 111th St ou Mets-Willets Point)

TOOYKRUB/SHUTTERSTOCK ©

Queens Center

Voelker Orth Museum

Cette maison d'une famille d'immigrants allemands de la fin du XIXe siècle possède un jardin victorien faisant office de sanctuaire ornithologique. (☎718-359-6227 ; www.vomuseum.org ; 149-19 38th Ave, Flushing ; don suggéré 5 $; ⌚13h-16h dim et mar ; S 7 station Main St-Flushing puis bus Q15 ou Q15A)

New York Hall of Science

Un musée des sciences résolument interactif, pourvu d'une salle de cinéma en 3D. (☎718-699-0005 ; www.nysci.org ; 47-01 111th St ; adulte/enfant 25/20 $, gratuit 14h-17h ven et 10h-11h dim ; ⌚9h30-17h lun-ven, 10h-18h sam-dim ; S 7 station 111th St)

King Manor Museum

La demeure où vécut Rufus King (1755-1827), signataire de la Constitution des États-Unis et sénateur de l'État de New York, est aujourd'hui un musée illustrant son héritage et la vie d'autrefois dans le quartier de Jamaica. (☎718-206-0545 ; www.kingmanor.org ; 150-03 Jamaica Ave, entre 150th St et 153rd St ; don suggéré adulte/enfant

5/3 $; ⏲visites lun, mar, jeu, ven à 11h, 12h, 13h, 14h et 15h, sam à 13h, 14h, 15h et 16h ; S E/J/Z station Jamaica Center-Parsons/Archer)

À table !

Tai Pan Bakery $

Voir p. 257. (☎718-888-1111 ; www.taipanbakery.com ; 37-25 Main St, entre 37th St et 38th St ; ⏲8h-18h30 tlj ; S 7 station Maint St-Flushing)

Turkish Grill $-$$

Voir p. 257. (☎917-905-4364 ; www.turkishgrillnewyork.com ; 4203 Queens Blvd, à hauteur de 42nd St, Sunnyside ; plats 2-21 $ environ ; ⏲12h-21h tlj ; S 7 station 40 St-Lowery St)

Sofra Grill $-$$

Voir p. 257. (☎917-396-4777 ; www.soframediterraneangrillmenu.com ; 45-08 46th St, à hauteur de Queens Blvd, Sunnyside ; plats 9-20 $ environ ; ⏲10h-22h tlj ; S 7 station 46 st-Bliss St)

Ihawan $-$$

Voir p. 257. (☎718-205-1480 ; www.ihawan-ny.com ; 40-06 70th St, à hauteur de Roosevelt Ave , Woodside ; plats 9-20 € environ ; ⏲11h-21h lun, mar, jeu et ven, 9h-20h30 sam-dim ; S 7/E/F/M station Jackson Hts-Roosevelt Ave)

Izalco $-$$

Voir p. 257. (☎718-533-8373 ; 64-05 Roosevelt Ave, entre 64th St et 65th St, Woodside ; plats 6,50-25 $ environ ; ⏲11h-21h jeu-mar ; S 7 station 69th St-Fisk Ave)

Dosa Delight $-$$

Voir p. 257. (☎718-397-1000 ; www.dosadelightnyc.com ; 35-66 73rd St, à hauteur de 37th Ave ; plats 10-18 $; ⏲11h30-22h tlj ; S 7/E/F/M/R station Jackson Hts-Roosevelt Ave)

White Bear $-$$

Voir p. 257. (☎718-961-2322 ; 135-02 Roosevelt Ave, à hauteur de Prince St ; ⏲9h-20h tlj ; S 7 station Maint St-Flushing)

Angel $$

Voir p. 257. (☎347-848-0097 ; www.angelindianny.com ; 7413 37th Rd, à hauteur de 75th St ; plats 13-20 $; ⏲11h30-22h tlj ; S 7/E/F/M/R station Jackson Hts-Roosevelt Ave)

SriPraPhai $$

Voir p. 257. (☎718-899-9599 ; www.sripraphai.com ; 64-13 39th Ave, Woodside ; plats 11-21 $; ⏲11h30-20h15 jeu-mar ; S 7 station 69th St)

Jackson Diner $$

Voir p. 257. (☎718-672-1232 ; www.jacksondiner.com ; 3747 74th St, à hauteur de 37th Rd ;⏲11h30-22h tlj ; S 7/E/F/M/R station Jackson Hts-Roosevelt Ave)

Rincon Criollo $$

Voir p. 257. (☎718-458-0236 ; rincon-criollo.com ; 40-09 Junction Blvd, à hauteur de Roosevelt Ave ; plats 16-30 $; ⏲12h-22h tlj ; S 7 station Junction Blvd)

Szechwan Absolute $$

Voir p. 257. (☎917-983-6666 ; www.szechwanabsoluteny.com ; 39-16 Prince St, à hauteur de Roosevelt Ave ; ⏲11h30-20h30 tlj ; S 7 station Maint St-Flushing)

Haidilao $$

Voir p. 257. (☎917-231-888 ; haidilaoflushingreserve.com ; 138-23 39th Ave, à hauteur de Union St ; ⏲11h30-23h dim-jeu, 11h30-minuit ven-sam ; S 7 station Maint St-Flushing)

Brunchs tendance

Sanfords Astoria $$

Ce restaurant situé juste à la sortie de la station Broadway attire beaucoup de monde le week-end grâce son brunch d'inspiration mexicaine et son ambiance assez chic. (☎718-932-9569 ; www.sanfordsnyc.com ; 30-13 Broadway, à hauteur de 31th St, Astoria ; ⏲10h-minuit tlj ; S N/W station Broadway)

Mom's Kitchen and Bar $$

Un bistrot de quartier où bruncher à n'importe quelle heure de la journée. Au menu : milk-shakes, hamburgers et autres indémodables classiques américains. (www.eatatmomsnyc.com ; 33-01 31st Ave, à hauteur de 33rd St, Astoria ; plats 14-25 $; ⏲9h-22h dim-jeu, 9h-23h ven-sam ; S N/W station Broadway)

Shady Lady $$

Une adresse courue le week-end pour son brunch misant sur la *comfort food* et les tapas, idéal quand on est nombreux. (☎718-440-9081 ; www.shadyladyastoria.com ; 34-19 30th Ave, à hauteur de 35th St, Astoria ; plats 14-44 $; ⏲17h-22h sam-jeu, 10h ou 11h-23h ven-dim ; S N/W station Astoria Blvd)

Sugar Freak $$

Un restaurant créole d'Astoria aux brunchs animés, qui sert des plats de la Nouvelle-Orléans comme le *po'boys* et des cocktails originaux. Arrivez de préférence avant la foule, qui afflue vers 14h. (☎718-606-1900 ; www.sugarfreak.com ; 37-11 30th Ave, entre 37th St et 38th St ; plats 17-38 $; brunch 22 $; ⏲12h-22h lun-jeu, 12h-22h30 ven, 11h-22h30 sam, 11h-21h30 dim ; S N/W station 30th Ave)

No. 5 $$

Des formules brunch bio le week-end, végan ou pas, et un large choix de vins, bières et cocktails. (The Vegoist @No.5 ; ☎718-729-5665 ; www.no5nyc.com ; 35-43 37th St, à hauteur de 36th Ave ; plats 12-25 $, brunch 30-35 $; ⏲17h-22h45 lun-jeu, 17h-minuit ven, 11h-minuit sam, 11h-23h dim ; bE/M/R station Steinway St)

Queens Bully $$

Cuisine du monde, grillades au barbecue et cocktails forts dans un lieu spacieux. (☎718-520-8600 ; queensbully.com ; 113-30 Queens Blvd, à hauteur de 76th Rd ; brunch 20-24 $; ⏲12h-22h lun-jeu, 12h-1h ven, 12h-1h sam, 11h-22h dim ; /F station 75th St)

JACLYN VERNACE/SHUTTERSTOCK ©

Pâtisseries à Flushing

Centre commerciaux et food courts

Queens Night Market

Ce célèbre marché de nuit saisonnier, en plein air, allie cuisine de rue et spectacle vivant. (queensnightmarket.com ; 47-01 111th St, à hauteur de 47th Ave ; ⏲17h-minuit sam, S 7 station 111th St)

Queens Center

Un immense temple du shopping qui renferme de nombreuses enseignes de grandes marques et des restaurants de chaîne. (☎718-690-3222 ; www.shopqueenscenter.com ; 90-15 Queens Blvd, à hauteur de 59th Ave, Elmhurst ; ⏲10h-21h lun-sam, 11h-19h dim ; S E/M/R station Woodhaven Blvd)

Queens Crossing

Un mall fréquenté où l'on trouve des magasins de produits asiatiques, un vaste espace de restauration et même un karaoké. (☎718-713-0880 ; 136-17 39th Ave, à hauteur de Main St ; ⏲11h-20h tlj ; S 7 station Main St-Flushing)

New World Mall

Au cœur du Chinatown de Flushing, ce centre commercial regroupe quantité de commerces asiatiques, mais surtout un *food court* aux options variées. (www.newworldmallny.com ; 136-20 Roosevelt Ave, entre Main St et Union St, Flushing ; plats 7-12 $; ⏲10h-22h ; ✎ ; S 7 station Main St-Flushing)

EXCURSIONS

DÉTENTE | CULTURE | NATURE

CAPTREE PRIDE
NEW YORK, NY

EXCURSIONS
à la carte

INCONTOURNABLES ET TRÉSORS CACHÉS

Les New-Yorkais le savent bien ; l'un des atouts de cette ville est sa proximité avec des destinations qui changent radicalement de l'environnement urbain. Des montagnes accidentées se dressent à une heure de transport et des plages animées se déploient le long du littoral tout proche. Si la ville qui ne dort jamais devient oppressante, une escapade d'une journée est facile à improviser.

Feuille de route

Idéal pour Escapades culturelles originales, plages animées et envies de nature.

Transports Les transports publics, en particulier le réseau Metro-North et NJ Transit, permettent de quitter facilement la ville à un coût abordable. Louer une voiture revient cher, mais un véhicule peut être une bonne option pour sortir des sentiers battus.

À savoir Les New-Yorkais réservent les meilleurs hôtels, restaurants et circuits des mois à l'avance pour partir l'été, surtout en juillet-août. Organisez-vous en conséquence.

Découvrez la charmante ville à la mode de **Beacon** (p. 279).
1 heure 30
CONNECTICUT
Bridgeport
Norwalk
Stamford
Greenwich
New Rochelle
Yonkers
Mt Vernon
Hudson River
Profitez des plaisirs balnéaires au **Fire Island National Seashore** (p. 272).
2 heures 30
Détroit de Long Island
NEW YORK
Long Island
Brentwood
Levittown
Hempstead
Fire Island National Seashore
The Pines
Gateway National Recreation Area
Long Beach
Océan Atlantique
Faites la fête en compagnie de gars bronzés dans le très gay **Fire Island Pines** (p. 272).
2 heures 30
Arpentez la promenade en planches historique le long de la plage d'**Asbury Park** (p. 270).
1 heure 30
N
0
50 km
0
25 miles

40 Le littoral du NEW JERSEY

ANIMATION | ORIGINALITÉ | HISTOIRE

Bohème et branchée, la ville d'Asbury Park est à la côte du New Jersey – le littoral du New-Jersey, aux portes de NYC, ce que le quartier de Williamsburg est à New York ; un endroit jadis à l'abandon en plein processus de boboïsation. Des restaurants créatifs, des boutiques de charme et une scène musicale florissante attirent une faune hétéroclite de citadins pur jus, de grandes familles et de membres de la communauté LGBTQI+.

SKY CINEMA/SHUTTERSTOCK ©

En pratique

S'y rendre NJ Transit assure un train direct entre Penn Station et Asbury Park. Plus plaisant, le ferry Seastreak rejoint Highlands au nord, à 30 minutes en taxi. En voiture, comptez 2 heures de route.

Renseignements www.cityofasburypark.com

Quand Il y a un monde fou l'été. Privilégiez la fin du printemps ou le début de l'automne.

À savoir Vous devez obligatoirement acheter un "pass plage" via l'application Viply ou au bureau de la plage (6/9 $ semaine/week-end et jours fériés).

JAMES KIRKIKIS/SHUTTERSTOCK ©

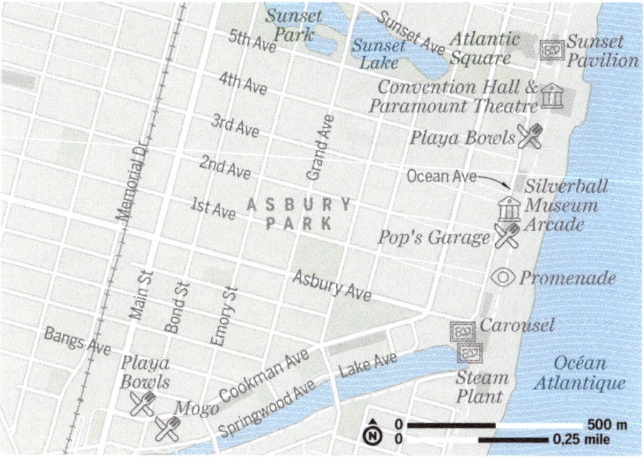

Voyage dans le temps En vous promenant le long du rivage, vous aurez l'impression de revenir à l'époque glamour de *Gatsby le Magnifique*. Commencez par traverser le **Convention Hall** (p. 280) et le **Paramount Theater** (p. 280) de 1928-1930, deux bâtiments reliés entre eux et conçus par les architectes du Grand Central Terminal de New York. Les nostalgiques du flipper se souviendront de leurs jeunes années au **Silverball Museum** (p. 280), une arcade rétro avec des jeux datant des années 1930. Au sud, le casino délabré et la Carousel House de style Beaux Arts évoquent l'âge d'or de la ville, en pleine ère du jazz.

Restaurants et bars Des dizaines de stands de restauration créatifs jalonnent la promenade en planches d'Asbury Park, longue de 6,5 km. Goûtez au passage les "tacos coréens" de **Mogo** (p. 280), un épi de maïs grillé au **Pop's Garage** (p. 280) ou un smoothie au **Playa Bowls** (p. 280). Côté bars, vous pourrez siroter une coupe de rhum au **Beach Bar** (p. 280), à deux pas du sable, ou un cocktail classieux au clair de lune sur la grande terrasse au bord de l'eau du **Watermark** (p. 280).

Rock Dans cette station où la musique règne en maître, Bruce Springsteen, natif du New Jersey, est l'enfant chéri de la scène. Marchez sur ses traces jusqu'au **Stone Pony** (p. 280), attenant à la promenade, qui vit l'artiste débuter dans les années 1970. Le club de rock programme des pointures sous les étoiles à l'occasion de la manifestation Summer Stage. Des musiciens prometteurs de rock, funk, pop et punk jouent, entre autres, au **Asbury Park Yacht Club** (p. 280) et au **Wonder Bar** (p. 280).

En haut à gauche Plage d'Asbury Park **En bas à gauche** Wonder Bar

Street art en bord de mer

Les fresques du Wooden Walls Project, réalisées par des noms connus du street art, enjolivent la promenade d'Asbury Park. Voici où voir les œuvres préférées de Jenn Hampton, fondatrice du projet.

Sunset Pavilion *7800° Fahrenheit*, trois panneaux à motifs géométriques de Rubin415. Au niveau de 6th Ave.

Carrousel House *Good Thoughts, Good Words, Good Deeds*, des inscriptions circulaires en cinq langues peintes sur le sol par Porkchop.

Steam Plant *Never Turn Your Back on the Ocean*, une fresque de 15 m signée Ann Lewis couvrant les fenêtres d'une centrale électrique désaffectée. À hauteur du Wesley Lake.

Recommandé par Jenn Hampton, *en charge du Wooden Walls Project et de la Parlor Gallery (@woodenwallsproject)*

41 Fire ISLAND

LGBTQI+ | BORD DE MER | VIE NOCTURNE

Les New-Yorkais stressés poussent un soupir de soulagement en montant à bord du ferry qui les conduit à Fire Island Pines, enclave estivale LGBTQI+ isolée sur un banc de sable à 5 km au large de Long Island. À peine débarqué, joignez-vous aux adorateurs du soleil en maillot de bain qui s'éclatent dans ce paradis saisonnier.

ATLANTIDE PHOTOTRAVEL/GETTY IMAGES ©

En pratique

S'y rendre Prenez le train LIRR (Long Island Rail Road) qui va de Penn Station à Sayville, puis la navette jusqu'au Sayville Ferry Terminal pour rallier l'île en bateau (comptez 40,25 $ l'aller-retour). Sinon, vous pouvez vous rendre à l'embarcadère du ferry avec le Bay Bus. Comptez 2 heures 30.

Quand Entre le Memorial Day (dernier lundi de mai) et le Labor Day (premier lundi de septembre).

À savoir Apportez le nécessaire pour un éventuel pique-nique, car les commerces sont rares et chers.

GLYN GENIN/ALAMY STOCK PHOTO ©

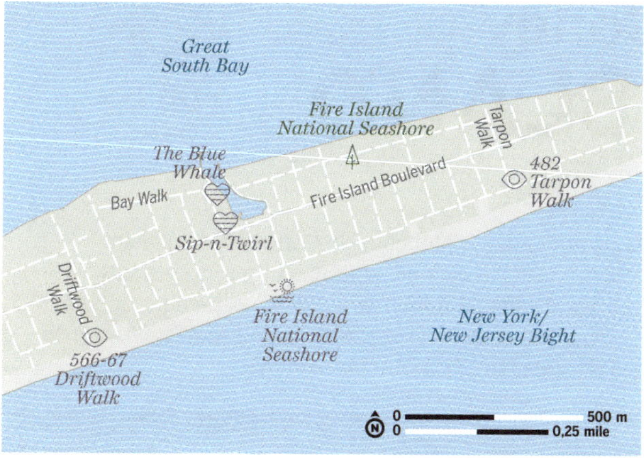

Plage Débutez la journée au **Fire Island National Seashore**, une plage vierge entre dunes ondulantes et forêts maritimes. Après quelques heures à lézarder au soleil, certains se dirigent à l'ouest vers le Meat Rack, zone boisée et lieu de rencontres gay.

Maisons de rêve Parcourez les allées en planche jalonnées de villas modernistes des années 1960 et 1970. L'architecte Horace Gifford a conçu 63 des quelque 600 maisons du secteur. Utilisant le cèdre et le verre, ces réalisations s'intègrent harmonieusement dans le cadre naturel, comme en témoignent celles du **566-567 Driftwood Walk** et du **482 Tarpon Walk**.

Happy hour À 17h, un réflexe quasi pavlovien s'empare de The Pines. C'est le moment du Low Tea, une tradition qui remonte à 1966 et voit les garçons se retrouver en bande devant des cocktails au **Blue Whale** (p. 281). À 20h, la terrasse bordant la piscine attenante est prise d'assaut pour un moment nettement plus festif et débridé. Enfin, à 22h, la foule se disperse pour dîner, faire une sieste avant d'aller en boîte ou attraper le dernier ferry. Ensuite, tous les chemins mènent au **Sip-n-Twirl** (p. 281) où l'on danse jusqu'au bout de la nuit.

En haut à gauche Villas, Fire Island National Seashore **En bas à gauche** Drapeaux à l'embarcadère du ferry de Fire Island

Culture gay

Fire Island est une utopie gay établie de longue date, où chacun peut être entièrement lui-même, loin des faux-semblants new-yorkais, et jouir d'une liberté sexuelle sans entraves. À bon entendeur.

Par Pixie Aventura, *une drag-queen basée à New-York qui se produit en solo au Pines Pavilion (p. 281) durant l'été et à Manhattan toute l'année (@pixieaventura)*

42 Coney ISLAND

EXCENTRICITÉ | NOSTALGIE | PLEIN AIR

En déambulant sur la promenade en planches de Coney Island par une journée torride, vous croiserez une galerie d'icônes du kitsch. Des sirènes tatouées, des montagnes russes rétro et des stands de nourriture grasse accueillent depuis le XIXe siècle une foule new-yorkaise bigarrée. Cette "riviera de Brooklyn" retrouve son lustre d'antan à l'occasion de plusieurs événements annuels.

HOLLY VEGTER/SHUTTERSTOCK ©

En pratique

S'y rendre Ligne D, F, N ou Q jusqu'à Coney Island-Stillwell Ave. Comptez 1 heure depuis Midtown.

Quand Les plus grands festivals se déroulent en juin, juillet et janvier. Les montagnes russes fonctionnent du Memorial Day (dernier lundi de mai) au Labor Day (premier lundi de septembre). La promenade reste ouverte toute l'année.

À savoir Coney Island abrite deux principaux parcs d'attractions nécessitant des billets d'entrée séparés ; le Deno's Wonder Wheel Park et le Luna Park. Ce dernier regroupe la majorité des attractions.

AUTOMATIX6/SHUTTERSTOCK ©

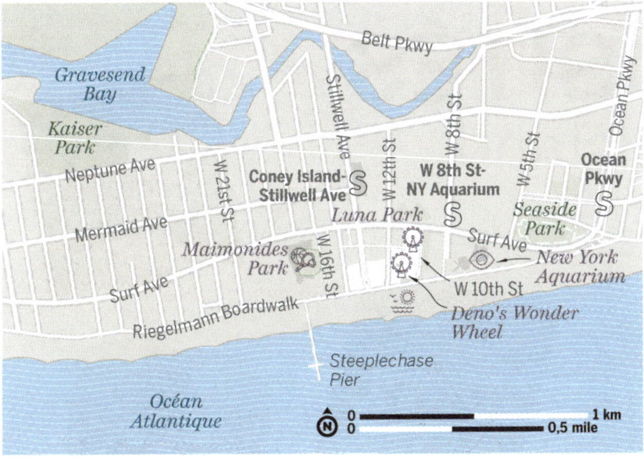

À chacun sa fête

Mermaid Parade Depuis 1983, les sirènes troquent leur queue de poisson contre des jambes pour défiler lors du solstice d'été. La parade n'a rien d'une version à l'eau de rose du conte d'Andersen, mais s'apparente plutôt à une sorte de Mardi gras décalé dont les participantes laissent libre cours à leur imagination créative. Mêlez-vous à la foule le long de Surf Ave, où paradent les chars, ou participez au concours de costumes en endossant votre tenue nautique la plus folle. Paillettes, peintures corporelles et ouverture d'esprit, il n'en faut pas plus pour avoir une chance de l'emporter.

Nathan's Hot Dog Eating Contest Ce fameux **concours de mangeurs de hot dogs** se déroule tous les 4 juillet à l'angle de Stillwell et de Surf Ave. Il s'agit pour les concurrents d'ingurgiter la plus grosse quantité possible de nourriture en 10 minutes. La première édition enregistrée remonte à 1972, mais la tradition daterait de 1916, quand Nathan Handwerker créa la première enseigne de la futur chaîne de hot dogs **Nathan's Famous** (p. 281).

Baignade du premier de l'An Une foule de New-Yorkais courageux se rassemblent sur la promenade en planches de Coney Island pour un bain rapide mais glacé dans l'Atlantique, avec les membres du Coney Island Polar Bear Club (polarbearclub.org), fondé en 1903.

En haut à gauche Promenade de Coney Island **En bas à gauche** Mermaid Parade

Les conseils du maire

Sirènes Les parents branchés de Brooklyn se servent de la Mermaid Parade pour l'éducation sexuelle de leur progéniture. Puritains, restez chez vous !

Hot dogs Si vous voulez participer au concours de mangeurs de hot dogs, un conseil : trempez le petit pain dans un verre d'eau et écrasez-le dans votre main pour gagner du temps et faciliter la déglutition.

Ours polaires Pour éviter d'avoir les doigts de pied engourdis pendant des heures après la baignade du premier de l'An, entrez dans l'eau avec de vieilles chaussures.

Par Dick Zigun, *"maire" non officiel de Coney Island et fondateur/directeur artistique de Coney Island USA (@dickzigun)*

CURIOSITÉS
de Coney Island

01

03

07

06

05

04

02

01 Front de mer

Riegelmann Boardwalk, une promenade en planches de 4 km construite en 1923, est la voie principale entre la plage et les parcs d'attractions.

02 Tillie

Peint en 1956, le visage souriant à pleine dents de Tillie, logo du Steeplechase Park aujourd'hui démoli, reste le symbole de la fantaisie de Coney Island.

03 The Cyclone

Ces montagnes russes en bois culminant à 26 m fonctionnent depuis 1927. (p. 281)

04 Nathan's Famous

En 1916, un immigrant juif polonais du nom de Nathan Handwerker ouvrit son premier stand de hot-dogs à 5 cents, au croisement de Surf Ave et Stillwell Ave. (p. 281)

05 The Thunderbolt

Les passagers de ces montagnes russes sont propulsés à 90 km/h sur un parcours de 681 m. (p. 281)

06 Aquarium

Des requins à pointes noires et une centaine d'autres espèces évoluent dans le tunnel de verre du New York Aquarium. (p. 281)

09

08

11

10

12

13

07 The Wonder Wheel

Cette grande roue de 1920 offre une vue imprenable sur la côte du New Jersey et Manhattan du haut de ses 46 m. (p. 281)

08 Bières locales

Visitez la Coney Island Brewing Company, une brasserie artisanale, puis goûtez la Mermaid Pilsner estivale. (p. 281)

09 La "Tour Eiffel de Brooklyn"

Le Parachute Jump, une ancienne tour de saut en parachute de 76 m, a été conçu pour l'Exposition universelle de New York de 1939 et transféré à Coney Island en 1941.

10 Base-ball de plage

Les Brooklyn Cyclones jouent au Maimonides Park, face à la mer.

11 Arts du cirque

Avaleur de sabre, cracheur de feu et autres numéros étranges et merveilleux vous attendent au Coney Island Circus Sideshow. (p. 281)

12 Pêche à la ligne

Des pêcheurs de tout poil s'installent le long du Steeplechase Pier.

13 Coney Island Beach

Près de 5 km de sable fin où lézarder en contemplant les nuages s'effilocher comme de la barbe à papa.

43 Storm King Art CENTER

ART | NATURE | MONTAGNES

À 96 km au nord de New York, dans le paysage vallonné de la vallée de l'Hudson, ce parc de sculptures monumentales englobant quelque 200 ha de forêts et de prairies bien entretenues brouille la frontière entre art et nature. En automne, les arbres flamboyants se transforment eux aussi en véritables chefs-d'œuvre.

CORY SEAMER/SHUTTERSTOCK ©

En pratique

S'y rendre Mieux vaut être motorisé pour explorer les environs du parc. En train, empruntez la Hudson Line du Metro-North à Grand Central et descendez à Beacon, d'où une navette conduit le week-end au Storm King Art Center. Sinon, Coach USA assure un bus direct depuis la Port Authority.

Quand D'avril à mi-décembre. Chaque saison inscrit la collection dans un décor naturel différent.

Notre conseil Apportez de quoi pique-niquer et prévoyez plusieurs heures de marche.

Renseignements Voir p. 281

BEAU_BERRY/SHUTTERSTOCK ©

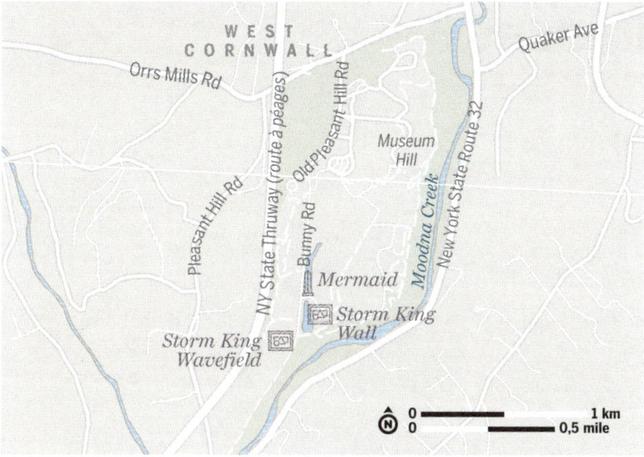

Page précédente Storm King Art Center

Panorama Montez au sommet de **Museum Hill**, point culminant du parc, pour avoir une vue d'ensemble. Un château de style normand construit en 1935 sert de lieu d'exposition et de boutique. Des colonnes ioniques provenant d'une demeure du XIXe siècle encadrent le mont Schunnemunk voisin.

Land Art Les sculptures splendides interagissent avec l'environnement naturel. *Storm King Wavefield*, de Maya Lin, est une œuvre de 4,5 ha qui ondule comme les Hudson Highlands, tandis que *Fallen Sky*, signé Sarah Sze, forme un vaste cercle d'éléments en acier inoxydable dans lesquels les nuages se reflètent. Le *Storm King Wall*, un mur en pierre sèche de 847 m conçu par Andy Goldsworthy serpente à travers les arbres et disparaît dans un étang.

Faune et flore En déambulant le long des prairies, des ruisseaux et des allées, ouvrez l'œil pour apercevoir des cervidés, des tortues boîtes et des lapins d'Amérique. Quatre-vingts espèces d'oiseaux vivent dans le parc. Parmi elles, les bernaches du Canada ont une prédilection pour les saules pleureurs qui entourent la *Mermaid* de Roy Lichtenstein.

Feuillages d'automne Entre mi-septembre et mi-octobre, les forêts se métamorphosent en une magnifique symphonie de rouge, de jaune et d'orange. Consultez la Fall Foliage Prediction Map (smokymountains.com/fall-foliage-map/) pour venir à la meilleure période.

Dans les environs

Storm King se situe tout près de jolies localités et d'itinéraires de randonnée. Couplez la visite du parc avec l'une de ces destinations pour passer une journée entière dans la vallée de l'Hudson (dutchesstourism.com).

Beacon Une petite ville branchée où ont élu domicile beaucoup d'anciens habitants de Brooklyn. Découvrez **Dia: Beacon** (p. 281), une usine convertie en fondation d'art contemporain.

Cold Spring Parcourez les boutiques de Main St et les bâtiments du XIXe siècle de ce charmant village historique.

Breakneck Ridge Une randonnée exigeante à travers d'épaisses forêts, le long d'une crête dominant l'Hudson.

Storm King Mountain Faites le tour du sommet qui donne son nom au parc pour profiter d'un ample panorama sur la région.

Carnet d'adresses

Jersey Shore (Asbury Park)

Convention Hall

Voir p. 271. (732-897-6500 ; apboardwalk.com, www.facebook.com/ConventionHallAsburyPark ; 1300 Ocean Ave N, Asbury Park ; voir programmation en ligne)

Paramount Theater

Voir p. 271. (Asbury Park, voir Convention Hall ci-dessus ; www.facebook.com/ParamountTheatreAP)

Silverball Museum

Voir p. 271. (732-774-4994 ; www.silverballmuseum.com/asbury-park ; 1000 Ocean Ave N, Asbury Park ; 10-20 $; 11h-21h lun-jeu, 11h-minuit ven, 10h-minuit sam, 10h-21h dim)

Wooden Walls Project

Voir p. 271. (Asbury Park, renseignements sur woodenwallsproject.com)

Mogo

Voir p. 271. (732-361-3684 ; eatmogo.com ; 632 Cookman Ave, Asbury Park ; tacos à partir de 6 $ environ ; 11h-22h tlj). À Asbury Park, Mogo a aussi une adresse à l'angle de Boardwalk et 1st Ave.

Pop's Garage

Voir p. 271. 732-576-2181; www.popsgaragenj.com ; 1000 Ocean Ave, Asbury Park ; plats 8-18 $; 10h-17h sam-dim)

Playa Bowls

Voir p. 271. (718-887-6985 ; www.playabowls.com/location/asbury-park-boardwalk ; 1200 Ocean Ave, Asbury Park ; 8h-18h tlj). À Asbury Park, Playa Bowls a aussi une adresse 701 Cookman Ave.

Beach Bar

Voir p. 271. (732-869-0008 ; www.facebook.com/beachbarasbury ; 1300 Ocean Ave N, Asbury Park ; ouverture saisonnière)

Watermark

Voir p. 271. (732-455-3447 ; watermarkap.com ; 800 Ocean Ave, 2e étage, Asbury Park ; à partir de 16h jeu-mar, 14h-sam, reste ouvert tard)

Asbury Park Yacht Club

Voir p. 271. (732-861-2421 ; www.apyachtclub.com ; 1000 Ocean Ave, Asbury Park ; 15h-2h ven-sam)

Wonder Bar

Voir p. 271. (732-455-3767 ; wonderbarasburypark.com ; angle de 5th Ave et Ocean Ave, à partir de 19h ven, à partir de 12h sam-dim)

The Stone Pony

Voir p. 271. (732-502-0600 ; www.stoneponyonline.com ; 913 Ocean Ave, Asbury Park ; programmation en ligne)

Wonder Wheel

Fire Island Pines

Blue Whale

Voir p. 273. (631-597-6500 ; pinesfi.com/bluewhale ; 37 Fire Island Blvd ; ouverture en saison)

Sip-n-Twirl

Voir p. 273. (631-597-6500 ; pinesfi.com/sipntwirl ; 37 Fire Island Blvd ; ouverture en saison)

Pines Pavilion

Voir p. 273. (631-597-6500 ; pinesfi.com/pavilion ; 37 Fire Island Blvd ; ouverture en saison)

Coney Island

Cyclone et Thunderbolt

Voir p. 276. Deux incontournables du Lunar Park (10 $ le passage), l'un des parcs d'attractions les plus fréquentés de Coney Island. (718-373-5862 ; lunaparknyc.com ; 1000 Surf Ave, à hauteur de W 10th St, Brooklyn ; avr-oct, horaires variables selon les jours et la météo ; S D/F, N/Q station Coney Island-Stillwell Ave)

Deno's Wonder Wheel

Voir p. 276. (718-372-2592 ; www.denoswonderwheel.com ; 1025 Riegelmann Boardwalk, à hauteur de W 12th St ; tour 10 $; à partir de 12h tlj juil-août, sam-dim avr-juin, sept-oct ; ; S D/F, N/Q station Coney Island-Stillwell Ave)

Coney Island Circus Sideshow

Voir p. 277. (www.coneyisland.com/programs/coneyislandcircussideshow ; 1208 Surf Ave, à hauteur de W 12th St, Brooklyn ; programmation en ligne ; S D/F station Coney Island-Stillwell Ave)

New York Aquarium

Voir p. 276. (718-265-3474 ; nyaquarium.com ; 602 Surf Ave, Brooklyn ; tarif plein/réduit 26,95-29,95 $/22,95-26,95 € selon le jour ; 10h-17h lun-ven, 10h-17h30 sam-dim, dernière entrée 30 min avant ; S F/Q station W 8th St-New York Aquarium)

EQROY/SHUTTERSTOCK ©

Convention Hall, Asbury Park

Nathan's Famous

Voir p. 276. (718-333-2202 ; www.nathansfamous.com ; 1310 Surf Ave, à hauteur de Stillwell Ave, Coney Island ; hot dogs à partir de 5,69 $; 10h-23h dim-jeu, 10h-minuit ven-sam ; ; S D/F station Coney Island-Stillwell Ave)

Coney Island Brewing Company

Voir p. 277. (718-996-0019 ; coneyislandbeer.com ; 1904 Surf Ave, à hauteur de W 17th St, Brooklyn ; 12h-20h ; S D/F station Coney Island-Stillwell Ave)

Storm King Art Center

Storm King Art Center

Voir p. 278. (845-534-3115 ; stormking.org ; 1 Museum Rd, à hauteur d'Old Pleasant Hill Rd, New Windsor ; adulte/enfant 18/8 $; 10h-16h30 mer-lun avr à mi-déc, sam-dim jan-mars)

Dia: Beacon

Voir p. 279. Cette ancienne imprimerie abrite désormais les œuvres monumentales d'artistes comme Richard Serra, Dan Flavin, Louise Bourgeois ou Gerhard Richter. Incontournable pour les amateurs d'art contemporain. Réservation obligatoire. (845-440-0100 ; www.diaart.org ; 3 Beekman St, Beacon ; adulte/enfant 15 $/gratuit ; 10h-16h ven-lun)

Carnet pratique

REJOINDRE LE CENTRE-VILLE DEPUIS L'AÉROPORT

Les aéroports John F. Kennedy (JFK) et LaGuardia (LGA), tous deux dans le Queens, sont les principaux points d'entrée dans New York pour les vols internationaux et régionaux. Ils ont tous deux des services, mais JFK offre un choix plus vaste de restaurants. Certains voyageurs arrivent par l'aéroport de Newark (EWR), dans le New Jersey, d'où le réseau NJ Transit rejoint Manhattan.

FORMALITÉS D'ARRIVÉE ET DE DÉPART

Visa Waiver Program (VWP)
Ce programme d'exemption de visa permet aux ressortissants de 38 pays, dont la Belgique, la France, la Suisse et le Luxembourg, de séjourner aux États-Unis pour une durée maximale de 90 jours sans visa, à condition de posséder un passeport sécurisé à lecture optique. Consultez www.dhs.gov/visa-waiver-program.

ESTA
Les ressortissants des pays concernés par le VWP doivent remplir un formulaire obligatoire, l'ESTA (https://esta.cbp.dhs.gov) au moins 3 jours avant leur départ. Les frais de dossier coûtent 14 $; une fois acceptée, l'inscription est valable deux ans ou jusqu'à la date d'expiration du passeport,

PIT STOCK/SHUTTERSTOCK ©

Douanes et immigration Prévoyez jusqu'à trois heures pour franchir les douanes et les services d'immigration à votre arrivée à l'aéroport ; l'attente dépend du nombre de passagers et de la période d'arrivée.

Covid-19
Du fait de la pandémie de Covid-19, les entrées aux États-Unis sont encadrées par des mesures sanitaires strictes. Les voyageurs de 18 ans et plus doivent présenter au minimum une preuve de vaccination complète pour être autorisés à embarquer. Les conditions évoluant rapidement, renseignez-vous sur les dernières mises à jour sur le site www.diplomatie. gouv.fr/fr/conseils-auxvoyageurs

REJOINDRE MANHATTAN

JFK Prenez l'AirTrain (7,75 $) jusqu'à la station Jamaica. De là, plusieurs options. Le Long Island Rail Road (LIRR ; 7,75 $) conduit jusqu'à 34th St-Penn Station, au cœur de Manhattan (comptez 15-20 minutes). Vous pouvez aussi prendre le métro (billet 2,75 $) : ligne E (pour Midtown), J et Z (Lower Manhattan). Autre option : l'AirTrain jusqu'à la station Howard Beach, puis la ligne de métro A.

LaGuardia Prenez le bus M60 jusqu'à l'angle de 125th St et Lexington Ave, à Harlem, puis les lignes de métro 4/5/6 pour explorer la ville. Vous pouvez aussi prendre le bus Q70 jusqu'à la station Woodside, puis le LIRR jusqu'à 34th St-Penn Station.

BUDGET

Taxi de JFK à Manhattan
environ 70 $

Billet AirTrain
7,75 $

Billet LIRR pour Penn Station
7,75 $

Taxis au départ de JFK et LaGuardia
Depuis JFK, les taxis jaunes pratiquent un forfait de 52 $ pour rejoindre Manhattan, auquel s'ajoutent le péage (9,50 $), le pourboire (attendu), et un supplément en heure de pointe (4,50 $). Depuis LaGuardia, comptez entre 24 $ et 44 $.

Stations de taxis
Des stations de taxis sont aménagées à la sortie des différents terminaux.

VTC Les différents aéroports ont des aires dédiées aux VTC. Ces endroits sont parfois distants des sorties d'aéroport. Repérez-les avant de commander une course, car, si vous tardez, le chauffeur pourrait partir sans vous.

AUTRES POINTS D'ENTRÉE

L'**aéroport international Newark Liberty** (EWR) se trouve dans le New Jersey, mais reste un point d'entrée possible pour New York.

Un taxi entre Newark et New York coûte cher (90-125 $). Prenez plutôt l'AirTrain jusqu'à la station Newark Liberty Airport NJ Transit, puis n'importe quel train vers New York Penn Station. Le trajet revient à 15,25 $, Air Train et NJ Transit inclus dans le même billet. Si votre hébergement est au sud de 34th St, descendez à Newark Penn Station (premier arrêt après Newark Airport sur la ligne NJ Transit) et prenez un train du réseau PATH, qui dessert plusieurs stations dans Lower Manhattan. Les billets sont au même prix que pour les bus et métros du réseau MTA.

Si vous louez une voiture, n'oubliez pas le péage entre le New Jersey et New York (autour de 10 $), et attendez-vous à des bouchons, surtout entre 16h et 19h.

CONSEILS POUR CIRCULER

New York est l'une des grandes villes des États-Unis se prêtant le mieux à l'exploration pédestre. Attendez-vous à marcher, mais vous pourrez aussi compter sur le vaste réseau du métro* (subway)*, le vélo et les ferries inter-quartiers.

METROCARD
La MetroCard (p. 287) est valable dans le métro, les bus et le téléphérique de Roosevelt Island.

ASCENSEURS DU MÉTRO
Toutes les stations ne sont pas équipées d'ascenseurs fonctionnels. Consultez le listing des ascenseurs sur le site Web de MTA (new.mta.info/elevator-escalator-status).

Trajet simple en métro
2,75 $

Billet AirTrain
7,75 $

Téléchargez les applis Citymapper et MTA

VÉLO
Le système new-yorkais de vélos en libre-service Citi Bike (www.citibikenyc.com ; 15 $ le forfait de 24 heures) est très populaire. Prévoyez un casque.

FERRIES INTER-QUARTIERS
Les ferries de NYC Ferry (www.ferry.nyc) accostent en différents endroits de Manhattan, Brooklyn et du Queens.

MÉTRO LE WEEK-END
Les horaires des métros changent le week-end. De nombreux trains modifient leur itinéraire et peuvent sauter des stations hors du centre-ville. Prévoyez de la marge.

FERMETURES DE RUES
En été, les fermetures de rues à la circulation automobile sont fréquentes afin de laisser la place aux terrasses et autres événements estivaux. À prévoir si vous êtes en taxi, en VTC ou en bus.

À SAVOIR
Vérifiez la direction de votre métro : vers le sud (Downtown) ou le nord (Uptown).

PLANS ET APPLIS

Téléchargez les applis Citymapper et MTA pour vous orienter et vous rendre n'importe où en train ou en métro. L'appli MTA est meilleure pour les bus, et indique le temps d'attente en direct pour le bus suivant. L'appli Curbed permet de commander des taxis si vous ne souhaitez pas utiliser Uber ou Lyft.

MÉTRO – L'ESSENTIEL

Metrocard et distributeurs automatiques
Achetez une carte Metrocard (1 $) aux distributeurs automatiques (espèces ou carte bancaire). Ensuite, un trajet simple en bus ou en métro coûte 2,75 $. Dans les stations de métro, il faut passer sa carte dans le lecteur pour franchir les tourniquets et accéder aux quais. La plupart des stations ont un comptoir où un employé pourra vous aider si le lecteur ne fonctionne pas ou si vous voulez ajouter de l'argent sur votre carte. Si vous restez plusieurs jours, achetez un pass 7 jours illimité (7-Day Unlimited Pass). Le pass sans contact OMNY rend l'accès encore plus rapide.

Lignes 1/2/3 et 4/5/6 Ces lignes de métro desservent l'essentiel des sites touristiques de Manhattan, et sont généralement les plus fiables en termes d'horaires. Les lignes avec lettres (A, B, C ou E) sont notoirement moins fiables, notamment le week-end.

S'orienter Uptown signifie direction nord (Upper East Side, Harlem, etc.) et Downtown, direction sud (SoHo, Lower Manhattan, etc.). Toutefois, les stations ne desservent pas forcément les deux directions : l'information est présente à l'entrée de la bouche de métro.

Points névralgiques
Les stations les plus fréquentées, comme 34th St-Penn Station, World Trade Center ou 42nd St-Times Sq, sont souvent envahies de touristes et dotées d'une forte présence policière.

Rames bondées Le métro est parfois bondé, notamment à l'heure de pointe. Faites attention aux autres. Si vous êtes debout, tenez votre sac à dos devant vous. Si vous êtes assis, ne posez pas vos affaires sur le siège voisin. Il est de coutume de laisser sa place aux personnes âgées, même si cela se fait un peu moins dans le métro que dans les bus.

À CHACUN SON HÉBERGEMENT

Les hôtels ne manquent pas à New York, du luxueux cinq-étoiles à l'auberge de jeunesse bon marché. Les hôtels de quartiers comme Chelsea, Midtown et SoHo sont généralement onéreux. Vous trouverez des petits hôtels plus abordables dans des quartiers comme Murray Hill ou Hell's Kitchen, mais d'autres sont éparpillés aux quatre coins de la ville.

Trouver son hébergement à New York

BUDGET POUR UNE NUIT

Hôtel petits budgets
à partir de 108 $

Hôtel de milieu de gamme
à partir de 299 $

Airbnb dans le centre
à partir de 150 $

HÔTELS DE LUXE

Les hôtels de luxe sont légion à Manhattan – le Baccarat (www.baccarathotels.com) de Midtown ou le Carlyle Hotel (www.rosewoodhotels.com/en/the-carlyle-new-york), dans Upper East Side, par exemple – et tous sont dotés d'équipements et de services irréprochables.

HÔTELS DE MILIEU DE GAMME

Le Times Square EDITION (www.editionhotels.com/times-square) offre un panorama exceptionnel sur New York. Le Standard, High Line (www.standardhotels.com), dans le Meatpacking District, est également un haut lieu de la vie nocturne locale. Dans les quartiers chics de Downtown, l'Arlo SoHo (www.arlohotels.com/arlo-soho) et le Dominick (www.thedominickhotel.com) ont de superbes rooftops et restaurants.

HÔTELS PETITS BUDGETS

Les hôtels de chaînes comme Holiday Inn (www.holidayinn.com) ou Hampton by Hilton (www.hiltonhotels.com/fr_FR) sont nombreux. The Jane (www.thejanenyc.com), dans West Village, se démarque par son élégance et est superbement placé pour les transports et la vie nocturne.

AIRBNB ET LOCATIONS D'APPARTEMENTS

Les appartements à louer ne manquent pas à New York, cependant les locations à court terme sont interdites dans les immeubles d'habitation au-delà de 30 jours. Les tarifs sont comparables à ceux des hôtels petits budgets ou de milieu de gamme.

AUBERGES DE JEUNESSE

On trouve à New York quelques auberges de jeunesse idéalement placées, comme le Jazz on the Park Hostel (www.jazzhostels.com), près de Central Park, ou le HI New York City Hostel (www.hiusa.org), près du Lincoln Center.

RÉSERVATIONS

Les prix augmentent au printemps et en été – essayez de réserver dès le début du mois d'avril, avant que les tarifs ne s'envolent. La période des fêtes de novembre et décembre est un autre pic de fréquentation – réservez avant début septembre. Réservez directement auprès des hôtels afin de bénéficier de meilleurs tarifs.

Un site Internet utile :

NYC (nycgo.com/hotels). Liste des hôtels de New York.

OÙ DORMIR SI VOUS AIMEZ...

→ **Musée, culture et histoire** Upper West Side (p. 30). Idéal pour Central Park et le Museum of Natural History.

Shopping, théâtre et spectacles Midtown (p. 56). Parmi les atouts de Midtown : le Madison Square Garden et Broadway.

Cinéma, art et culture Chelsea et Greenwich Village (p. 82). La plus grande communauté LGBTQI+ de la ville, et des galeries d'art à tous les coins de rue.

Patrimoine, restaurants et spectacles Tribeca et Financial District (p. 114). Des sites historiques et une myriade de restaurants et bars branchés.

Mode, gastronomie et histoire SoHo et Chinatown (p. 134). SoHo, c'est la mode et le shopping. Chinatown, c'est festin de cuisine asiatique et culture sino-américaine.

↓ **Street art, nouvelles tendances et restaurants** Brooklyn (p. 134). Le seul *borough* pouvant rivaliser avec Manhattan en matière de restaurants, et un esprit créatif à découvrir à travers le street art et des quartiers on ne peut plus branchés.

Vintage, art et hipsters East Village et Lower East Side (p. 184). Envie d'un bon vieux concert de rock, d'une scène ouverte d'impros poétiques, d'un musée insolite ou d'un restaurant sortant de l'ordinaire ? Ces quartiers sont faits pour vous.

Opulence, shopping et musées Upper East Side (p. 208). Partagez le quotidien des vieilles fortunes new-yorkaises peuplant les immeubles anciens le long de Central Park.

Histoire, spectacles et culture Harlem (p. 230). Il y a toujours quelque chose à faire dans ce quartier historique de la communauté afro-américaine, qui, outre l'Apollo Theater, compte d'innombrables bars et clubs de jazz.

Diversité, art et musées Queens (p. 250). On ne fait pas plus multiculturel à New York que le Queens, où l'on voyage dans le monde entier en quelques stations de métro.

Ci-dessus American Museum of Natural History
Ci-contre Smorgasburg, Williamsburg, Brooklyn

SANTÉ ET SÉCURITÉ

Comme dans toutes les grandes villes, il convient de rester attentif lorsqu'on explore New York, notamment dans le métro et les lieux d'affluence. En hiver, portez des chaussures à l'épreuve de la neige et du verglas.

SANTÉ . Il est conseillé de se procurer une assurance voyage couvrant les problèmes de santé aux États-Unis, car les soins non urgents peuvent être très coûteux.Le consulat français à New York propose une liste de professionnels de santé francophones (newyork.consulfrance.org/Les-medecins).

ATTENTION AU PORTEFEUILLE Soyez vigilant lorsque vous sortez votre portefeuille pour donner quelques dollars à des artistes de rue.

TAXIS ET VTC Vérifiez systématiquement que le véhicule est bien celui que vous avez commandé avant de monter à bord.

PHARMACIES

Les pharmacies sont faciles d'accès et proposent des traitements sans ordonnance. Elles vendent également des médicaments génériques, moins chers que les originaux.

MARIAKRAY/SHUTTERSTOCK ©

SAMFOTOGRAF/SHUTTERSTOCK ©

On voit souvent des **policiers** en faction dans le métro et les lieux touristiques comme Times Square. Vous en verrez peut-être à cheval ici et là dans Midtown.

COVID-19

À l'heure où nous écrivons ces lignes, la plupart des restrictions étaient levées, mais une preuve de vaccination pouvait être demandée pour accéder à certains sites touristiques ou dans certains établissements. Vérifiez l'évolution de la situation en cherchant "coronavirus" sur nycgo.com.

PERDU DANS LE MÉTRO ?

Vous trouverez le contrôleur vers le milieu de la rame. Autrement, des employés sont présents près des tourniquets.

CONSEILS POUR GÉRER SON BUDGET

FAIRE DES ÉCONOMIES

Consultez le site Web des musées et des institutions culturelles pour profiter des jours où l'entrée est gratuite.

Profitez de l'*happy hour*, pratiqué dans de très nombreux établissements (généralement de 16h à 19h).

CARTES BANCAIRES

Les principales cartes bancaires sont acceptées quasiment partout. Vous pourrez avoir besoin d'espèces dans certains petits commerces, foires de rue et marchés.

DAB

On trouve des DAB partout, notamment dans les épiceries et les pharmacies. Les frais de retrait varient d'un DAB à l'autre.

DEVISE

Dollar US

BUDGET

Verre de vin
10 $

Déjeuner pour deux
35-40 $

Metrocard semaine
33 $

RÉGLER L'ADDITION

Au restaurant, on vous apportera généralement l'addition à votre table. Dans les bars, on vous demandera si vous souhaitez ouvrir un compte – utile si vous pensez boire plusieurs verres ou si vous êtes en groupe.

ÉCHANGE DE DEVISES

Échangez vos devises en dollars US à l'aéroport afin de bénéficier des meilleurs taux. Notez qu'il est moins cher de retirer des dollars à un DAB que de passer par un bureau de change, surtout ceux des sites touristiques comme Times Square.

CARTES DE RÉDUCTIONS

Plusieurs cartes de réduction sont avantageuses si vous comptez visiter plusieurs des principaux sites touristiques (nycgo.com/things-to-do/tours-in-nyc/attraction-passes). Économisez jusqu'à 45% sur les billets d'entrée avec l'Explorer Pass. Le CityPASS donne également droit à des réductions intéressantes dans des magasins et sites variés.

POURBOIRES

Les pourboires ne sont pas facultatifs ; seul un service véritablement scandaleux en justifie l'absence.

Restaurants 18-20%.

Bars 1 $ par consommation minimum, et 2 $ pour un cocktail élaboré, ou 15-20% de l'addition.

Taxis 10-15%

Portiers d'aéroports et d'hôtels 2 $ par bagage, minimum 5 $ par chariot

Ménage dans les hôtels 2-4 $ par nuit

DES VOYAGES AUX EFFETS POSITIFS

Conseils pour des expériences fun et ayant un effet positif au plan local.

VISITES VERTES

À partir de fin mai, savourez des **cocktails dans le jardin secret du Met Rooftop**, où art et hédonisme se conjuguent devant un beau panorama sur la ville. (www.metmuseum.org/visit/dining)

Le New York Botanical Garden, dans le Bronx, propose des expositions fascinantes de plantes et de fleurs d'une variété extraordinaire ; le Brooklyn Botanical Garden vaut également le détour. (www.nybg.org et www.bbg.org)

Visitez le Green Roof (toit vert) du Jacob Javits Center, jardin suspendu peuplé de 17 espèces d'oiseaux et de quelque 300 000 abeilles. Le jardin permet également de réduire la consommation d'énergie de l'édifice. (javitscenter.com)

Parcourez la High Line dans le Meatpacking District, pour découvrir une autre façon d'envisager l'urbanisme. (p. 92)

Ci-dessus High Line. **À droite** Citi Bike.

OLIVER FOERSTNER/SHUTTERSTOCK ©

CONTRIBUEZ

Apprenez-en davantage sur les oiseaux de New York et les manières de les protéger avec Audubon New York (ny.audubon.org).

Pensez au sac de courses réutilisable Les sacs en plastique à usage unique sont désormais interdits à New York et les sacs en papier sont payants. Protégez l'environnement en privilégiant un sac de courses réutilisable.

Visitez les jardins communautaires Petit havre de paix au milieu de l'agitation urbaine, les *community gardens*, créés sur des parcelles en friche, sont gérés bénévolement par des habitants du quartier et sont ouverts au public. Vous en croiserez à chaque coin de rue dans Alphabet City (East Village) tandis que le quartier de Red Hook, dans Brooklyn, abrite l'un des plus grands.

Consultez le site **www.grownyc.org** pour en savoir plus sur les initiatiaves vertes à NYC.

SOUTENEZ LA VIE LOCALE

Pour des produits frais de fermes locales, faites un tour dans l'un des nombreux marchés bio de la ville, comme celui d'Union Square. Ces marchés sont éparpillés aux quatre coins de New York et l'on y trouve de tout, des fruits et légumes frais ou des produits artisanaux comme du miel ou du sirop d'érable. Horaires et adresses des marchés disponibles en ligne (grownyc.org).

Local Roots Market & Cafe est un petit restaurant de Brooklyn proposant une carte à base de produits de fermes des environs.

POUR APPROFONDIR

Explorez les quartiers multiculturels de New York, où vous lirez sur les enseignes des commerces et entendrez dans la bouche des passants des langues du monde entier.

Participez à un festival culturel comme la West Indian Day Parade (septembre) ou la Puerto Rican Day Parade (juin).

Visitez le Schomburg Center of Black Research (p. 239) pour découvrir les leaders afro-américains qui ont façonné l'histoire de Harlem.

S.F/SHUTTERSTOCK ©

CIRCULEZ RESPONSABLE

Utilisez une gourde réutilisable pour l'eau et un tote bag pour vos achats plutôt que des bouteilles et sacs en plastique. On en trouve dans les boutiques de quartier et les supermarchés à travers toute la ville.

Utilisez Citi Bike, le système de vélos en partage, dont les stations sont partout dans New York. Un pass journée coûte 15 $, un trajet simple 3,50 $ pour 30 minutes.

VOYAGES ET CHANGEMENT CLIMATIQUE

Voyager n'est pas sans effets sur l'environnement, et il est important de tout faire pour minimiser cet impact. Lonely Planet encourage les voyageurs à réduire leur empreinte carbone. De nombreux calculateurs en ligne permettent d'estimer la quantité de CO_2 émise par voyage, comme resurgence.org/resources/carbon-calculator.html. Certains sites de réservation et de compagnies aériennes proposent aux voyageurs de compenser les émissions de gaz à effet de serre par des contributions à des initiatives écologiques dans le monde entier. Lonely Planet continue de s'efforcer à compenser l'empreinte carbone de ses auteurs, tout en reconnaissant que cela constitue un moindre mal plutôt qu'une véritable solution.

SITES INTERNET

citymapper.com

nycgo.com

new.mta.info

ferry.nyc

BOÎTE À OUTILS

NEW YORK SANS VOITURE

Ne louez de voiture que si vous prévoyez une excursion hors des limites de la ville.

TAXIS JAUNES

Héler un taxi en pleine rue est très commun à Manhattan, mais vous pouvez aussi en commander un avec l'appli Curbed.

TABAGISME EN EXTÉRIEUR

Il est interdit de fumer dans les parcs publics et aux terrasses des restaurants et bars.

INFOS UTILES

Fuseau horaire
GMT-5

Indicatif pays
+1

Électricité
120/240 V
60 Hz

À SAVOIR

Il faut avoir 21 ans révolus pour pénétrer dans les établissements servant de l'alcool.

La possession de marijuana est légale dans New York, mais la vente reste prohibée.

Il est de rigueur de laisser un pourboire au restaurant (18 à 20% de l'addition).

Pour une table de quatre personnes ou plus, certains restaurants incluent le pourboire dans l'addition.

La ville prélève une taxe sur toutes les ventes.

VOYAGEURS HANDICAPÉS

Les stations de métro ne sont pas toutes équipées de **quais accessibles en fauteuil roulant**. Consultez le site Internet de la MTA (new.mta.info/accessibility/stations) pour en savoir plus.

Les **bus MTA** sont accessibles en fauteuil, et constituent donc une bonne alternative au métro.

Theatre Access NYC (theatreaccess.nyc) vous aidera à trouver des spectacles avec équipements adaptés à Broadway.

Pour commander un taxi accessible en fauteuil, appelez le (646) 599-9999 ou envoyez un SMS au (646) 400-0789. Si vous faites chou blanc, contactez NYC Wheelchair Transportation (nycwheelchairtransportation.com ; 212-705-8773).

Le site Web du gouvernement de NYC (nyc.gov) possède une section dédiée aux personnes handicapées.

HÔTELS ACCESSIBLES

La base de données Wheelchair Jimmy (wheelchairjimmy.com) vous aidera à trouver des hôtels accessibles en fauteuil roulant.

PROGRAMMATION DES MUSÉES

Consultez les programmes de musées pour trouver des expositions conçues pour les visiteurs atteints d'autisme.

DANS LE MÉTRO

En général, les passagers cèdent la place aux enfants ; si la rame est bondée, ne les perdez pas de vue. Laissez les gens sortir des rames en attendant contre un poteau.

TOILETTES PUBLIQUES

La plupart des commerces ne vous laisseront pas utiliser leurs toilettes si vous n'achetez rien. Vous trouverez des toilettes dans les grandes gares comme Penn Station ou Grand Central, ainsi que dans les parcs municipaux.

EN FAMILLE

Logez près d'une station de métro et prévoyez des activités proches des stations pour limiter votre temps de marche.

Logez dans des quartiers résidentiels à l'écart de Midtown et des zones les plus touristiques pour éviter la foule. Ces quartiers sont plus calmes et vos bambins dormiront mieux.

Réservez vos activités et faites attention aux restrictions d'âge des établissements servant de l'alcool.

Traversez sur les passages piétons et tenez vos enfants par la main, surtout dans les lieux bondés.

HÔTELS POUR LES FAMILLES

Certains hôtels adaptés aux familles, comme le TRYP by Wyndham (www.wyndhamhotels.com), à Times Square, ou le Residence Inn New York Manhattan (www.marriott.fr), disposent de vastes suites et d'équipements utiles comme des lits d'appoint ou des services de garde d'enfants.

JUAN CAMILO BERNAL/SHUTTERSTOCK ©

VOYAGEURS LGBTQI+

East Village et West Village ont des établissements LGBTQI+ de renom. West Village est au centre de la culture LGBTQI+ ; c'est là que se trouve le Stonewall Inn (p. 97), où est né le mouvement pour les droits des homosexuels.

Visitez le Leslie-Lohman Museum of Gay and Lesbian Art (p. 152), dont les œuvres évoquent l'expérience LGBTQI+.

Fire Island (p. 272) est une destination prisée des voyageurs LGBTQI+ pour une excursion estivale d'une journée. Prenez le LIRR Montauk Branch jusqu'à Mastic/Shirley. De là, visitez le William Floyd Estate, ou rejoignez "L'Île du Feu" par les ferries partant de Bay Shore, Sayville ou Patchogue.

LANGUE

PRÉSENTATIONS

Bonjour. Hi. *haï*

Au revoir. Bye. *baï*

Enchanté(e). Nice to meet you. *naï·ce tou mit you*

Comment allez-vous ?/Comment vas-tu ?
How are you? *hao âr you*

Bien, merci. Et vous ?/Et toi ?
Fine, thanks, and you? *faïnn sanks annd you*

D'où venez-vous ?
Where are you from? *wère âr you from*

Je viens de...
I'm from... *aïm from*

Qu'est-ce que tu/vous fais/faites dans la vie ?
What do you do for a living?
wat dou you dou for eu li·vinng

Je suis employé(e) de bureau.
I'm an office worker.
aïm eunn ofice weur·keur

Quel âge avez-vous ?/Quel âge as-tu ?
How old are you? *hao old âr you*

J'ai (25) ans.
I'm (25) years old. *aïm (twènn·ti faïv) yirz old*

Quel est votre numéro de téléphone ?
What's your phone number? *wats yor neumbeur*

Quelle est votre adresse e-mail ?
What's your email address? *wats yor imèïl eudrès*

SE RESTAURER ET PRENDRE UN VERRE

Pouvez-vous me conseiller un restaurant/bar ?
Can you recommend a restaurant/bar?
kann you ri·ko·mènnd eu res·to·rènnt/bâr

Servez-vous des plats végétariens ?
Do you have vegetarian food?
Dou you hav vèdjè·teu·rieunn foud

Je voudrais une table pour (4) personnes, s'il vous plaît.
I'd like a table for (four), please.
aïd laïk eu tèï·beul for (four) pliiz

Puis-je avoir la carte des boissons, s'il vous plaît.
I'd like to see the drinks list, please.
aïd laïk tou si zeu drinnk list pliiz

Qu'est-ce que vous me conseillez ?
What would you recommend?
wat would you ri·ko·mènnd

Un café (avec du lait, sans sucre).
Coffee (with milk, no sugar).
ko·fi (wiz milk, no chou·gar)

Un thé (sans lait).
Tea (without milk).
tii (wi·zaout milk)

1	one	*wann*	**6**	six	*six*
2	two	*tou*	**7**	seven	*sè·veunn*
3	three	*srii*	**8**	eight	*eït*
4	four	*foor*	**9**	nine	*naïnn*
5	five	*faïv*	**10**	ten	*tèn*

TRANSPORTS ET ORIENTATION

Où est... ? Where's...? *wèrz*

Pouvez-vous me montrer (sur la carte) ?
Can you show me (on the map)?
kann you choo mi (onn zeu map)

Est-ce le bus pour... ?
Is this the bus to...? *Iz ziss zeu beuss tou*

C'est combien pour aller à... ?
How much is it to...? *hao meutch iz it tou*

Ce taxi est-il libre ?
Is this taxi free? *iz ziss taxi frii*

À quelle heure part-il ?
What time does it leave? *wat taïm doz it liiv*

SHOPPING

Où puis-je acheter... ?
Where can I buy...? *wère kann aï baï*

Est-ce que je peux le voir ?
Can I look at it? *kann aï louk at it*

Quel est votre meilleur prix ?
What's your lowest price? *wats your la weust praïs*

Pouvez-vous écrire le prix ?
Can you write down the price?
kann you wraït daonn zeu praïs

Puis-je avoir un reçu, s'il vous plaît.
I'd like a receipt, please. *aïd laïk eu ri·cipt pliz*

Quelle est la spécialité locale ?
What's the local speciality?
wat zeu lo·cal spé·chial·ti

URGENCES

Au secours ! Help! *hèlp*

Je suis malade. I'm sick. *aïm sik*

J'ai besoin d'un médecin (qui parle français).
I need a doctor (who speaks French).
aï nid eu dok·teur (ou spiks frènnch)

Où est l'hôpital le plus proche ?
Where's the nearest hospital?
wèrz zeu ni·rèst hos·pi·tol

Où est la pharmacie de garde ?
Where's a 24-hour pharmacy/drugstore?
wèrz eu twènn·ti for haoeur far·ma·ci/dreug·storr

HÉBERGEMENT

Pouvez-vous me recommander une chambre pas chère ?
Can you recommend a cheap room?
kann you ri·ko·mènnd eu tchip roum

Pouvez-vous me recommander un logement de qualité ?
Can you recommend somewhere good?
kann you ri·ko·mènnd sso·meu·ouè·reu goud

Quel est le prix par nuit ?
How much is it per night?
hao meutch iz it peur naït

Je voudrais réserver une chambre.
I'd like to book a room, please.
aïd laïk tou bouk eu roum, pliz

Index

S

T

U

V

W

DANA GIVENS

Dana écrit sur les voyages et le mode de vie. Quand elle ne parcourt pas le monde, cette journaliste née et élevée à New York aime dévorer un bon bouquin et visiter les musées d'art qu'elle connaît depuis l'enfance.

@danawritesalot

Mon aventure préférée ?
Les trésors artistiques cachés de l'Upper East Side, loin du Met et du musée Guggenheim.

EGILL BJARNASON

Né à Reykjavík, Egill écrit sur son pays pour l'agence Associated Press et est l'auteur du livre *Histoire de l'Islande – ce petit pays qui fascine le monde*, publié en français chez Autrement en 2021.

@egilssaga

Mon aventure préférée ? Me détendre sur les balancelles du Pier 26 en regardant le soleil se coucher au-dessus du fleuve.

À PROPOS DE CET OUVRAGE

Cette 1re édition du guide *Les meilleures expériences à New York* est une traduction-adaptation de la 1re édition de *Experience – New York City* de Lonely Planet.

Traduction
Frédérique Hélion-Guérini et Antoine Thibault

Direction éditoriale
Didier Férat

Responsable éditorial
Dominique Bovet

Responsable prépresse
Jean-Noël Doan

Coordination éditoriale et adaptation
Sandrine Gallotta

Maquette
Caroline Donadieu

Adaptation et création des cartes en français
Caroline Sahanouk

Couverture
Adaptée en français par Laure Wilmot et Laurent Briard

Fabrication
Emmanuelle Laine

Merci à Olivier Cirendini et Maryline Martinol pour leur travail sur le texte et à Christiane Mouttet pour sa précieuse relecture. Comme toujours, merci à Dominique Spaety pour son soutien et à toute l'équipe de Lonely Planet à Paris. Enfin, merci à Luan Angel et Nigel Longuet à Londres, et à Jean-Pierre Masclef à Melbourne.

Nos auteurs

HARMONY DIFO

Harmony est une journaliste et rédactrice en chef spécialisée dans la culture et le mode de vie. Après avoir travaillé dans le domaine des arts et des médias, elle a lancé sa propre agence éditoriale à New York et Johannesbourg.

@harmonydifo.com

Mon aventure préférée ?
Une balade dans les rues d'East Village.

JOHN GARRY

Auteur et enseignant basé à Brooklyn, John a grandi dans les bucoliques Catskill Mountains avant de s'installer définitivement à New York, mais il retourne souvent dans sa région d'origine pour randonner.

@garryjohnfrancis

Mon aventure préférée ?
Une balade à vélo le long de l'Hudson au printemps quand la ville revit.

Les Meilleures Expériences à New York
1re édition
Traduit et adapté de l'ouvrage *Experience – New York City*

92 avenue de France - 75013 Paris

Dépôt légal Septembre 2022
ISBN 978-2-81619-526-2

Imprimé par ESTIMPRIM, Autechaux, France
Réimpression 02, octobre 2023

En Voyage Éditions | un département édi8